宋太祖

余生平見東坡先生真跡不下三十餘卷必以此為甲觀已

摹刻戲鴻堂帖中葢其印觀苹頤

復有之未必及此字曰東坡或見此書應笑我於無佛處稱尊也

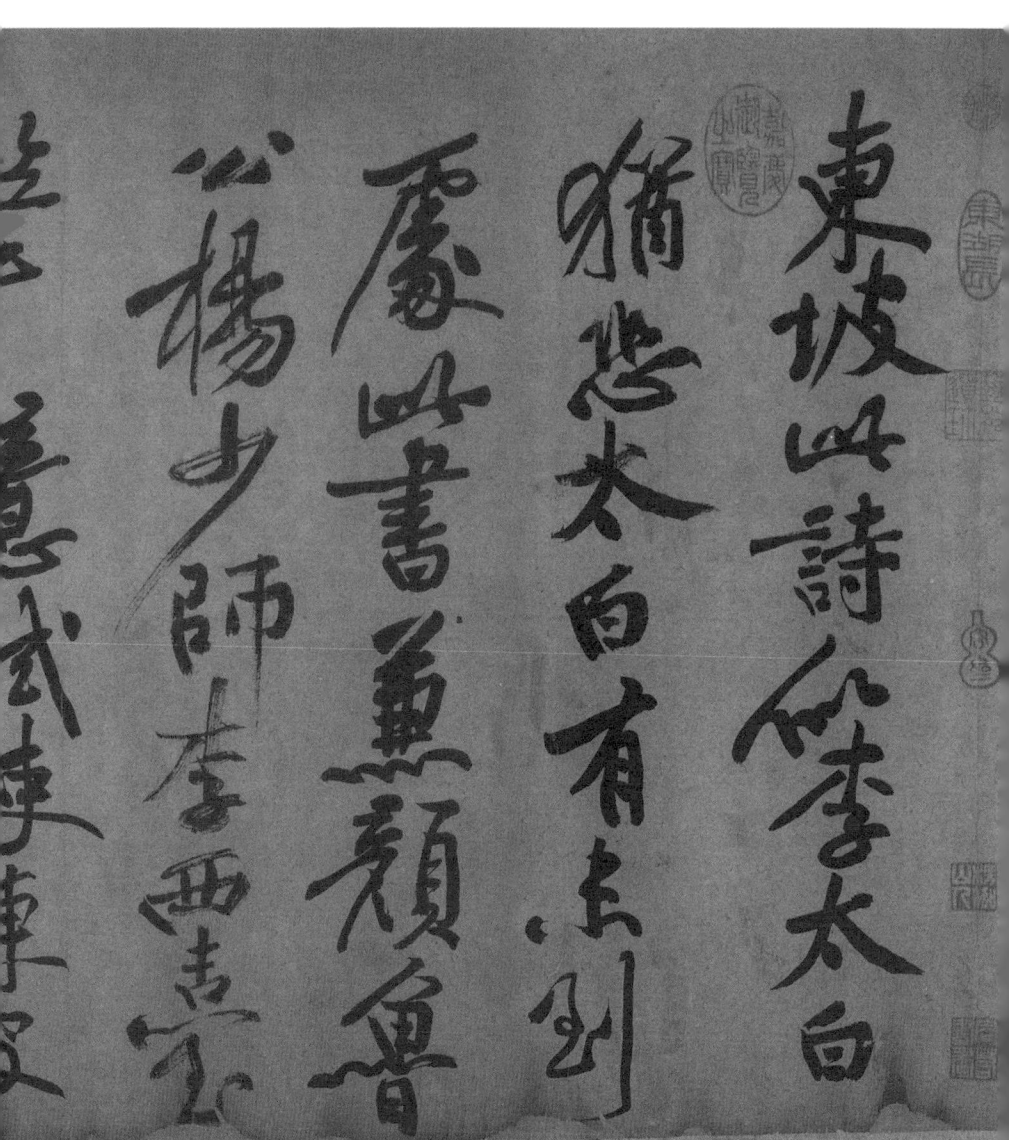

《黄州寒食诗帖》 宋，苏轼，纸本，台北故宫博物院藏

《歌乐图卷》 宋,佚名,绢本设色,上海博物馆藏

《摹张萱虢国夫人游春图》 宋,赵佶,纸本设色,辽宁省博物馆藏

《山馆读书》 宋，刘松年，绢本设色，北京故宫博物院藏

梅毅说宋

坐开封

赵宋王朝的奠基与共治

梅毅 ◎ 著

天地出版社 | TIANDI PRESS

图书在版编目（CIP）数据

坐开封：赵宋王朝的奠基与共治 / 梅毅著. — 成都：天地出版社, 2024.7
ISBN 978-7-5455-8081-5

Ⅰ.①坐… Ⅱ.①梅… Ⅲ.①中国历史—宋代—通俗读物 Ⅳ.①K244.09

中国国家版本馆CIP数据核字（2023）第247739号

ZUO KAIFENG：ZHAOSONG WANGCHAO DE DIANJI YU GONGZHI
坐开封：赵宋王朝的奠基与共治

出 品 人	陈小雨　杨　政
著　　者	梅　毅
责任编辑	武　波
责任校对	杨金原
责任印制	王学锋
封面设计	水玉银文化

出版发行	天地出版社
	（成都市锦江区三色路238号　邮政编码：610023）
	（北京市方庄芳群园3区3号　邮政编码：100078）
网　　址	http://www.tiandiph.com
电子邮箱	tianditg@163.com
经　　销	新华文轩出版传媒股份有限公司
印　　刷	北京文昌阁彩色印刷有限责任公司
版　　次	2024年7月第1版
印　　次	2024年7月第1次印刷
开　　本	880mm×1230mm　1/32
印　　张	10　插页　8
字　　数	175千字
定　　价	48.00元
书　　号	ISBN 978-7-5455-8081-5

版权所有◆违者必究

咨询电话：（028）86361282（总编室）
购书热线：（010）67693207（营销中心）

如有印装错误，请与本社联系调换

自序

王朝兴衰的历史轨迹

说起宋朝，大概我们首先会想起北宋"靖康之变"的奇辱和南宋"崖山之役"的惨败。相较汉唐、明清，两宋的领土小得可怜，北宋最盛时也只有280万平方公里的土地。赵匡胤开国以来"重文抑武"的国策，使得宋朝长期陷于"防御"的狼狈境地，甚至出现同样的历史悲剧上演两次这种超奇怪的现象。

其实，在我们低声叹息之时，大多数人忽略了这样一个事实：自晚唐以来，中原王朝的崩溃所导致的大分裂，致使中国北方一直战乱频频。沙陀人石敬瑭更是把燕云十六州献给契丹，为其后的北宋王朝埋下滔天大祸的根苗。而后，契丹、党项、女真、蒙古诸族相继登上历史舞台，刀光闪闪，血肉翻飞。

为此，我们需要重新深入历史细节之中，去回顾一下那个与野蛮为邻的大宋时代的方方面面，把记忆的碎片黏合起来。

政治方面，宋太祖以皇权为中心加强中央集权统治，巧妙地分散宰相之权。宋朝建立了完善的科举、官员铨选以及监察制度，成为中国封建社会政治体制较为开明的时代。纵观南北两宋三百多年，其他王朝屡见不鲜的女祸、宦祸、外戚之祸、藩镇之祸、权臣篡逆之祸、流民覆国之祸，在宋代较少出现。

经济方面，两宋是那个时代十分先进的商业社会，其多种经济模式均在世界上开一代风气之先。特别是城市的发展，"屋宇雄壮"，"骇人闻见"。经济活动"每一交易，动辄千万"。瓦舍、勾栏，熙熙攘攘，娱乐、休闲通宵达旦，市民生活水平在当时世界绝对是首屈一指。而且，中国首创的纸币交子、会子，都在宋代出现并发展定型，这种革命性的货币形式比欧洲要早六个多世纪。同时，一反前代重农轻商的传统观念，宋代商人不仅经济地位得到提高，甚至可以入仕为官，这极大地刺激了工商业的发展，士大夫还进化出"商人众则入税多"的崭新价值观。

文学方面，宋词一洗晚唐浮艳之风，或豪放，或婉约，大放异彩，其中以欧阳修、苏轼、李清照、辛弃疾、陈亮等为代表；宋诗也不可小觑，其长于用典的浓郁书卷气，使得中华文化的精髓每每跃然纸上，尤以陆游、范成大、杨万里等昂然执其牛耳，其诗悲沉激荡，脍炙人口。

艺术方面，由于宋朝诸帝皆留意文翰，贵族士大夫亦步亦趋，绘画、书法方面人才济济。抛开细腻华贵的"院体画家"不讲，苏轼、米芾、米友仁、李公麟等人所崇尚的"士大夫画"，使豪爽、性灵的"尚意"审美意境贯穿以后数个朝代，长盛不衰。在这种艺术风气影响下，宋代在制瓷、建筑、雕塑、舞蹈等多个领域，皆达至登峰造极的地步。

科技方面，国人一向引以为豪的四大发明，其中有三项在宋代大放异彩：活字印刷术、指南针和火药。英国哲学家培根在《新工具》一书中这样写道："印刷术、火药、指南针曾改变了整个世界，变化如此之大，以至没有一个帝国，没有一个教派，没有一个赫赫有名的人物，能比这三种发明在人类事业中产生更大的力量和影响。"

至于英雄豪杰，两宋王朝更是层出不穷，撼人心魄——杨业、寇准、狄青、韩琦、范仲淹、欧阳修、司马光、韩世忠、刘锜、岳飞、虞允文、辛弃疾、孟珙、余玠、李庭芝、姜才、张世杰、陆秀夫、文天祥等，这些忠臣义士，耿耿精忠，求仁得仁，求义得义，不以成败利害动其心，不以生死贫富移其志，才节两全，代表了我们民族至高至伟的精神境界。他们或衔命出疆，或授职守土，或捐躯殉国，功虽有不成，声名彪炳千秋！

有着如此辉煌成就的宋王朝却出现了惊人相似的两次亡国，不禁让人感慨。王朝灭亡的原因多种多样，有必然性，也有偶然性，甚至某个大人物的死亡都会改变整个历史进程。比如，钓鱼城上被宋朝守军飞掷而下击中蒙哥大汗的石块，它就改变了世界历史的轨道！除却天时、地利，人是历史行为的最关键因素。正是宋人意识方面的懈怠，文恬武嬉，不思进取，才最终导致两宋的灭亡。

读罢宋史，我们可以从曾经的历史经验中深刻认识到："天下虽安，忘战必危！"更加让我们后人感到吊诡的是，那些灭亡北宋的、曾经金戈铁马的女真人，一旦习惯了风花雪月，沉浸在歌舞之中，蒙古铁骑的嗷嗷叫声也由远而近，逼袭而来，曾经悍勇无比的金朝，也在血火之中化为碎片。由此可见，在血与火的时代，在危机四伏的世界，最怕的就是整个国家恬然而息。一旦忘兵忘战，整个国家肯定会溺于安乐享受，而后的一切突然之祸，正是种于承平时代"缘饰文雅"之时。

昔日的繁华，早已成为深埋于地下的废墟；从前的风华，也化为过眼烟云。即便如此，我们却无法否认那样一个灿烂时代的不朽与光荣。往事越千年，我们的鼻孔中仍能嗅到那三个多世纪汴梁与临安传来的梅花香气，还能依稀听闻诗人词家那一叹三叠的华丽咏叹。宋朝，并非在历史深渊中死亡的朝代，即使在崩溃的瞬间，它也如流星陨落一般，照亮了历史野蛮的黑暗，驱散了曾经让我们先辈战栗的内心恐惧，其光辉足以启发后人的心智！

南北两宋，辽金西夏，那些淹没在茫茫时光中的血肉人生，他们的故事令人目眩神迷，充满了传奇，让我们一起来复活他们吧。

是为序。

梅毅

2024年2月24日（甲辰龙年正月十五日）

目录

第一章 黄袍加身 001

    1. 陈桥兵变 003

    2. 赵匡胤的修炼之路 010

    3. 谣言下的周世宗 018

    4. 不流血的政权更迭 026

    5. 仓促定下的国号 033

    6. 击灭二李稳帝基 038

    7. 宋太祖杯酒释兵权 048

    8. 先南后北定蜀地 055

    9. 南汉南唐的命运 072

    10. 李煜"奉表纳降" 080

    11. 宋太祖之死 087

第二章 宋辽战和 097

    1. 攻灭北汉 099

    2. 伐辽首败高梁河 107

    3. 雍熙北伐再起意 112

4. 伐辽再败岐沟关 122

5. 真宗皇帝坐龙椅 129

6. 皇帝亲征鼓士气 136

7. 澶渊和议终达成 144

第三章 君臣共治 153

1. 真宗君臣的五迷三道 155

2. 千古仁君宋仁宗 164

3. 垂帘太后刘氏 171

4. 走上西北战场的范仲淹 181

5. 范仲淹与庆历新政 193

6. 名垂青史的谏官包拯 201

7. 位卑未敢忘忧国的欧阳修 220

8. 郁郁而终的大将狄青 230

9. 过渡龙套宋英宗 242

10. "濮议事件"无疾终 249

11. 神宗起用王安石大行"新法" 256

12. 王韶熙河开边功劳大 277

13. 触怒神宗的苏轼 285

第一章

黄袍加身

1. 陈桥兵变

说起北宋王朝，我们肯定要从陈桥兵变讲起。

这场兵变发生在公元960年，也就是五代十国后周显德七年。这一年的正月初四，在当时后周的京城（今河南开封）东北四十里的一个叫陈桥驿的地方，忽然就发生了一次兵变。

当时，后周的皇帝是周恭帝（追谥）。这个周恭帝年纪非常小，只有八岁。半年之前，他父亲后周世宗柴荣驾崩了。这个春节是他继位以后的第一个春节。大年初一，按照礼节，文武百官都来上朝，前来向小皇帝祝贺春节。祝贺仪式还没有完，就传来了个坏消息，说北方边境地区有契丹族军队南下，同时后周的敌国北汉的军队也在东下，这两股军队正准备合军，直冲后周的京城开封城杀来。当时后周八岁的皇帝太小了，本人不可能亲自处理朝政。而他的母亲符太后，也才二十多岁，是个年轻的寡妇，所以这母子两个人完全不知道怎么处理这件事情。于是，后周的国政就由两个执政的大臣来处理。这两个大臣一个叫范质，一个叫王溥。他们都是周世宗柴荣临死之前精心挑选的托孤大臣。二人商定，以皇帝名义下诏书，马上派一个得力大将出征抵御。这个大将就是当时后周禁军殿前都点检赵匡胤。皇命不可违，接到命令以后，赵匡胤马上调军准备出征。这是正月初一发生的事儿。

大年初二，赵匡胤派他的副手殿前副都点检，带兵作为先锋出发了。就在这一天，京城内突然传出一股流言："将以出军之日，策点检为天子。"什么意思呢？就是出兵那一天，要拥立点检做天子。这个流言中的"点检"，就是"都点检"的简称。都点检是殿前禁军的一把手。根据五代的军制，中央政府的军队叫禁军，地方藩镇、节度使的军队叫牙军。后周的禁军，又有两个分支，一个叫侍卫司，一个叫殿前司。两个司各带一部分禁军，实际上就是两支禁卫部队。赵匡胤是殿前司的最高统帅，称殿前司都点检，其下还有副都点检、都指挥使、副都指挥使以及都虞候几层官吏。在殿前司，赵匡胤是最高的一把手。

京城这个流言一传，城内所有的老百姓都知道了，他们非常惊恐。因为五代时期各个王朝的皇帝换得非常快，一换皇帝，紧跟着就是一场混乱、抢劫和屠杀。

到了初三，赵匡胤本人带领大军出城。这支部队纪律严明，为此，京城的老百姓都觉得心里踏实了一些。但是，在出城的部队里面，很快又传出一股谣言。军中有一个人（据说非常善于观天象）说当时的天象是"日下复有一日，黑光摩荡者久之"(《宋史》卷一)。什么意思呢？日下一日，就是天上有一个太阳，下面还有一个太阳，出现了两个太阳，而且这两个太阳在互相搏杀。古人云，天无二日，现在天上出现两个太阳，非常不吉利。所以，赵匡胤率领的大部队赶到陈桥驿刚住下来，部队里面就有一部分将领聚集到一块儿，他们竟然开始商量要另立天子。这些人叨叨说，如今京城内的小皇帝只有八岁，不能理事，干脆立点检做天子吧。这帮禁军的将领议定之后，就找到赵匡胤手下一个叫赵普的得力文官，向他说了另立天子的想法。

当时，赵匡胤在干什么呢？根据史书记载，赵匡胤当时喝高了，正在睡大觉。赵匡胤的弟弟赵光义和文官赵普，对那些拥到大帐中的将领们说"太尉忠赤，必不汝赦"。意思是说，太尉（赵匡胤当时的荣衔）这个人是绝对忠于后周王朝的，他是绝不会同意你们另立天子的；等太尉酒醒了，要知道你们干出这样的事，他不但不会同意，而且肯定不会赦免你们。这些将领们愣了一下，但他们的态度马上变得更加坚决：我们已经表明要另立天子，如果这事情不成，我们就是谋逆大罪。现在，我们已经没有退路了，非这样干不行。赵光义和赵普两人又掏心窝子劝他们说，现在外敌当前，我们不如先把外敌契丹和北汉军队打退了，回来后再考虑立天子的事儿。这帮将领还是不同意，急赤白脸地说，如果太尉不接受此议，我们决不前进了。言外之意，反正事情都到这一步了，按照五代的传统，被拥上位的将领如果不识抬举，肯定马上要被杀掉。赵普和赵光义没办法，只得表示说，既然事情到了这样的地步，咱们可以这样接着做下去，但你们一定要严管各自手下的士兵，绝对不能够抢劫烧杀，一定要保证京城官员和百姓们的安全。

于是，事情就这样商量好了。根据史书记载，这时候的赵匡胤大醉如泥，还在睡觉。但他手下的人已开始忙活了。陈桥驿这个地方距离汴京开封只有四十里地，他们派人立即返回开封城，安排军队先把赵匡胤的家属保护起来。再通知京城里赵匡胤的铁哥们儿，包括两个禁军大将石守信和王审琦，让他们准备接应。安排妥当之后，这些人就等着赵匡胤酒醒了。

根据司马光笔记《涑水记闻》的记载，当时赵匡胤还在睡觉，这帮将领们就围在赵匡胤的大帐周围，而且一个一个都把刀拔出来，露出了白刃，显然是要准备逼宫。赵光义进去和哥哥仔细一说，赵匡胤就惊醒了。这时候，有人拿着已经做好的一件皇帝黄袍，一下子披在了赵匡胤的身上。这就是历史上非常有名的"黄袍加身"。不顾赵匡胤还在发愣，在场所有的将领们立即跪下来，高喊万岁，等于拥立赵匡胤为皇帝了。而史书对当时赵匡胤的记载，就三个字"固拒之",坚决不当这个皇帝。这些将领当然不能同意了,他们把赵匡胤拥上马,立刻南行回京城,也不去和契丹军、北汉军打仗了。

上述记载,来自司马光的《涑水记闻》和李焘的《续资治通鉴长编》。不管大家信还是不信,反正赵匡胤就当上了皇帝,而后拉着军队或者被军队拉着,一起回京城了。

赵匡胤回到京城后,和手下将领约定了几件事情:第一,必须保护皇宫内小皇帝和太后的安全;第二,朝中的文武百官都是自己昔日同僚,绝对不得伤害;第三,进入京城之后绝对不允许对老百姓有任何的烧杀抢劫。如果谁违反这三条中的一条,自己必会诛杀其三族。对此,那些将领们都答应了。

赵匡胤这次改朝换代,死的人较少,也没有大规模的流血冲突。特别是京城的百姓,没有受到任何乱兵的烧杀抢劫。兵不血刃,赵匡胤就改朝换代成功了。

我们想一想,正月初一,后周得到外敌入侵的战报。正月初二,赵匡胤派了先锋官出去。正月初三,赵匡胤率大军出征。正月初四,黄袍加身回来了。当时,京城的朝贺还没有结束,那个小皇帝还坐在大殿之上,下面文武百官也都坐在那儿议论大事呢。这时候,城外赵匡胤派大将潘美带来消息,告诉大家说发生了陈桥兵变,赵匡胤已经黄袍加身了。

殿内的大臣们如雷轰顶,一下子乱成一锅粥,当初决定派赵匡胤出征的那两个宰相王溥和范质,都后悔不及。特别是范质,他握着王溥的手,痛心疾首地说:"仓卒遣将,吾辈之罪也。"文臣如此,武将中却有一个拍案而起的,他就是韩通。韩通当时也是中央禁军的一个重要首领,但他不属于赵匡胤的殿前军,而是侍卫司的领头大将。他立马骑马回家,准备组织和调动军队抵抗赵匡胤。结果,他刚到家,就被赵匡胤的亲信将领王彦升带人杀掉了,他的妻子儿女也全被杀在府中。

不过,开封城内的老百姓都安堵如故。他们看到赵匡胤的军队初三出城,初四就回来了,而且这些军人出城纪律严明,回城之后也是纪律严明,什么大事儿没发生,城内的老百姓心里就很踏实了。赵匡胤回来之后,还是坐在他的都点检衙门里。没多久,范质和王溥两个宰相就被军人们押了过来。虽然赵匡胤现在掌握了军队,但文武百官还没完全听话呢。要想摆平朝廷百官,他需要先把这两个宰相摆平。

《宋史》记载:

> 太祖进登明德门,令甲士归营,乃退居公署。有顷,诸将拥宰相范质等至,太祖见之,呜咽流涕曰:"违负天地,今至于此!"(范)质等未及对,列校罗彦环按剑厉

第一章 黄袍加身

> 声谓（范）质等曰："我辈无主，今日须得天子。"（范）质等相顾，计无从出，乃降阶列拜。召文武百僚，至晡（申时，即下午三点钟到五点钟的时间），班定。翰林承旨陶穀出周恭帝禅位制书于袖中，宣徽使引太祖（赵匡胤）就庭，北面拜受已，乃掖太祖升崇元殿，服衮冕，即皇帝位。

可见，赵匡胤也是一个高级演员。他一见到两个宰相，就马上痛哭流涕表示说："吾受世宗厚恩，为六军所逼迫，如今到了这个地步，我真是感到惭愧，有负天地，将若之何？"这两个文人宰相本来心里非常害怕，以为到了赵匡胤这里就会掉脑袋呢，没想到他来这么一招。同时，赵匡胤手下那些将士也嚷嚷，我们这些人如今没有主人，今天必须要弄出一个皇帝来！范质等人还是机灵，马上跪下来对赵匡胤口称万岁。

赵匡胤做事挺利索，既然两个宰相都服了，他马上率领属下人马赶到崇元殿，举行禅位大典。这时候大家突然发现，朝廷内竟然还没有官员起草好禅位所用的诏书。岂料，有个叫陶穀的翰林学士，马上掏出来一份现成的禅位诏书，即刻当众宣读。等到这份以当时后周皇太后和小皇帝名义写成的禅位诏书读完以后，赵匡胤真的就把黄袍穿上了，正式成为新朝的皇帝。禅位的小皇帝周恭帝被赵匡胤封为郑王,和他那位才二十多岁的太后一起,都被软禁起来,成为锦衣玉食的囚徒了。

初五,赵匡胤改元"建隆",这一年是公元960年,是大宋的建隆元年。

赵匡胤篡国的过程非常神速,非常简单,如同演戏一样。我们要知道,由于赵匡胤当时所处的五代十国一直是一个动乱的时代,根本不讲究什么君臣之义。对绝大多数文臣武将而言,只要给自己的待遇和俸禄不变,给谁干活都可以。恰如五代时期后晋的一个军阀安重荣所讲:"天子宁有种邪?兵强马壮者为之。"

当然,如果我们说赵匡胤喝醉了睡了一觉,转天醒来就黄袍加身当皇帝了,这也是复杂问题简单化。赵匡胤三十四岁当皇帝,在此之前,他其实也不容易!

2. 赵匡胤的修炼之路

赵匡胤在陈桥兵变当皇帝之前到底如何艰难呢?《宋史·太祖本纪》说,赵匡胤的高祖赵朓、曾祖赵珽,自唐代起都是县令、刺史等类文官,直到他的祖父赵敬,才在五代后周年间因军功获得"左骁骑卫上将军"的职位。

第一章　黄袍加身

五代乱世之时，赵匡胤的父亲赵弘殷受当时大军阀"赵王"王镕指派，率五百铁骑驰援后唐庄宗，被当时的后唐庄宗李存勖看中，荣升为禁卫军军官。此后，五代数姓皇帝更迭，走马灯一样地换，赵弘殷依恃有马有枪，不仅没有在改朝换代的过程中被"清洗"掉，官还越做越大。到了后周显德年间，赵弘殷已经"累官检校司徒、天水县男"，做了男爵了。他和儿子赵匡胤同在军中，自己负责掌管禁兵，赵匡胤是禁卫军骨干。不过，赵弘殷在盛年之际忽然暴病而死，他死后，还被授予"武清军节度使、太尉"的荣衔。由此可以揣见，后来的史臣编写的赵弘殷以上数世祖曾为县市级文官的历史，基本都是编排而出的。五代乱世纷纭，英雄莫问出处，只要力气大、脑子活、能上马抡刀使大枪，封王封侯倒是件容易的事情。

赵弘殷长年生长军中，不仅自己一刀一枪博得功名，也带携儿子辈在改朝换代的大熔炉里健康成长，成为块块好钢。最最关键的是，赵匡胤、赵匡义（光义）兄弟自幼在禁军中长大，叔叔大爷兄弟辈的军中同袍情谊，成为他们日后"陈桥兵变"中最有力的人员基础。

赵匡胤是赵弘殷第二子，生于洛阳夹马营，其生母是杜氏。不必细说，史书上一讲真龙诞生，自然是"赤光绕室，异香经久不散"，就连娃娃得的新生儿黄疸，也被史家绘声绘色地描述为"体有金色，三日不变"。待赵匡胤得了天下，老妈一叨咕昔日情景，才知道自己儿子原来是"金龙"转世投胎。

青少年时代，赵匡胤还有两件事让时人称异：一是曾身骑一匹顽劣烈马，鞍勒不施，疾驰于城上斜道，"额触门楣坠地，人以为（赵匡胤）首必碎"，不料小伙子拍拍身上土，一跃而起，毫毛无伤；二是与战友在房子里赌钱，有两只鸟在外面啼鸣，赵匡胤想吃烤雀，出门捉鸟，刚刚出门，房子忽然倒塌。两件"传奇"，如果仔细分析也是稀松平常：骑马头碰门楣，可能是武将头盔上的铁尖绊挡，让赵匡胤跌落于地，否则，其人再神，也逃不过物理定律；人刚出屋，墙就塌，虽属小概率事件，但相信不少人都会遇到，也不是什么上天神助。无论如何，人要成了名，啥事都可以凭空附会，何况赵匡胤是开三百多年宋国基业的君王。

赵匡胤青年时代，英雄逢时，正赶上五代最后两位英明帝君在位，那就是后周的开国君主郭威和他的继位者周世宗柴荣。赵匡胤有幸跟从这两个皇帝东征西杀，从而得显威名。

赵匡胤有机会在郭威手下干事儿，实际上就是他帝王之路的幸运开始。郭威是五代十国后周的开国之君，赵匡胤是北宋的开国之君。当初这两个开国之君的见面，真可谓双龙会。不过，刚开始那会儿，这两个人还都没开国呢。当时的

第一章 黄袍加身

郭威正在给五代的倒数第二个朝代后汉皇帝打工。后汉开国皇帝刘知远很赏识郭威，任命郭威做枢密副使，等于让他掌握了禁军的实际权力。可惜，刘知远当上皇帝没多久就病死了。刘知远死后，他不争气的儿子汉隐帝刘承祐继位。起初，刘承祐对郭威不错，不仅封这位老臣做枢密使，还加同中书门下平章事，等于权兼文武的真宰相。郭威率领军队北伐，大败契丹军队，立下奇功。岂料，功高震主，汉隐帝起了杀心。过分的是，这位年轻皇帝把在京城的郭威的儿子们都先杀掉了。于是，郭威愤而起兵，最终率领军队把后汉隐帝给杀了，从而建立了后周，郭威自己当了皇帝。当然，郭威当皇帝的过程非常巧妙。汉隐帝被杀之后，郭威没有直接上位当皇帝，他先让当时后汉的太后在名义上掌权，然后让一个后汉宗室，当时任徐州刺史的刘赟做皇帝。然后，他自己假装要出城带兵北伐。北伐途中，他手下的将士们弄了一面黄旗给他加身，当时的戏份和后来的赵匡胤差不多，只不过郭威加身的不是黄袍而是黄旗。而后，郭威又让人把先前准备扶立为傀儡皇帝的后汉宗室刘赟给杀了。刘赟的父亲刘崇是后汉高祖刘知远的弟弟，当时任后汉的河东节度使、太原尹。听到儿子被郭威所杀，于是他割据河东十二州称帝，仍沿用后汉的乾祐年号，史称"北汉"。

郭威"黄旗加身"当皇帝的整个过程，大头兵赵匡胤是全程见证和参与的。还是大头兵的赵匡胤一边仔细观察,一边仔细揣摩,从郭威的一举一动,知道了如何收买人心和抓住机遇,知道了如何名正言顺、按部就班地夺取国权。郭威这出帝王大戏,其实也为赵匡胤做了一次彩排。也恰恰是因为参与了郭威的帝王大戏,赵匡胤才有机会从普通大头兵成为军官。

人生的机会都是一环套一环。赵匡胤当了禁卫军军官,才有机会结识柴荣。柴荣是郭威的内侄,也是郭威的养子。在夺权过程中,郭威成为绝户。于是,郭威当了皇帝,只能把原配妻子柴氏的侄子柴荣收为自己的养子作继承人来培养。这个柴荣,就是中国历史上鼎鼎大名的周世宗。认识柴荣这个大贵人以后,赵匡胤的命运才开始发生重大变化。柴荣也非常欣赏赵匡胤。郭威当了三年皇帝病死以后,帝位就传给了他的养子柴荣。柴荣自己做储君的时候,就非常看重赵匡胤,把赵匡胤从滑州副指挥使职位上调到京城开封做禁军军官。赵匡胤从滑州副指挥使这么一个地方军官,忽然被调到京城做开封尹太子柴荣手下的马直军使,然后再被调到中央禁军做高官,当年他父亲赵弘殷走了四十年的长路,赵匡胤几年就走完了!

柴荣继位刚一个月,北汉的国主刘崇就和契丹联合入侵。柴荣迎战,高平之战爆发。恰恰是周世宗取得大胜的这场战役，奠定了赵匡胤的一生基业。高平之战爆发前，后周大臣分有两派：一派主张出兵，周世宗柴荣本人和他手下的少壮派将领都主战，他本人也要亲征；另一派的代表人物，就是在五代做了四代高官的老臣冯道，他坚决主张不出兵，更不主张皇帝亲征。但是，周世宗柴荣新皇即位，他自然想通过亲征控制禁军，提高自己在国内的威信。为了打仗顺利，他提拔赵匡胤、张永德等青年禁卫军军官。这位张永德，是太祖郭威的女婿。

高平之战发生在今山西省高平市。当时，柴荣把军队分为左路军、右路军和中军三部。岂料，后周军队刚和北汉的军队交手，右路军统帅就带领骑兵逃了，剩下的几千步兵也都降了，后周的右路军顿时完全崩盘。此时，在中路的周世宗柴荣本人就非常危险了。柴荣身边有两个大将赵匡胤和张永德，作为禁军统帅，这两个人的表现都非常突出。危急时刻，赵匡胤对张永德表示："主危如此，吾属何得不致死！"皇上这么危险了，我们怎么能够不去玩命呢！于是，赵匡胤和张永德舍生忘死，各带属下兵士两千人，从左右两路包抄北汉军队。赵匡胤更是一马当先，锐不可当，最终打得北汉国君刘崇拍马逃跑，契丹军队也不战而退。周世宗乘胜追击，继续带领他的军队拼命进攻，最终取得大胜。高平之战，是赵匡胤起家的关键一战。这场战役得胜之后，周世宗柴荣马上下诏,把右路军逃跑的统帅和他手下的七十多个将领全部抓起来,全部斩首。周世宗柴荣提升赵匡胤的军职,让他负责对禁军进行全面整顿。

赵匡胤奉诏整军,可以说是历史给了他绝好的机会。他任命了一大批中下级军官,建立了自己的派系,由此,他在后周禁军中打下了坚实的人脉基础。日后的陈桥兵变,那批所谓闹事儿的中下级军官,其实都是先前赵匡胤任命和提拔的人。这些人肯定会服从他的命令,拥护他最终黄袍加身。

赵匡胤奉诏整军,周世宗检阅禁卫军部队,军中风貌大变,虎狼之师成型。由此,周世宗对赵匡胤更是满意非常。

周世宗柴荣是五代时期的一代明君,有雄才大略。高平大战,柴荣大败北汉和契丹军队之后,他的下一个目标就是统一全国。恰恰是在接下来的统一之战中,赵匡胤又立了大战功。

周世宗柴荣特别欣赏文臣王朴提出的《平边策》。当时,身为比部郎中的王朴认为,后周统一天下应该采取五个步骤:第一步,攻占长江以北。第二步,夺取长江以南。第三步,拿下后蜀所占领的蜀地。第四步,解决北边的契丹问题。第五步,解决北汉小国。

王朴所上的《平边策》,概括起来就是四个字:先南后北!也就是先打南方,后打北方。后周的南边是淮河流域和

第一章 黄袍加身

长江流域，属于当时十国中最大的一个国家南唐。南唐，也就是文学史上大名鼎鼎的李后主李煜所在的国家。南唐跟后周相接的边界线有两千多里，所以南唐军队对后周的进攻防不胜防。后周世宗显德二年（公元955年）十一月，周世宗柴荣正式发动了对南唐的战争。后周大军势如破竹，一直打到淮南寿州，也就是今安徽寿县。寿州是南唐在淮河流域的一个军事重镇，自古以来就是兵家必争之地。

南唐这个国家，在五代十国中名气非常大。南唐一共三代国君，开国之君叫李昪（biàn）。周世宗打南唐的时候，当国的国君叫李璟。南唐最有名的国君是它的亡国之君李煜。在周世宗柴荣攻打南唐的过程中，赵匡胤作为禁卫军高级将领，立下大功，接连取得了几个大胜仗，涡（guō）口大捷、清流关大捷、滁州大捷。几场大仗下来，最终打得那位南唐中主李璟心服口服，想要对周世宗求和。他派出使者表示说，要把淮河流域的六个州送给周世宗（当时南唐在淮河流域一共有十四个州）。由于自己手下有赵匡胤这样的虎将，柴荣摇头不答应，命令军队继续进攻。南唐中主李璟一看柴荣得寸进尺，也恼怒了，就派自己的弟弟做元帅，带领大军过来重新开打。这样一来，敌众我寡，作为先头主力部队统帅的赵匡胤压力非常大。但是，赵匡胤毕竟是个狠角色，敢于和敌军硬碰硬。他率领手下人马以少胜多，击杀南唐军队一万多人，取得了著名的六合大捷，等于是把南唐派来的所有援军全都打垮了。

听到赵匡胤得胜消息之后，周世宗柴荣大喜，马上给赵匡胤加官晋级。先前对契丹和北汉的高平之战以后，赵匡胤被柴荣提升为禁军的都虞候，这个官职，已经属于后周禁军的殿前司高级军官。这次，周世宗柴荣又把赵匡胤提拔为禁军的都指挥使。都虞候上面是副都指挥使，副都指挥使上面是都指挥使，都指挥使官职上面只剩副都点检和都点检两个官阶了。

3. 谣言下的周世宗

赵匡胤跟随周世宗柴荣首征南唐，接连立得大功。不久之后，后周军队又攻下了南唐的军事重镇寿州城，这是周世宗先南后北战略的一个重大胜利。寿州拿下来之后，后周世宗显德四年（公元957年）十月，周世宗率领军队第三次征南唐。赵匡胤自然也是随着周世宗南征。后周世宗柴荣和赵匡胤三征南唐最重要的一仗，是在濠州（今安徽凤阳）打的，濠州是军事重镇。当时，南唐濠州城外有一个地方叫十八里滩，那是淮河的一个滩涂，其地水势开阔，南唐军队的阵地周围还有不少防护的木栅栏。对此，赵匡胤不畏险阻，带着他的骑兵就在十八里滩打了一场恶仗，杀死南唐军队两千多人，很快就把濠州给拿下来了。赵匡胤拿下濠州，后周大军开始继续向东打泗州（今江苏泗洪东南，盱眙对岸）。镇守泗州的南唐守将得知赵匡胤来，马上望风而降。不久，后周的军队就打到了楚州（今江苏淮安市淮安区），这也是淮河流域的一个军事重镇。南唐一个个军事重镇都被后周军队胜利拿下了。

后周世宗显德五年（公元958年）三月，周世宗到达扬子县的迎銮镇（今江苏仪征）。这时候，后周军队在淮河流域已经攻下南唐十个州。南唐中主李璟被周军打怕了，他主动向周世宗柴荣提出求和，表示剩下的那四个州也都献给柴荣作见面礼。此外，李璟还表示自己也不称皇帝了，去掉皇帝的帝号，表示臣服，同时修改正朔，弃用唐朝纪年，改用大周（后周）纪年。

看到南唐国君李璟如此低三下四，柴荣也挺厚道，就同意两国讲和。后周的国土和人口都大增不少。后周的国土，原来是以开封为中心到洛阳一带的中原地区。如今得了南唐十四州，等于多了六十个县，把长江以北地区全部占了，人口也增加了将近一千万。在五代十国战乱时期人口锐减的情况下，一千万人口确确实实是个非常庞大的数字。

柴荣三征南唐，用心用力打出了一大片国土，可惜一

后周世宗柴荣

年之后他就病死了。从后世历史的角度看,后周世宗柴荣三征南唐真正的赢家,应该是赵匡胤。赵匡胤当时帮助周世宗打下来了淮河流域的十四个州,等于是为自己的宋朝打下来的。

三征南唐回来以后,周世宗底气十足,威风八面。按照王朴《平边策》里的计划,柴荣应该先打长江以北,再打长江以南。但周世宗回到汴京之后,突然改变了原先统一天下的计划,因为既然已经和南唐讲和了,就不打长江以南的土地了,柴荣要北征,去打契丹军队,收复燕云十六州。所谓燕云十六州,就是今天的北京、天津加上河北和山西的北部。这一大片地区的地理位置非常重要,从战国以来就是游牧民族和农耕民族的分界线。而且,燕云十六州的军事位置非常重要,先前在五代后晋的时候,这个地区被历史上那个赫赫有名的儿皇帝石敬瑭送给了契丹,周世宗柴荣就想把本来属于中原的燕云十六州夺过来。

在北征过程中,柴荣手下大军一路凯歌,很快就收复了三个州和三个关。三个州是宁州、莫州、瀛州,三个关是益津关、瓦桥关、淤(yū)口关,等于把河北的北部都打下来了。接下来,柴荣攻击的目标就是河北的固安和幽州。幽州,就是今天的北京。而幽州北边,也是契丹重兵的集结处。当时后周众多的将领都主张不要马上进兵,因为打了这么多天,军队需要休整。但周世宗柴荣坚持己见,继续北上。就在后周大军攻克固安的当天,周世宗忽然感到身体不适,于是大军停止前进。到了五月初八,周世宗柴荣病情加重,于是他决定率领大军南下返回京城。五月三十日,周世宗强撑病躯回到汴京开封。六月十九日,这位三十九岁的年轻皇帝就撒手人寰。英雄大业,半途而废。

在周世宗从河北往河南撤军的途中,军队中出了一件怪事。这个怪事儿,在《旧五代史》和《宋史》中都有记载。回军途中,周世宗支撑病躯阅示文件,忽然发现一个苇编袋子，里面藏有一块三尺长的木板，上有"点检做天子"五个字。古人迷信，周世宗柴荣认为这是"天示"，他马上想到自己的姐夫——时任禁军统帅的"殿前都点检"张永德。经过仔细思考，他下诏免去了张永德都点检一职，把平时看上去老实厚道又曾多立战功的赵匡胤委任为殿前禁军统帅。

既然有"点检做天子"的木牌出现，周世宗当然就猜疑自己的姐夫张永德，认为这个人在军内外党羽众多，可能在自己死后会危及儿子柴宗训的帝位。而赵匡胤是寒人军校出身，应该没有人拥戴他篡位。周世宗聪明一世，糊涂一时，他忘记了五代数位皇帝皆是军头出身，他自己的养父（还是他的姑父）郭威也是由军士拥戴而移后汉国祚。"点检做天子"的木牌，很有可能是赵匡胤等人制作的。不过，他们当时的初衷可能只是想"陷害"张永德，免得周世宗死后张永德因手中有禁兵而于宫中坐大。至于后来赵匡胤这位"赵点检"终做天子，倒可能是"弄拙成巧"的稀罕事。

周世宗重病撤军回京途中，隐隐约约已经知道自己命不久矣。当时他的儿子柴宗训才七岁。殿前都点检是后周太祖郭威的女婿张永德，也是柴荣的姐夫。柴荣自己是郭威的养子，也是郭威的内侄。所以，这个小木牌的出现，让周世宗柴荣心理压力巨大。因为五代时期有过帝王女婿当天子的先例，就是那个出卖燕云十六州的石敬瑭，他是后唐明宗李嗣源的女婿。

那么，那块写有神奇预言的小木牌，到底是谁搞出来的呢？只能猜测和想象了。如果一定要说是当时赵匡胤自己或者他派人干的，也不尽然。虽然可以利用柴荣的疑心把自己的上司张永德给搞下去，但万一接任的不是赵匡胤自己而是另外一个比张永德还不好对付的人，赵匡胤更不好做。

当时和后人也怀疑那个木牌是后周太祖郭威的外甥李重进派人搞的。因为李重进是禁军另一支系统侍卫司的最高领导，当时任都指挥使，他下面管马军和步兵，权力很大。李重进一直和张永德关系不好。郭威当皇帝的时候，中央禁军的两个司令，一个是他的外甥，一个是他的女婿，都是郭威自己的人。但偏偏这两个人之间的关系一直不好。所以，事情发生之后，很多人也推测那个木牌是李重进派人写的。但是，那个时候李重进应该没有作案的时间和作案的人手，因为当时李重进奉周世宗柴荣的命令正在率领人马去抵挡北汉军队，他本人和手下人都不在周世宗柴荣的大营之中。

无论如何，为了防范自己死后帝位被别人篡夺，周世宗就把对自己儿子最有威胁的禁军殿前都点检这个职位，从张永德身上移到了看似忠厚的赵匡胤身上。

周世宗柴荣在北伐途中从得病到回到京城病死，其间不到两个月。柴荣一共有七个儿子，最后遗诏所立的继任者是七岁的柴宗训，也是他年龄最长的儿子。其实，周世宗前面有三个儿子，当初汉隐帝刘承祐杀郭威家属的时候，顺便把和郭威有亲戚关系的柴荣的家属也一块儿杀了。这样算来，继位的柴宗训实际上是他的第四个儿子。

在五代十国那个战乱时期，把一个国家政权交给一个七岁的儿子，柴荣肯定是死不瞑目的。在周世宗柴荣生命最后的一个多月时间，他竭尽一切可能，要保证自己的柴氏江山能够延续下去。首先，他忽然立了正式的皇后，也就是符皇后。这个符皇后，原本是柴荣的小姨子。她的姐姐先前就是柴荣的皇后，几年前病死了，柴荣一直没有再立皇后。自己临死前十天，他立故去的符皇后的妹妹做了新皇后。为什么呢？因为符氏家族本身就是五代时期一个非常大的军事家族。符皇后的父亲叫符彦卿，当时任天雄军的节度使，还是后周的魏王。符彦卿有六个女儿，其中一个女儿嫁给了赵匡胤的弟弟赵光义。符彦卿的位置是天雄军的节度使。天雄军非常重要，当时所在地位于河北的南部和河南的北部。后周京城就在今天的开封，属于河南的中部。符彦卿驻军所在的地方其实就是唐代著名的河朔三镇中魏博镇所在地。河朔三镇这个地方，在五代十国竟然出产了十三任皇帝，其中有六个都出自符彦卿所在的这个魏博镇。周世宗临死之前，下诏立符彦卿的另一个女儿做他的皇后，他的目的非常明显：第一，防止符彦卿这样有地有兵的军头夺位。你看我立了你的女儿做皇后了，作为我的老丈人，你就别夺我七岁儿子的皇位了。你的一个女儿先前已经是我的皇后，她有病死了，我现在又立了你另一个女儿做皇后，我对你符彦卿确实厚道至极了。第二，契丹占了幽云十六州以后，天雄军就是中原和契丹交界之处，是一个战争最频繁的地方，有符彦卿这位名将在，可以不惧契丹的入侵。符彦卿打仗厉害，曾经打败过契丹的十万大军，所以契丹人非常害怕他。第三，由此柴荣也告诉天下人，这个符彦卿的符氏军事集团势力强大，有他在，别的地方诸侯会有所忌惮，不敢随意觊觎帝位。

除此之外，周世宗柴荣临终还安排了顾命大臣。他绞尽脑汁，挑选了三个人来辅佐他七岁的儿子做皇帝。第一个辅政大臣叫范质。范质虽然性子急，喜欢当面驳斥别人，但他为官廉洁。范质这样的人当宰相，就不会形成一个文官政治集团威胁帝位。第二个人是王溥，这也是周世宗非常信任的人。最早的时候，王溥曾经在周世宗高平之战的亲征问题上坚决支持周世宗亲征。但王溥这个人非常吝啬，为此柴荣认定，抠门儿的人应该不会闹大事，因为这样的人舍不得花钱去收买其他人形成政治势力，更不至于形成一个政治集团。

第三个被任命为宰相的叫魏仁浦。魏仁浦的长项有两个，第一是忠诚，第二是拥有超级记忆力。最主要的，魏仁浦是从一个刀笔小吏提升过来的，属于没有根基的文臣，肯定不会篡位谋反。

临崩之前，周世宗柴荣选定了辅政大臣，又搞定了以符彦卿家族为首的地方势力，而他最后要考虑的一个大问题，就是禁卫军问题。五代十国是个枪杆子刀把子说话最管用的时代，谁来管军队，特别是禁卫军，那是关键中的关键。

4. 不流血的政权更迭

周世宗柴荣临死前，由于有"点检做天子"的谶谣小木板，就解除了当时任殿前都点检的姐夫张永德的兵权。思来想去，他最终安排赵匡胤担任殿前都点检。柴荣看重赵匡胤，就是因为他觉得赵匡胤非常值得信任，非常忠诚，非常能干。当时赵匡胤三十三岁，年富力强，这样一个大将肯定能够保质保量地辅佐自己七岁的儿子坐稳帝位。

赵匡胤当时虽然担任了中央禁军殿前军的都点检，但宫殿内的侍卫军系统并不归赵匡胤管，而是归时任侍卫亲军马步军副都指挥使的大将韩通管。为了平衡权力，柴荣还宣布韩通拥有国内的调兵权，当时整个京城开封的军队只有韩通可以调动。所以,虽然赵匡胤是殿前军的一把手,但他手里没有调兵权。由此可见,周世宗这种安排看上去还是非常稳妥的,就是让地方势力、中央辅政大臣势力、禁卫军势力互相制约,最终形成三方辅政,以最大限度保持政权稳固。根据史书记载,韩通有个外号叫"韩瞠眼"。瞠眼就是瞪眼的意思,韩通一说话就瞪眼珠子,缺少谋略,性格刚烈,所以大伙叫他韩瞠眼。纵观整个陈桥兵变过程,文臣武将之中唯一被杀的人就是他。

  人算不如天算,虽然周世宗柴荣考虑得已经非常周全了,但还是有他料想不到的地方。首先,禁卫军方面,有侍卫司,有殿前司,赵匡胤管殿前司,韩通管侍卫司。看似平衡权力,实际上殿前司的将领基本都属于赵家军,殿前司的一把手是赵匡胤,二把手慕容延钊是赵匡胤铁哥们儿,殿前司其他两个高级军官,石守信和王审琦,也是赵匡胤的铁哥们儿。韩通的侍卫司,虽然能够和殿前司互相制衡,但韩通只是二把手,侍卫司的一把手是柴荣的亲戚李重进,此时担任淮南节度使,本人不在京城。而且,侍卫司属下的不少高级军官和赵匡胤的关系都非常好,也都是很铁的哥们儿。反观韩通,他只会对同僚吹胡子瞪眼,情商很低,所以,朝廷禁卫军的事权,其实基本在赵匡胤手里。至于辅政大臣方面,范质等三个辅政大臣都是文官。五代时期,文官手里没有实际的军权,所以根本管不了军将。而柴荣老丈人符彦卿所代表的地方军队势力,根本控制不了中央禁军,无法和赵匡胤抗衡。

周世宗绞尽脑汁安排的三方辅政的格局,坚持了半年就完结了。陈桥兵变发生,赵匡胤一跃而成为新朝的皇帝。

如果看宋朝人当时的记述,似乎赵匡胤完全是天命有归。这位憨厚的胖子看上去非常无辜,喝醉了躺着大睡,结果醒来之后就被拥戴为皇帝了。仔细分析,我们还是能够找出陈桥兵变的几大疑点。

第一,陈桥兵变前的契丹和北汉军队入侵,是否确有其事。当时是大年初一,突然有情报说北汉和契丹要入侵,急得宰相范质和王溥马上派赵匡胤外出带兵迎敌。大年初二,赵匡胤副手副都点检慕容延钊就领军出发了。大年初三,赵匡胤本人也出发了。到了初四,在距离开封城四十里地的陈桥驿忽然发生兵变,赵匡胤本人就又回来了。赵匡胤也就是骑马出去转了一圈,把部队拉出去兜转了一下,回来就变成皇帝了。到了初五,年号改了,禅位仪式也办了,这一切快得让人恍如梦境。那么,契丹和北汉到底有没有在显德七年正月入侵呢?这个问题是关键,是一切后来结果的源头。如果当时没有北汉和契丹的入侵,后周的宰相范质等人不可能派赵匡胤领兵出去。如果他不领兵出城,也不会有陈桥兵变的发生。仔细查看《宋史》和《续资治通鉴长编》等历史典

第一章 黄袍加身

籍,都可以发现,当时根本就没有契丹和北汉军队入侵这回事儿!正是由于当时京城内外的军队调动权在韩通手里,只有出现外敌入侵,朝廷决定出兵,赵匡胤才有机会把军队带出城。一旦军队被带出城去,就归赵匡胤控制了。可见,所谓北汉和契丹的入侵,几乎可以断定是赵匡胤兄弟和他那些哥们儿想出的一招大棋。

第二,赵匡胤出城之后的喝醉酒问题,破绽百出。带兵出去打仗这么大的事情,赵匡胤竟然刚刚出城就喝个大醉,完全不合乎情理。与此同时,他手下那些将领们各个角色演得也很到位,安排仔细,毫无纰漏。

第三,黄袍和禅位诏书的及时出现,到了极度可疑的地步。赵匡胤大醉,第二天早晨刚一醒,他手下将士们就一拥而上拿出一件黄袍给他穿上,跪下来高呼万岁。黄袍代表皇权,有哪个吃了豹子胆的将士,敢在赵匡胤兄弟毫不知情的情况下,先私下藏一件黄袍呢。当初,后周太祖郭威发动兵变的时候,都没有准备这么精细,只是随便找了一面黄旗在身上裹一下当作准黄袍来用。明朝有个叫岳正的文人写了一首诗,讽刺赵匡胤黄袍加身这件事:"仓卒陈桥事变时,都知不与恐难辞。黄袍不是寻常物,谁信军中偶得之!"陈桥兵变发生之后,赵匡胤当天就返回了开封,他的手下马上集合文武大臣举行禅位大典,文武百官到达之后,忽然发现还缺一

宋太祖赵匡胤

份以周恭帝柴宗训名义写的禅位诏书。周朝的翰林承旨陶穀忽然从自己袖筒里掏出来一份禅位诏书。如此及时,让人甚觉诡异。翰林承旨是专门给皇帝起草诏书的官。作为专业官员,陶穀写诏书并不奇怪,奇怪的是他是怎么提前知道赵匡胤需要禅位诏书的呢?显然,事先已经有人安排他这样做了。禅位诏书不是普通诗词,可以马上写出来,这种诏书需要绞尽脑汁琢磨用词造句,非常难,肯定要准备好久才能写成,再让主人公或者主人公左右许可了才可以拿出来。当了皇帝之后,对及时拿出禅位诏书的陶穀,"太祖甚薄之"(《宋史》卷二百六十九《陶穀传》),好像赵匡胤对这个为自己精心安排禅位诏书的文人陶穀非常鄙视和轻蔑。其实,这是帝王权谋。赵匡胤为了让别人觉得自己厚道不知情,只能把陶穀说成是个不厚道的人精。

第四,为何只有侍卫司副都指挥使韩通及其家人被杀。韩通是周世宗临死前安排的唯一能够调动京城禁军的武将,在朝中知道城外赵匡胤黄袍加身之后,韩通立刻从宫殿议事的地方出发,准备回自己家中招人来进行安排布置。根据史书记载,韩通刚回到家就被赵匡胤的亲信将领王彦升给杀掉了,王彦升还把他的妻子、儿女杀个干净。显然,韩通这个唯一有调兵权的将领,早就被紧紧盯住了,难怪只有他被杀掉!当然,根据历史记载,听说韩通及其一家人被杀,赵匡胤很恼火,斥责王彦升说:"先前都说了,这次回京不杀人,怎么你竟然把韩通给杀了?"赵匡胤急赤白脸地要处置王彦升。其实,这也是演戏,自己安排的人杀掉先前就认定必须杀掉的人,赵匡胤不可能处理王彦升。最终,假装踌躇半响,赵匡胤咬咬牙,又说:"既然先前说过这次回京城不杀人,如果把你杀了,也就违背自己的诺言了,算了吧。"由此,他也没处置王彦升。赵匡胤为了表示自己的仁德,彰显忠臣,下令追赠死去的韩通为"中书令"。如此荣耀的高官封赠，其实对韩通没有任何实际意义，他本人和儿女们都被杀掉了，都成绝户了，封赠什么荣衔都没有用。这只不过是让赵匡胤树立了新朝高大上的形象而已。

从上面这些疑点可以推定，赵匡胤本人就是陈桥兵变的主谋和总策划。但在宋朝人自己的记述中，似乎赵匡胤事先完全不知情，反而是他弟弟赵光义和谋士赵普两个人是主策划。

那么，赵匡胤为什么要把自己从军事政变中摘出来，把自己打扮成一个毫不知情的角色呢？其目的恐怕是在摆脱道德困境的同时，稳定自己建立的新朝。

赵匡胤作为后周的殿前都点检，作为前朝皇帝周世宗柴荣非常信任的人，竟然欺其孤儿寡母，篡取国权。对于这种恶名，历史肯定是有记忆的。前代的曹操，挟持汉献帝十几年，到死都不敢把汉朝给篡了，他就是不想也不敢担负篡国的恶名。这个道德困境，也是赵匡胤自己要面临的问题。所以，为了避免这个篡国的恶名，赵匡胤就找了手下一大帮人替自己背黑锅，搞得好像是这一大帮人为了他们自己的富贵荣华逼赵匡胤当皇帝一样。而且，把陈桥兵变说成这样一个版本，也从另外一个角度彰显他自己是天命所归，证明自己的宋朝政权有合法性。可见，历史确实是胜利者书写的。

无论如何，历史选择了赵匡胤。通过陈桥兵变建立宋朝，赵匡胤终于结束了中国历史上非常黑暗非常混乱的五代十国时期。而且，事实证明，赵宋一代的文化贡献也在中国历史上留下了浓黑重彩的一笔。

从陈桥兵变整体过程来看，赵匡胤这出大戏的政治效益非常高。第一，收益极大。几天的时间就完成了一次改朝换代，并在随后不久结束了黑暗的五代十国时期。在中国历史上，这样高效率的事情绝无仅有，很少死人，没有流血遍地，没有诛杀前朝宗室，没有耗费太多财力物力。第二，改朝换代的过程超短。正月初一得到消息有外敌入侵，正月初三赵匡胤领兵出征，正月初四黄袍加身回到京城开封，到了正月初五已经改元建国，几天内就建立了一个新国家，可以说是中国历史上过程最短的国权转移。第三，陈桥兵变不是简单的以暴易暴，这为后来宋代政治走向文明化和理性化开了先河，除了杀了韩通一家，基本没死人，这就使得先前改朝换代充满血腥和杀戮的程式发生了巨大的转变。

5. 仓促定下的国号

赵匡胤发动陈桥兵变，在极短的时间内建立了一个叫"宋"的新朝代。这个新朝的国号为什么叫"宋"呢？

宋朝分为两段，公元960年到公元1127年，建都开封，后来被金朝灭亡了，史称北宋。从公元1127年到公元1279年，宋朝建都临安（今浙江杭州），后来被元朝灭掉了，史称南宋。由赵匡胤始建、赵构重建的这个王朝，叫宋朝。北宋、南宋是后人为了区别它们而分开来说的。

在中国历史上，要说改朝换代的速度之快和富有戏剧性，宋朝应该是最典型的。赵匡胤当时的那一幕禅让戏，实在是粗糙不堪。宋朝之前，禅让戏已经演过多次了，西汉禅让给王莽，东汉禅让给曹丕，曹魏禅让给司马炎，隋朝禅让给李渊。但是，禅让大戏的速度之快，先前那些朝代都不及宋朝。八岁的周恭帝柴宗训禅位给赵匡胤，竟然在一天之内就走完了全部流程。东汉献帝刘协禅位给魏文帝曹丕，是从曹丕的爸爸曹操时代就开始经营了；曹魏的末帝曹奂禅位给司马炎，也是经历了从司马懿到司马师、司马昭、司马炎，三代人才完成的。而且，先前各朝的禅让程序很复杂，旧的傀儡王朝的傀儡皇帝，先要对预备皇帝不断地让位子，不停宣告说这个天下自己已经治不下去了，必须由你来治。那个作为准皇帝的人也不能说旧皇帝一让帝位就马上接，他必须假装推辞，一般来说，最起码要辞让三遍才成。但赵匡胤不这样，他初四一早黄袍加身，初四晚上就成皇帝了。相比前朝那些隆重的仪式和复杂的禅让大戏，赵匡胤当皇帝速度之快，近乎草台班子演戏，一点不讲究质量和吃相。虽然后来赵匡胤建立的宋朝以大有文化著称，但当初宋朝成立之时的禅让戏份，真是太没文化了。

宋朝，国号是"宋"。在中国历代王朝中，有很多值得称道的国号。例如汉朝的国号，寓意广阔悠长的银河；唐朝的国号，来源于仁君圣王唐尧。而宋朝的国号，最初的起源与含义非常简单。无论是当时的赵匡胤，还是他的手下，也确实没时间来仔细考虑新王朝的国号。他们就以赵匡胤篡周之前兼任的最高地方行政长官所在地的名称，也就是"宋州归德军节度使"的宋州，作为宋朝国号的来源。

但是，随着时间的推移，赵匡胤君臣仓促而起的这么简单明了的宋朝国号，被后来宋朝文人们层层附会，竟然变成了一个与天地、阴阳、人事等方面都相契合的完美国号了。这又是怎么一回事呢？

宋朝文人脑子转得很快，想得还远。

首先，他们拿宋朝开国皇帝赵匡胤的父亲赵弘殷的名字来说。赵匡胤的父亲赵弘殷，公元956年去世。当时的赵弘殷、赵匡胤父子还都是后周的臣子。在日后对于宋朝国号的附会当中，最关键的就是赵弘殷的这个名字。弘原意就是发扬光大，中国历史上商朝又叫殷朝。司马迁写《史记》，就是以《殷本纪》来记载商朝的历史的。由此，赵弘殷的名字就是老赵家要发扬光大上古时期鼎鼎大名的商朝的意思。

其次，赵匡胤的龙兴之地是宋州。宋州，就是今天河南商丘市。商丘这个地名在先秦时候就有，据说和商人的起源有关系。公元596年，隋朝在这里设置了宋州。所以，宋州既是商朝的发祥之地，又是赵匡胤的龙兴之地。由此，老赵家和商朝的关系就又紧密了一点。而且，当初隋朝在今天商丘这个地方建立宋州，是有历史依据的。公元前11世纪周成王主持大分封，把被灭掉的先前商纣王的同父异母的哥哥微子启封为子爵，给他建立了一个小国叫宋国。① 由此，归纳一下宋朝的国号来源，殷就是商，商就是宋。所以，赵弘殷的名字，似乎已经冥冥中注定了他就是赵弘商、赵弘宋。赵匡胤建国以宋作为国号，就是天注定。后来，宋朝文人进一步附会说，商朝时期有一个人叫阏伯，他当时就居住在商丘，一直在当地祭祀大火。大火，是天上的一颗赤色的大星，今天我们称其为天蝎座α星。这颗星在商朝时期被认定是关系到商朝王族兴衰和国家命运的族星。由于主持祭祀的人是阏伯，祭祀地点就在商丘（今天河南的商丘市还有阏伯台，也称火神台、火星台），依据这一点，宋朝从赵匡胤开始就自居火

---

① 微子启在商纣王时期以正直见称，曾经不断劝谏商纣王从善，后来投降了周武王。微子启本来叫启，商朝时期他被封在微这个地方，所以叫微子启。周朝稳固之后，周成王对投降的商朝贵族非常重视，就在分封的时候把微子启封在了商丘。

德。按照五德终始的学说,赵匡胤取代的后周是木德,赵匡胤既然接受了后周禅让,新王朝的德就应该是火德。日后宋朝文人牵强附会,把阏伯居住商丘祭祀大火也联系起来,宋朝的火德就有了更为悠久的历史渊源。

由此,种种历史、地理、天文、五行、人事的巧合,共同证明了宋国号冥冥之中已经定于前世,赵匡胤赵天子,从他父亲赵弘殷开始,已经预见到他就是远承两千年前商朝的真命天子。

随着文人们的这些附会,宋朝国号的解释也就越来越完美,越来越神秘。而以火德为标志的宋朝,特别看重的颜色就是红色。宋朝皇帝的标准像,绝大多数都是穿着大红的袍服。

赵匡胤当皇帝之后,后周恭帝柴宗训被宋朝改封为"郑王"。十三年后,柴宗训二十岁出头即"发病"而死,估计是被宋室暗害的。听到这个消息,赵匡胤又演了一出,"闻之震恸",把柴宗训追谥为"恭皇帝",把他的尸体葬在其父陵侧。周世宗柴荣有七个儿子,老大、老二、老三被后汉隐帝杀掉,老六柴熙谨已在宋初不明不白死掉,老五柴熙晦、老七柴熙让皆"不知其所终",估计也都是被赵宋派人弄死了。宋仁宗嘉祐四年(公元1059年),下诏有司取阅柴氏谱系,"于诸房中推最长一人,令岁时奉(后)周祀"。一般人皆为《水浒传》或其他民间演义所误导，以为小旋风柴进是后周皇帝的嫡系子孙，还一直获封"一字并肩王"等，其实后周灭亡后，柴荣并无直系后代得活世上。

建立新朝之后，推论"翊戴"之功，赵匡胤的老哥们诸如石守信、高怀德、张令铎、王审琦、张光翰、赵彦徽皆得授节度使位号。细究这些"功臣"的原职，皆是殿前都指挥使、骑军都指挥使、殿前都虞候这样的京城禁军大小头目，所有这一切，均明白无误地透露着一个信息：陈桥兵变是一场精心策划的不折不扣的政变。

建隆二年（公元961年），赵匡胤下诏罢去慕容延钊的"殿前都点检"一职，以免"点检做天子"的谶言重演。历史上的"大事"，往往前一出是"正剧"，后一出模仿的是"喜剧"，偏偏"黄袍加身"这等大戏，郭威和赵匡胤，两出都是"正剧"，且青出于蓝而胜于蓝。

6. 击灭二李稳帝基

赵匡胤帝位没坐热乎，国内就有人造反了。赵匡胤两次亲征，干掉了和他叫板的两个人：镇守泽潞的后周昭义军节度使李筠和驻地在扬州的淮南节度使李重进。

赵匡胤建立宋朝后，先送了李筠和李重进每人一顶"中书令"的高帽子,这是国内武将最高的荣衔。赵匡胤就怕他们两个首先捣乱。

结果,赵匡胤派出封官的使臣到了潞州(今山西长治),李筠根本不见,马上要起兵,李筠左右切谏。这些人倒不是害怕主公"造反",五代时换"皇帝"如走马灯一样,一家换于另一家并不稀奇,李筠手下这些参谋们的本意,是让他缓缓神再观察一下,不要轻举妄动。

李筠的儿子李守节当时泣谏父亲不要给"大宋"添乱,新君即位,最恨的就是首先出头的前朝"忠臣"。起先,李筠听劝,置酒张乐,大摆宴席,请宋朝使臣相见。但双方刚刚落座,李筠忽然命人于壁上高悬后周太祖郭威的画像,并亲到像前下拜,悲不自胜,泪如雨下。

如此,李筠左右谋士一时皆惶恐不安,忙向赵匡胤的来使解释:"李令公饮酒过多,表现失常,请勿怪罪。"

赵匡胤派出的使者也不好说什么,本来这些太监就胆小,特别是出使到"敌营"的太监,直怕自己大脑袋被割,自然假装什么事情都没发生。

赵匡胤听得使臣回来一五一十的禀报,依旧不想直接兴兵,亲自写诏"慰抚",并召李筠之子李守节入京,封为皇城使(寄禄官,类似内务部管事的虚衔),以示对李氏父子的"无猜"。

李筠得诏，马上让其子李守节入朝，实为派儿子入朝侦伺情报。此招甚怪，既然李筠反心已定，何苦要搭上儿子一条性命，亲送其入虎口？

得知李守节入朝，赵匡胤也出乎意料，迎头就问："太子，你怎么来了？"

李守节闻言大惊失色，忙跪地叩头，哭诉道："陛下，您怎么这样问我？朝中肯定有人讲我父子的坏话。"

赵匡胤倒有帝王气度，徐徐言道："朕听闻你数次劝谏你父亲，皆不为其所听。你父亲遣你来京，是想让朕杀掉你，彰显朕的不仁，他也好有借口起兵。你回去吧，转告你父亲，朕未为天子的时候，你父亲想做就做；既然现在朕已为天子，他何不为了朕而做出小小的退让呢？"

赵匡胤此语，不失语重心长，既无威胁，也无要挟，甚至有些哀求的意味在里面。

当时，北汉皇帝是刘钧，他家的后汉天下原被后周太祖郭威所夺，因此与中原政权一直为敌。听闻李筠要造反，刘钧马上派人秘密联系，相约共同举兵。

李筠听了儿子回来一番汇报，又知北汉将派兵马来援，就下定决心起兵。他马上命幕府文士书写檄文，四处散发，历数赵匡胤"篡位罪状"，同时遣人到北汉求兵。李筠精兵奇袭泽州，杀掉留守的宋朝刺史，占领了州城。

兵来将挡，水来土掩。赵匡胤不得不硬着头皮，派手下得力大将石守信、高怀德等人率大军进讨。临行，他心急火燎地嘱诫道："千万别让李筠率军西下太行，要立刻引兵扼其关隘，否则，不能破敌！"

李筠起兵之初，他手下谋士闾丘仲卿就劝他："您孤军举事，其势甚危，虽倚河东（北汉军）之援，恐亦不得其力。大梁（宋军）兵甲精锐，难与争锋。不如西下太行，直抵怀、孟，塞虎牢，据洛邑东向而争天下，此乃上计。"

但李筠不听，说："我乃周朝宿将，与世宗（柴荣）义同兄弟。禁卫之士，皆我昔日属下，闻知我起兵，他们肯定临阵倒戈，何患不成功！"

可以想见，李筠这位大将有此书生气，不败也难。赵匡胤新朝甫建，大肆封官行赏。京城内定，大臣、兵头有名有分。特别值得一提的是，五代末的军将大都是名利之辈，谁还会响应李筠这位"老上级"做叛贼。不过，李筠当时确实占据有利地形地势，他的驻地是潞州，就是今天的山西省长治市，深处太行山屋脊，易守难攻，战略位置非常重要。李筠在后周时期曾经凭借潞州有利地势，以一城之力抵抗住北汉和契丹联军的大举进攻。而且，他手下深谋远虑的谋士也不少，特别是闾丘仲卿。他指出不要和宋军的精锐部队争锋，应该急下太行山，直抵河南沁阳、孟州一带，堵塞虎牢关，据守洛阳，而后东向而争天下。可惜的是，这些建议李筠都没有听从。

当时，北汉皇帝刘钧深觉复国有望，就约契丹兵一起来援李筠。但李筠婉拒了契丹兵入境。于是，刘钧御驾亲征，"倾国自将"而来。临行，刘钧的大臣也劝谏："李筠举事轻易，事必无成。陛下扫境内军马亲赴之，臣未见其可也。"刘钧不听。

李筠和刘钧两方相会于太平驿，刘钧马上封李筠为"西平王"，位在其宰相卫融之上。李筠暗自悔恨——面前的北汉皇帝太名不副实，不仅"仪卫寡弱"，举止言谈也看不出有真命天子的样子。

李筠不爽，刘钧也不高兴。宴谈期间，李筠一口一个"不忍辜负周朝旧恩"，讲个不停。而先前后周太祖郭威"黄旗加身"，篡的就是刘钧他们刘氏家族的后汉，汉与周是世仇，李筠对后周大表忠心，明摆着是不给自己面子。

虽如此，覆水难收，双方不得不联军。刘钧表示留宣徽使卢赞做李筠军队的监军。为此，李筠心中恼怒，很讨厌这个友军派来的"监事长"。听闻李筠与卢赞不和，刘钧派宰相卫融做和事佬前往调解。

眼见北汉军派不上用场，李筠悒悒不乐。他留下长子李守节据守上党，自率三万军马南出，与宋朝争锋。宋军大将石守信为百战良将，勇谋兼施，欲在新朝立大功。两军在长平一照面，石守信就大败李筠，斩首三千级。而后，石守信在泽州城外大破李筠大军，杀掉李筠手下大将范守图以及北汉的监军卢赞。

北汉援军数千人急匆匆赶到泽州，正赶上李筠兵大败，这些人全都不发一矢，投降了宋军。宋朝大将石守信图省事，索性下令把这几千降军全部杀个精光，既立威，又警示北汉不要没事派人来找死。

李筠大败之后，只能逃入泽州城内，凭城固守。不久，御驾亲征的赵匡胤赶至城下。皇帝亲自督战，宋军士气倍增，肉搏登城，终于攻陷泽州。李筠长叹一声，投火而死。

宋军入城后，顺便还生俘了北汉的宰相卫融。泽州已被攻下，守卫潞州老巢的李筠之子李守节马上投降，其父不为宋朝"忠臣"，其子却甘为新朝"顺子"。

赵匡胤心情很好，赦之不杀，委任李守节为单州团练使。不过，李守节没过几年就不明不白地死了，年仅三十出头，恐怕也不是善终。

宋朝军队攻杀李筠，确实起到了杀鸡给猴看的作用。后周原先占据一方的节度使们，如成德节度使郭崇、保义节度使袁彦、建雄节度使杨延璋、安国节度使李继勋等人，纷纷单骑来朝，无论真心还是假意，都不得不向大宋称臣。

收拾完李筠，赵匡胤的目光马上转向下一个目标：淮南节度使李重进。李重进是沧州人，他的母亲是后周高祖郭威的亲姐姐，也就是后周的福庆长公主。从血统上讲，他比后周世宗柴荣（郭荣）更接近"帝系"，因为柴荣只是郭威妻子的侄子，与郭威没有直接的血缘关系。在五代时期的后晋、后汉时期，李重进就跟随舅舅郭威四处征战。公元951年，郭威即位为后周太祖皇帝，李重进先后被封为大内都点检兼马步都军头、殿前都指挥使等职务，一直负责管理禁军，很有军事才能。所以，如果论亲情，他和后周高祖郭威是实实在在的甥舅关系。论才能和资历，他丝毫不逊于柴荣。而且，李重进比柴荣还要年长，但是郭威病重去世，留下的皇位却轮不到他。当时，郭威肯定也明白李重进的心情，所以他临终颁布遗命时，特意让外甥李重进向自己的养子内侄柴荣下拜，以定君臣之分，当众让李重进彻底放弃了继承帝位的幻想。柴荣即位后，李重进很快就在高平之战中立下大功，被任命为侍卫亲军司都指挥使。柴荣死前，估计也是忌惮李重进的声威和地位，怕他对自己七岁的儿子柴宗训有威胁，就把他调往淮南去镇守扬州了。

论情论亲，其实对于后周太祖郭威来说，当时的李重进肯定要更有血缘优势。但是，他为什么最终把帝位传给自己的内侄柴荣呢？无他，因为爱情。

郭威的原配妻子柴氏是柴荣的亲姑母，郭威临死前，柴氏已经病死了许久。郭威传位给柴荣，确实是看中了柴荣的才干，而最重要的还是他和结发妻子柴氏感情非同一般。美人柴氏是邢州龙岗人，年轻时生得十分漂亮，是后唐庄宗李存勖宫内的一名嫔妃。公元926年，后唐庄宗被杀后，即位的后唐明宗皇帝把大批唐庄宗在宫内的妃嫔和宫女都遣散回家，柴氏也在其中。这位柴美人带着金银细软往回走，他的父母（也就是柴荣的祖父母）前来迎接，双方就在黄河边上相遇。当时由于天降大雨，一连下了十几天，这一家人只好暂住于旅舍。有一天，一个身材伟岸却破衣烂衫的男子冒着大雨从旅舍门前经过。柴氏见到这个伟男子之后十分惊讶，便向旅舍主人询问道："此何人耶？"旅舍主人答道："此马铺卒吏郭雀儿者也。"柴氏挺大胆，随即就把这个年轻人召过来聊了一会儿。这一聊，柴氏发觉这个人不仅形貌不凡，而且言谈举止十分得当，马上生出怜爱之心，决定嫁给他。

当时，柴氏的父母坚决反对这门婚事。他们见这位郭雀儿一身破衣烂衫的，像个乞丐，就对女儿说："汝帝左右人，归当嫁节度使，奈何嫁此乞人？"（你是皇帝身边的人，回家后最起码要嫁个节度使，怎么能嫁给这个乞丐呢？）岂料，柴美人坚持己见，非要嫁给郭威不可。由此，当时穷得叮当响的郭雀儿与"白富美"柴氏在旅舍中结为夫妻。不仅如此，柴氏还把自己从宫内带回家的大笔金钱留给自己的夫君，对他说："君贵不可言，妾有缗钱五百万资君，时不可失。"

郭威之所以外号叫郭雀儿，就是因为他当时就是一个流氓无产者，脖子上刺有一个黄雀的刺青，平日里游手好闲，饮酒赌博，放浪形骸。有了妻子的资助，郭威才有机会利用这些钱财结交豪杰和招兵买马，最终投靠在刘知远麾下得到重用。而后，刘知远建立后汉当了皇帝，郭威也当上了枢密使这样的高官。

郭威与柴氏结婚后，一直没有子女，就将十几岁的柴荣（柴氏的哥哥柴守礼之子）收为己子。当郭威当上皇帝之时，柴氏已经故去多年，但郭威并没有忘记这位贤妻，下诏追封柴氏为圣穆皇后，而且从此不再册立皇后。公元953年，柴荣被封为晋王、开封尹，成为事实上的皇位继承人。

所以，李重进作为与郭威有直系血缘的外甥没能继承帝位，还是因为郭威重情义。他肯定知道，当初如果没有自己那位"白富美"的夫人柴氏的襄助，他自己的人生很难实现真正的逆袭。

周世宗柴荣在世时，李重进与柴荣的姐夫张永德争权，二人明争暗斗，搞得不亦乐乎。"点检做天子"那块木牌，当时很多人都怀疑是李重进派人故意放置以陷害张永德的。鹬蚌相争，渔人得利。张永德被削夺禁军职权，李重进也没捞到大便宜。后周小皇帝柴宗训刚上台，凭着柴荣的遗诏，大臣范质等人就用一纸诏书把李重进打发到了京城以外的扬州做节度使。

李重进与张永德争权夺利，折腾半天，最终却让"赵点检"做了天子，典型的偷鸡不成蚀把米。当然，到底是李重进还是赵匡胤鼓捣的那块"点检做天子"木牌，也是千古之谜。

赵匡胤称帝后，马上下诏，让老战友韩令坤取代李重进的位置。"重进请入朝，帝赐诏止之。"李重进心中愈加犯疑。

李筠起兵的时候，李重进派帐下亲吏翟守珣怀密信前往联络。岂料，翟守珣没去见李筠，而是拿着密信到汴梁见了赵匡胤。当时，赵匡胤唯恐"二凶并发"，两条战线上打仗，心中没底。于是，赵匡胤便厚赐翟守珣，让他回去劝说李重进不要轻举妄动。在李重进犹疑之间，李筠已被赵匡胤平灭了。

此时，赵匡胤就不再客气，正式下诏徙李重进为平卢节度使，并派中使陈思诲带着铁券赐予李重进，以示安慰之情。李重进这才回过味来，软禁陈思诲，扯旗举兵。起兵的同时，他还派人向南唐求援。可惜，南唐中主李璟先前被周世宗柴荣打怕了，从心理上畏惧中原政权，不敢掺和造反，李重进只得孤军起事。

有了上次平定李筠的胜利，赵匡胤胆气倍增，再一次御驾亲征。建隆元年（公元960年）十一月，宋太祖率百官六军，乘舟东下。宋军首攻扬州，即日拔之。扬州如此牢固坚城，竟然一天就被攻下，可见李重进起兵是多么仓促。

城陷后，有人劝李重进杀掉中使陈思诲，李重进也不失厚道，说："吾今举族将赴火死，杀此何益！"言毕，阖家自焚。不过，那个使者陈思诲也没活成，很快被乱兵所杀。

赵匡胤君临扬州，人主之气顿浓，杀掉李重进的同谋者数百人，把没有自焚而死的李重进兄弟和儿子都送闹市砍了头。

7. 宋太祖杯酒释兵权

杀了李重进之后，宋太祖当时还真想一鼓作气，平灭南唐。南唐中主李璟确实害怕，忙遣其重臣严续、冯延鲁等人分数批来"犒师""买宴"，大献殷勤。"买宴"一词，五代独有，是当时的大臣献钱财以表示能够有机会赴国君的宴会，其实就是为表忠心进献财宝贿赂。

赵匡胤在扬州接见南唐使臣冯延鲁，鸡蛋里挑骨头，找碴儿寻衅，厉声责问："汝国主（李璟）何故与吾叛臣（李重进）交通？"

冯延鲁不卑不亢，回答说："李重进当时派密使，就住在我家。我们国主派人对他说：'大丈夫失意而反，世亦有之，但应视地利天时。当初中朝皇帝（赵匡胤）受禅之际，人心未定。上党乱起（指李筠起兵），您应该彼时作反。如今，人心已定，却想以数千乌合之众抵抗天下精兵，即使韩信、白起复生，也无成功之理。因此，唐国有兵有粮，不敢相资。'正因为我们国主不出援兵，李重进才这么快就兵败。"

赵匡胤碰了个软钉子，低首沉吟片刻，又蛮横言道："虽如此，诸将皆劝吾乘胜渡江，你以为如何？"

冯延鲁躬身又是一礼，朗言道："李重进自谓天下雄杰，陛下您神威一至，一战即灭；南唐小国，确实难敌天威神军。但是，本国侍卫数万，皆先主（李昪）亲兵，誓同生死，陛下如不惜数万将士性命与之血战，可能会成功。此外，大江天堑，风涛不测，假如大宋天兵进不能克城，退又缺军资，想必事情不是特别好办。"

一席话，貌似谦恭，实则凛然不屈。言外之意，你赵匡胤别太得势不饶人，你有天时我有地利，胜负还真不一定。

赵匡胤也笑："聊戏卿耳，岂听卿游说耶！"

赵匡胤审时度势，国家新建，攻打南唐确实还没有把握。宋太祖暂时熄灭了一鼓作气的杀心。

虽如此，忧惧之下，加上先前周世宗在世时被迫"蹙国降号",南唐中主李璟过了半年多就病死了。他的儿子李从嘉袭位,改名李煜,这就是大名鼎鼎的南唐李后主。

虽然搞定了二李之乱,宋太祖赵匡胤心中仍旧嘀咕。赵匡胤是宋朝开国君主,精神上还带着五代乱世的深深烙印,对于帝王易姓,他本人比谁都有更切身的感受。

一日闲暇,他召智囊赵普,问道:"自唐末至今数十年,帝王换了八家,战斗不息,生民涂炭,到底是什么原因呢?我欲息天下之兵,立国家长久之计,又怎样入手去做呢?"

赵普虽号称"半部《论语》治天下",不是什么大儒,可乱世之中他这种半吊子知识分子最切实际。他进言道:"陛下您能言及此事,真乃天下苍生之福!世道纷乱,皆因方镇太重,君弱臣强。如果想安定天下,只有先从方镇大将下手,收其兵、夺其权、制其钱粮,如此,天下自安!"

赵匡胤不停点头。

于是,选了一个黄道吉日,赵匡胤召集石守信、高怀德、王审琦等军中老哥们儿于内廷欢饮。酒酣,宋太祖屏去左右,对几个老友说了掏心窝子的实话:"没有你们,朕今天不会坐在皇帝宝座上。但是,贵为天子,朕还不如从前当节度使时快乐,可以这么说,朕是终夕未尝安枕而卧!"

石守信等人虽美酒数杯下肚,脑子却都还十分清醒。听皇上如此说，他们都离座下跪，叩首而言："今天命已定，谁复敢有异心，陛下何为出此言耶？"

赵匡胤大脸蛋子红红的，语重心长地接着说："人孰不欲富贵，一旦有（人）以黄袍加汝之身，虽欲不为，其可得乎！"

赵匡胤这句话，吓得跪于当地的众人如五雷轰顶。特别是赵匡胤最亲密的战友石守信，连吓带惊，惶惶恐恐："臣等愚钝，万望陛下哀怜，指条生路。"要知道，内廷宴饮，只要皇帝一个眼神，在座数人的脑袋会瞬间搬家。

赵匡胤长叹一声，好言好语道："人生苦短，白驹过隙。众爱卿不如多积金宝，广置良田美宅，歌儿舞女以终天年。如此，君臣之间再无嫌猜，可以两全。"

石守信等人听此言，忙不迭地叩首连连，拜谢说："陛下能这样替我们着想，真是给我们这些该死的人一条生路！"

"明日，（石守信等）皆称病，乞解兵权。帝（赵匡胤）从之，皆以散官就第，赏赉甚厚。"（《宋史》卷二五〇）

诏旨一下，石守信等人各为大镇节度使（虚衔），皆罢军职，优游于家，全得善终。特别是石守信，晚年好佛，积财巨万，但全都拿去兴建了佛寺，死后被追封为"武威郡王"。

比起日后凤阳叫花子出身的朱元璋，赵匡胤"杯酒释兵权"，真是忠厚无比了。

罢去石守信等人军权后，宋太祖想召符彦卿掌统军大权。符彦卿此人，乃已故后周世宗柴荣的老丈人，是五代百战名将。很久以前，他就曾令契丹人闻名丧胆。其父符存审，也是当时名将。符彦卿十三岁即精晓骑射，由于是符存审第四子，当时人称"符第四"，骁勇无双。

符彦卿是后周世宗老丈人，按理讲宋太祖最应猜忌他，但这位老将军命好，其长女是周世宗皇后，次女又嫁给了宋太祖之弟赵光义，不知不觉中给自己上了政治方面的"双保险"，故而赵氏兄弟待之甚厚。

对于赵匡胤想让符彦卿领军一事，赵普不同意，押下任命诏不发，力劝宋太祖深思利害。太祖皇帝不高兴，说："我待符彦卿甚厚，他日后岂能负我！"

赵普马上回言："周世宗待陛下也厚，陛下何以能负周世宗！"

一句话，赵匡胤默然，马上收回委任诏命。

符彦卿也算真正好命，宋太祖未让他掌军，其实最终也是保护了他。符彦卿得以优游岁月，七十八岁高寿善终于家。

被"点检做天子"谣言伤到的冤大头张永德又是什么结局呢？

张永德，字抱一，出身并州阳曲富豪世家。与李重进不同的是，这位张永德和后周太祖郭威没有血缘关系，但他却娶了郭威唯一存活下来的女儿寿安公主。俗话说"女婿半个儿"，郭威一生戎马，仅有一个女儿，因此功成名就之后，对这位女儿格外照顾。早先郭威没有当大官之前，他就与张永德的父亲关系非常好，所以才将女儿嫁给张永德。当时兵荒马乱，兵事一起，郭威就带着兵马四处攻杀了，留下的女儿也音讯全无。数年之后，已经成为威风大将的郭威率兵途经宋州，不少当地人前来围观，人群之中竟然有一女子对着郭威的车马高声说："此吾父也。"兵将们觉得这个平民女子言语疯癫，就吆喝着驱赶她。郭威听说后，马上与她相见，一看果然就是自己的女儿，于是父女抱头痛哭。由此，郭威便将女儿女婿夫妻两人带到军中。郭威即位当皇帝之后，当时才二十几岁的张永德被封为驸马，就一直在禁军中担任重要职务。后来，周世宗柴荣首战北汉，张永德厥功甚伟。世宗伐江南，驸马爷屡立战功，并被擢升为殿前都检点。周世宗病危，"点检做天子"木牌突现，张永德大受其害，被解除兵柄。周恭帝柴宗训即位后，张永德又被朝中文臣外派为忠武军节度使。

宋太祖即位后，马上授予这位老上司侍中的高职。估计张永德一直认为那块木牌是李重进所为，对赵匡胤心中并无怨恨，很听话地入朝晋见，被宋廷改授武胜军节度使。

宋太祖征伐李重进，张永德还连出数条妙计，他对李重进的怨毒之意，溢于言表，至死都不怀疑自己是被赵匡胤所卖。

张永德做前朝驸马的时候，对自己的下属赵匡胤非常好。赵匡胤第一个妻子去世后，续娶王氏，张永德马上赠予这个"听话"的下属大量钱财。所以，在政治方面，张永德可能就是"被人卖了还帮人数钱"的主儿。当然，或许由于心内有愧，赵匡胤做皇帝后一直厚待张永德，君臣二人常于禁苑欢饮，"饮以巨觥，每呼驸马不名"。

张永德对赵家也始终尽忠，为之东征西讨出谋划策。厚道人毕竟有好报，张永德七十三岁时善终于府。

软硬兼施之下，宋太祖终于坐稳了皇位。后来，他采用"更戍法"，让士兵在多个地方轮回戍守，但是将军却有固定的岗位，形成"铁打的将军流水的兵"的局面，这样将军和士兵的感情就比较淡薄了，即便有武将想造反，他也没有忠于自己的部队。赵匡胤此举，终于使兵不知将，将不知兵，并把"抑武用文"作为基本国策确定了下来。

重文事，抑武将，守内虚外，强干弱枝，虽然从根本上消除了对赵姓皇权的威胁，却也种下了日后两宋亡国的种子。

赵匡胤建极之时，德不足以绥万邦，功不足以戡大乱，确实无大功大德积于世间。相比之下，曹操有扫黄巾，击董卓，救献帝，夷平二袁之功；刘裕有灭后秦，擒慕容，诛灭桓玄，击平卢循之业。而赵匡胤作为一个乱世军将，忽然凭空建立一个王朝，可以想见他内心之中有多么不安稳。所以，他一定要建功立业，才能打好开国基础，才能使天下人心畏服。

8. 先南后北定蜀地

后周世宗柴荣生前，采纳大臣王朴的建议，把收拾天下的方针定为"先南后北，先易后难"。赵匡胤建立宋朝后，基本上沿袭了这一计划。

这个计划得以继续施行的最根本原因，其实就是柿子要先拣软的捏。陆续削平江南和蜀地，一则在政治上实现最低层次上的"大一统"，二则江浙地区以及蜀地的经济力量，可以成为支撑中原王朝用兵北方的巨大梁柱。

战争是无限的消耗行动，没有经济基础，还说要打仗，那都是纸上谈兵。当时，盘踞山西一隅的北汉只是一个弹丸小国，仰契丹人鼻息苟延残喘而已。它身后的契丹，才是中原王朝最凶恶的敌人。至于南方，当时共有南唐、吴越、南平、南汉、后蜀这五个"小国"，以及福建一隅的军阀陈洪进和湖南一带的军阀周行逢。怎样把这些小邦解决掉,是宋太祖首先要考虑的问题。

天假其便,宋太祖登基不久,盘踞湖南的军阀头子周行逢病死,他的儿子周保权当时是个十一岁的小娃娃。周保权继位之后,他属下的衡州刺史张文表反叛,也想趁机割据一方。由此,宋朝打着"救援"的旗号,要借道荆南(南平)。

宋军走到半路,张文表已经被杀,宋军仍旧强行前驱,派出一股奇军直驱江陵,南平嗣主高继冲知道大势已去,只得举族"入朝",献出高家割据数十年的三州十七县。

不久,宋军一路横进,攻克潭州(今湖南长沙),进围朗州(今湖南常德),最终把先前向宋朝求救的周保权也生俘,尽取湖南十四州土地。

至此,荆湖之地全部并入宋土,成为宋朝一个大粮仓,从物质上保障了宋军下一步的军事行动。

乾德二年(公元964年)年底,宋太祖诏命忠武节度使王全斌、武信节度使崔彦进为正副元帅,进讨蜀地的割据者孟昶。同时,他下令在汴梁的右掖门找个地方,为蜀主孟昶修建宅邸,等待这位荒唐国君的归降,以此来显示伐蜀的必克之心。

宋朝初年割据蜀地的后蜀是怎么回事呢?这要从五代时期灭前蜀王衍的后唐庄宗李存勖、郭崇韬以及孟昶的父亲孟

后唐庄宗李存勖

知祥讲起。

李存勖的父亲李克用是沙陀族人,在唐末战乱中一直以唐王朝"忠臣"面目出现,与篡唐的大流氓朱温打了半辈子仗,负多胜少。临终之际,他交给李存勖三支箭,一支要他讨伐忘恩负义的河北刘仁恭,一支要他击灭背信弃义的契丹首领耶律阿保机，一支就是要攻灭代唐建梁的草头贼朱温。李存勖青年继位，不辜负老爹厚望，身着丧服，先是把刘仁恭抓住斩首，接着大败常常南来窥境的契丹人，最后攻破梁国都城汴州，灭亡了朱温所建的后梁。完成父亲三大遗愿后，李存勖称帝建国。由于他以唐室皇脉自居，国号唐，史称后唐。

然而，这位本来英明神武的皇帝登基后却迅速腐化，整日与一帮唱戏的优伶在一起厮混，咿咿呀呀，自封艺名"李天下"，是中国历史上地位最高的"票友"。

郭崇韬当时是后唐战勋卓著的将相人物。自李克用时代，郭崇韬就效力军门。李存勖继位后，郭崇韬与李克用的侄女婿孟知祥等人一起参决机要。当时皇帝门下有个中门使的要职，李存勖要孟知祥去担任。此位虽重要，但常常会因琐事得罪皇帝左右，前两任中门使均下场凄惨，被杀法场。孟知祥毕竟是皇亲，通过老婆在太后前泣诉，请求外任为官。唐庄宗无法，就让孟知祥推举个替代他的人。孟知祥便推举郭崇韬。郭崇韬在中门使任上如鱼得水，帮助李存勖出谋划策，多次使唐军转危为安，并最终击擒后梁名将王彦章，诛灭朱温子孙。由于功勋显著，郭崇韬获封为赵郡公，领镇州、冀州两州节度使，赐铁券，恕十死，位极人臣，颇有令誉。

灭梁之后，后唐庄宗李存勖奢侈之心渐起，大修宫室。

郭崇韬进谏,君臣之间开始产生猜嫌。李存勖左右的宦官也不时大进谗言,讲了不少郭崇韬的坏话。郭崇韬对此也有警省,上书请辞所任官爵,朝廷"优诏不许"。正好后唐要征伐王衍,李存勖想立他宠爱的魏王李继岌为太子,便任命李继岌为伐蜀元帅,以郭崇韬为副手,率众征西。后唐庄宗的立意很明显,唐军伐蜀得胜后,功劳首归魏王李继岌,立他当皇太子就成为理所当然的事情。当然,李存勖也有知人之明,在欢送征西诸将时,他对郭崇韬说:"(李)继岌未习军政,卿久从吾战伐,西面之事,属之于卿。"

受皇帝顾托,郭崇韬竭尽忠诚,两个多月就平灭蜀国。王衍亲书降表,面降出城。前蜀降将王宗弼奉献郭崇韬珍宝美女无数,求托他上言后唐庄宗封自己任蜀地地方长官。刚刚击灭一国的郭崇韬也飘飘然,率然答应下来。

由于蜀地实际主持军政的人物是郭崇韬,将吏宾客终日奔走于门下,车水马龙;反观魏王李继岌,牙门素然,门可罗雀。王衍投降后,也没有多少人给魏王李继岌送礼送钱。一直在李继岌身边任马步都指挥监押的宦官李从袭心中深为耻恨,不断挑拨魏王和郭崇韬的关系。王宗弼见封自己为蜀中统帅的任命一直没消息,随风一变,带着一大帮降官降将面见李继岌,要求郭崇韬留驻当地为统帅。本来王宗弼是想给自己今后找个大靠山,不料却给了李从袭等人进谗的大好借口:"郭公父子专横,现在又支使蜀人请求留他自己在当地为帅,其志难测!"

由此,魏王李继岌与郭崇韬开始相互猜疑。不久,王宗弼截留军饷,几乎引起唐军哗变,郭崇韬趁机族诛了开门迎降的这几个人,并没收他们的财物,以平民愤。郭崇韬出征王衍之前,为了报答当年孟知祥对自己的推举之恩,曾对李存勖讲:"臣等平定蜀国后,陛下如果选择守西川的将帅,再没有比孟知祥更合适的了。"

唐兵破蜀后,李存勖马上任命孟知祥为成都尹、剑南西川节度副大使,准备前去接收两川之地。虽然后唐攻占了成都,但蜀中盗贼群起,很不安定。郭崇韬确实也一心为公,命令诸将,策划征讨,因此一直在蜀地逗留。庄宗李存勖不放心,派太监向延嗣前往蜀地催促郭崇韬回师。郭崇韬由于先前受过庄宗身边太监的挤对,对这些骄横跋扈的公公很不感冒,相见时态度倨傲,一点面子也不给。他还当众劝魏王李继岌:"大王以后继位当了皇帝,骟马也不可骑,更甭提任命宦官了!应把他们从身边驱除干净,专用读书人。"

上上下下大小太监知晓这番言语后,无不对郭崇韬恨得咬牙切齿。魏王身边的李从袭和前来催促郭崇韬回朝的向延嗣是"铁哥们儿",两人相见之时竟也忧戚哀泣:"郭公专权,诸军将校皆其党羽,魏王此时等于寄身虎口,一旦有变,吾辈死无葬身之所！"向延嗣回朝，马上向魏王李继岌的妈妈刘皇后"泣诉"，刘后又向庄宗李存勖"泣诉"。

李存勖早听说蜀人恳请郭崇韬为帅的消息，已感不快；阅检蜀国的府库册簿时，问："人言蜀中珍宝无算，怎么册子上这么少啊？"刚刚回来的向延嗣趁问话的时机搭腔："臣听说破蜀之后，珍货皆为郭崇韬所有，共有黄金万两，白银四十万两，名马千匹，因此，归送国库的东西才这么少。"

李存勖闻言，怒形于色，杀心顿萌。孟知祥临行，辞别庄宗李存勖。庄宗说："听说郭崇韬有异志，爱卿到蜀地后，为朕诛之！"

孟知祥是明白人，劝说道："郭崇韬是国家的大功臣，应该不会有反逆之心。为臣到蜀地后一定详细察验，如确无其事，将护送他回洛阳。"

孟知祥从洛阳出发后，后唐庄宗仍不放心，派衣甲库使马彦珪（也是太监）骑快马至成都伺察郭崇韬举动，并授命有权和魏王一起见机行事。马彦珪虽是太监，做事却不乏机敏，他去成都之前向刘后密报："据向延嗣的报告，蜀中事态忧在旦夕，今主上当断不断，不能下立斩郭崇韬的决心。成败之机，间不容发，怎能在三千里之遥还有时间等待皇上亲授斩杀之权呢？"

刘后急忙奔到李存勖处，让他下令斩杀郭崇韬。庄宗不听,说:"传闻之言,未知虚实,怎能这么快就下命令呢?"刘后不得已,回宫后自己亲写书信,命魏王与众太监杀掉郭崇韬。孟知祥才走到石壕,马彦珪半夜叩门宣诏,催促孟知祥尽快赴镇上任。

孟知祥窃叹:"大乱将作矣!"于是,他昼夜兼行,心知已经对郭崇韬救死不得,只希望能及时赶到,安定众心,再观他变。

公元926年正月,马彦珪驰至成都,以刘皇后密敕示于魏王李继岌。李继岌虽然是个年轻王爷,也知此事关系重大,说:"郭崇韬没有任何叛逆的兆端,怎能行此负心之事!而且皇上也无敕令,以皇后敕信杀招讨使,怎能行得通!"

太监李从袭等人"泣劝":"此事已发,万一郭崇韬知晓,中途为变,大事去矣!"

不得已,魏王李继岌手书信函召郭崇韬来府议事。郭崇韬见魏王来请,不敢怠慢,快马加鞭,驰至府邸。刚上台阶,埋伏的杀手(魏王的仆人李环)就从后跃上,用铁锤击碎郭崇韬的脑袋,并杀其二子。郭崇韬为人,以天下为己任,忠贞不贰,诚为后唐忠臣。可毕竟他是武人出身,刚愎自用,不体物情,轻言不慎,使得庄宗和魏王身边的太监们一直窥伺其隙,最终不明就里地一命归西。

不久,孟知祥本人率领本部人马赶至成都,才对外宣布郭崇韬死讯。因为先前李存勖的儿子后唐魏王李继岌等人杀了郭崇韬后怕引起兵变，一直封锁消息。孟知祥到达蜀地之后，慰抚吏民，赏赐将卒，这才使蜀地保持安定，没有妄起兵端。

太监马彦珪从蜀地回洛阳后，添油加醋，把郭崇韬讲得罪大恶极。庄宗大怒之下，把郭崇韬留在洛阳的几个儿子杀个精光，又派人杀掉郭崇韬的女婿、保大节度使李存义。诸太监一不做二不休，连进谗言，李存勖又下诏族诛义成节度使李继麟。一时之间，朝野骇惊，人心大乱。

当时，洛中诸军饥窘，谣言四起，有传闻说"郭崇韬在蜀中自立为帝，已杀魏王李继岌"，又有传闻说"刘皇后怪魏王之死责在皇上，已经在宫内弑掉皇帝"，谣言种种，不一而足。不久，后唐多部军卒叛乱，皇甫晖、赵在礼等拥兵攻掠，连庄宗左右的御林军军士王温等也趁机作乱。李存勖心慌，忙派自己一直心存忌讳的义兄李嗣源去征讨邺都的叛兵。正当集军于城下准备进攻之际，兵士哗变，里外合兵，一起劫持李嗣源，逼他带军队返攻洛阳。李嗣源是厚道人，还想束身归朝自明，被女婿石敬瑭劝阻。

李存勖众叛亲离，率两万五千御林军"亲征"，没多久，兵士就逃亡殆尽，他不得已半路掉头，回军洛阳。喘息之际，刚刚吃了口饭，从马直指挥使郭从谦率兵叛乱。乱兵攻入内殿，李存勖本人也中流箭，受到重创。

后唐庄宗李存勖临死前，口渴至极，求刘皇后找口水给他喝。刘皇后看也不看他一眼，自己逃命而去。李存勖，这位后唐皇帝，集英武、荒唐于一身，是个非常复杂的人物，最后身死国灭，也确实令人惋惜。

李存勖死后，李嗣源为众人所推，称监国（代理皇帝）。刘皇后与李存勖的弟弟申王李存渥一起逃跑，逃亡途中还不忘私通。不久，申王李存渥、永王李存霸皆被军士所杀，薛王李存礼和李存勖的四个幼子皆"不知所终"，估计是被忠于李嗣源的军士杀掉了。

李存勖的儿子魏王李继岌从成都出发，回师至渭南。庄宗败讯传来，部下大惊，士兵骇散，先前攻伐蜀地的得胜振旅之师，顿成奔亡溃败之兵。成事不足、败事有余的太监李从袭此刻"劝说"魏王："时事已去，王宜自图。"明白无误地告诉这位年轻的王爷，您赶紧自杀吧，省得落入叛兵之手。李继岌徘徊流涕，乃自伏于床，命仆夫李环缢杀自己。

天日昭昭，诚不虚言。由此可以发现，帝王子弟大多笼中之鸟，遇乱自危，彷徨无计，连挣扎的勇气都没有，只得听凭太监、军士宰割。

李存勖的刘皇后在晋阳削发为尼，不久也被杀掉。李存勖兄弟子侄多人，只有一个邕王李存美因半身不遂得免，软禁于晋阳。至此，后唐开国皇帝李克用后代几乎被杀光。

李存勖的义兄李嗣源继位，是为后唐明宗。后唐明宗继位后，马上为郭崇韬等被杀大臣平反。此时，远在蜀地观变的孟知祥已有在蜀地自立为王的念头。为了约束孟知祥，后唐明宗一面任孟知祥为侍中的显官，一面派客省使李严为监军，来蜀地监视孟知祥。后唐庄宗时朝廷曾派李严到蜀国以国使身份敦邻国之好，他回国后就力劝庄宗伐蜀，因此蜀人对他恨之入骨。李严以名士才人自居，又有明宗手令在身，大摇大摆地回到成都，他以为会受到孟知祥礼敬。不承想，宴客席上酒未喝一口，孟知祥就派人把他拿下，斩于军门口。后唐明宗闻讯，也无可奈何，就做个顺水人情，派人把孟知祥的老婆琼华公主和儿子孟昶等家属一同送去蜀地。此举目的，本是想"以恩信怀之"，不料，这正解了孟知祥的后顾之忧。

后唐明宗李嗣源日后因军事需要，屡屡遣使让孟知祥出钱出兵相援。孟知祥都阳奉阴违，总是搪塞敷衍。不久，据兵东川的董璋反叛后唐，孟知祥也一道兴兵。后唐明宗派女婿石敬瑭等人讨伐，大败而回。过后，后唐明宗诛杀了常讲孟知祥坏话的重臣安重诲，并下诏赦免孟知祥和董璋。

孟知祥派人到董璋那里，要和他一起向朝廷致歉，董璋很气愤，回复说："朝廷把我在洛阳的家属杀个精光，孟公您宗属独存，我凭什么道歉！"

孟知祥抓住借口，派大兵相攻，很快灭掉董璋的部队，吞并了东川。董璋死后，孟知祥索性把向后唐明宗道歉一事免了。李嗣源倒大度，派遣使臣谕示招抚。孟知祥乘机派人来朝，请封蜀王。李嗣源也知孟知祥遥不可制，就派工部尚书卢文纪入蜀，于长兴四年（公元933年）五月封孟知祥为蜀王。同年十一月，后唐明宗李嗣源病死。

公元934年正月，孟知祥称帝，国号蜀，史称后蜀。孟知祥称帝没几个月就死了。他在位期间，轻徭薄赋，吏治较为清明，修缮蜀地不少农田水利设施，确实促进了西川地区的经济和农业发展。孟知祥死后，孟昶继位，是为后蜀末帝。

孟昶，是孟知祥第三子，继位时年仅十六岁。后主孟昶在位期间，中原多事。后唐明宗李嗣源死后，他的儿子后唐闵帝李从厚不久就被李嗣源义子李从珂推翻。李从珂称帝不久，被李嗣源女婿石敬瑭借契丹兵打败。石敬瑭割燕云十六州给契丹，建立后晋。经过数年屈辱，石敬瑭的儿子石重贵又被契丹军队俘虏，后晋大将刘知远乘机建立后汉。到了刘知远儿子那辈，又因残暴不仁被枢密使郭威推翻。郭威建立后周。郭威由于诸子皆被后汉隐帝所杀，故死后由其内侄（其妻柴后之侄）柴荣继位，柴荣即英明神武的后周世宗。后周世宗柴荣聪察如神，南征北讨，军政严明，颇有一统天下之志。可惜天不假年，柴荣于三十九岁壮年得暴疾而崩。后周幼主继位，不久陈桥兵变，宋太祖赵匡胤黄袍加身，建立宋朝。

至此，在三十年左右的时间内，孟昶的后蜀一直没有什么大事发生。

同前蜀末主王衍不同，孟昶资质端凝，少年老成，个性英果刚毅。孟知祥晚年，对故旧将属非常宽厚，大臣们依恃是"老人"，放纵横暴，为害乡里。孟昶继位后，众人更是以少主视之，更加骄蛮，往往夺人良田，毁人坟墓，欺压良善，全无任何顾忌。诸人之中，以李仁罕和张业名声最坏。

孟昶即位数月，即以迅雷之势派人抓住李仁罕问斩，并族诛其家，川民为之大悦。张业是李仁罕外甥，当时掌握御林军。孟昶怕他起内乱，杀李仁罕后不仅没动他，反而升任他为宰相，以此来麻痹他。张业权柄在手，全不念老舅被杀的前鉴，更加放肆任性，竟在自己家里开置监狱，敲骨吸髓，暴敛当地人民，蜀人大怨。见火候差不多，孟昶就与匡圣指挥使安思谦谋议，一举诛杀了这个不知天高地厚的权臣。

藩镇大将李肇来朝，以前自恃前朝重臣，倚老卖老，拄着拐杖入见，称自己有病不能下拜。闻知李仁罕等人被诛，再见孟昶时远远就扔掉拐杖，跪伏于地，大气也不敢出。收拾服帖了父亲孟知祥的一帮老臣旧将后，孟昶开始躬亲政事，并在朝营增设"举报箱"以通下情。宋代史臣所作的《新五代史》等史书,总把孟昶说得荒淫不堪,其实是为宋太祖伐蜀找借口。

据民间野史和一些逸史笔记资料记载,孟昶天性明敏,孝慈仁义,能文章,好博览,有诗才。可以讲,在继位初期,他是个不错的皇帝。他曾亲写"戒石铭",颁于诸州邑,戒令官员:"……尔俸尔禄,民脂民膏。为民父母,莫不仁慈。勉尔为戒,体朕深思。"由此可见孟昶爱民之心,在五代十国昏暴之主层出不穷的年代,确实难能可贵。

孟昶虽好文学,但殷鉴不远,继位初期他还多次以王衍为戒,常常对左右侍臣讲:"王衍浮薄,而好轻艳之词,朕不为也。"为了能使文化经学流传得更加广泛,孟昶还令人在成都立石经,又刻木版大量印刷古代典籍。宋代刻本最早实际上兴起于蜀,后世人言及"宋版",都以蜀本为上佳之品。

还有一事值得一提。中国人新春贴对联的习俗,也始于这位孟昶,他所撰写的中国历史上第一副春联如下:"新年纳余庆,嘉节号长春。"

后晋被契丹灭掉之后,趁后汉刘知远立足未稳,孟昶曾想染指中原,但终于所将非人,大败而归,不能成事。周世宗柴荣在位时,由于孟昶上书不逊,周军伐蜀,蜀军大败,丢掉秦、成、阶、凤四块土地。情急之下,孟昶忙与南唐、北汉等周边小国联合,以谋抵御。

孟昶在位后期,特别是中原那边后晋、后汉、北汉、后周交替迭兴之际,各家都角力中原,无暇顾及川蜀,孟昶的外部压力减轻,据险一方,正好关起门来做皇帝。此后,他年轻时一直压抑的"打球走马""好房中术"的坏习惯一下子释放出来,逐渐奢侈放纵,连尿盆都嵌满珍珠宝玉做装饰,豪侈至极。

孟昶有个宠臣名叫王昭远,狡黠阴柔,自小就伺候孟昶,两人一起长大,深受孟昶亲狎。后来,权高位重的朝廷枢密使一职缺空,孟昶竟让王昭远补缺,事无大小,一以委之。国库金帛财物,任其所取,从不过问。如果王昭远仅仅是个智识庸下的宠臣,也不会惹出太多事端,偏偏他平素还好读兵书,装模作样,处处以诸葛亮自诩。山南节度判官张廷伟知道他的"志向",乘间拍马屁献计:"王公您素无勋业,一下子就担当枢密使的要职,应该建立大功以塞众人之口,可以约定汉主(北汉)和我们同时举兵以夹击宋兵,使中原表里受敌,能尽得关右之地。"王昭远大喜,禀明孟昶,获得同意,便派了三个使臣带着蜡丸帛书去和北汉密约。不料,三个使臣中有一个叫赵彦韬的,偷偷带着蜡书逃往宋朝,把密书献给宋太祖赵匡胤。

立国不久的赵匡胤正愁攻讨蜀国无名,得赵彦韬献书后大笑："吾西讨有名矣！"于是，乾德二年（公元964年）十一月，宋太祖命忠武节度使王全斌为主帅，率步骑六路大军分路进讨。

此时的孟昶仍沉浸在温柔乡里，自忖外面有王昭远这个"诸葛亮"镇抚，大可安枕无忧。听说宋兵来伐，孟昶派大臣李昊在郊外为王昭远饯行。王昭远手执铁如意，一派儒将派头，左右前后指挥，看上去很像模像样。酒至半酣，王昭远对李昊讲："我此行出军，不仅仅是抵御敌兵，而是想率领这两三万虎狼之师一直前进，夺取中原，易如反掌！"

这位盗版"诸葛亮"出发后，孟昶派他的太子孟玄喆率数万兵守剑门。大军出发之际，这位太子爷用豪华的绣辇抬着他好几个爱姬随行，并携带了大批乐师和乐器，蜀人见者，皆窃笑不已。随行大军，仪甲灿烂，旌旗招展，很像是一支演戏的大部队。

孟昶浑然不知灾祸将至。他做了近三十年太平天子，总以为天佑神庇，加之蜀道险远，定能使宋师无功而返。蜀中清夜之时，与美人花蕊夫人云雨一度，孟昶作《玉楼春》一首以感怀："冰肌玉骨清无汗，水殿风来暗香满。绣帘一点月窥人，欹枕钗横云鬓乱。起来琼户启无声，时见疏星渡河汉。屈指西风几时来，只恐流年暗中换。"情景交融，香艳撩人，意境深远。

这边后蜀末主正在温柔乡中,那边宋军节节进取。王全斌等人连取兴州等地,一路深入,修治被蜀军烧掉的栈道,直取天险大漫天寨。王昭远来迎击,三战三败,狂跑至利州。宋军追至。没办法,他又继续狂逃,退保剑门,依恃天险拒守。宋军从小路急行军,忽然出现在蜀军身后,双方猝然交战,王昭远惊惧交加,瘫倒胡床上不能起身。剑门失陷,王昭远免胄弃甲而逃,没多久在东川被宋军抓获。

后蜀太子孟元喆一路上笑语喧喧,游山玩水。忽然剑门败讯传来,吓得他和几个随从弃军西奔,逃归成都。

至此,孟昶才如梦方醒,知道宋军已兵临城下。惶骇之间,他忙问左右退敌之策。良久,才有一个老将出主意:"东兵(宋军)远来,势不能久,请聚兵坚守以敌之。"

孟昶思忖半晌,叹息道:"吾父子以丰衣美食养士四十年,一旦遇敌,不能为吾东向发一矢。现在要拒守孤城,谁会卖命呢!"

"德高望重"的蜀国司空李昊劝孟昶"封府库请降"。无奈之下,孟昶只能听从,命李昊替自己起草降表。

前蜀王衍灭亡时,降书也是这位李大人所为。因此,有人连夜在李昊大门上写了几个大字:"世修降表李家"。四十一年之后,李昊文思不减当年,他抖擞着精神,笔走龙蛇,依仿孟昶的语气,书写投降书。果真是写"降书"的大家，李昊把孟昶的恭顺、惶恐、求生之情写得活灵活现，并以刘禅和陈叔宝自比，以求宋太祖能保全"微命"。

王全斌大军至成都升仙桥。孟昶备齐亡国之礼，跪于军门上降表。自宋军发兵汴京，到孟昶归降，总共才六十六天。宋朝共得四十六州，二百四十县，五十三万四千户。

后蜀亡。

9. 南汉南唐的命运

后蜀皇帝孟昶禁不住宋军的攻击，只得献出成都城向宋军投降。乾德三年（公元965年）五月，孟昶家族至汴京，于明德门外素服待罪。六月，宋太祖下诏释罪，赐孟昶冠带、袭衣，并封他为开府仪同三司、检校太师兼中书、秦国公。七天后，这位蜀降王就暴卒于家，估计是宋太祖知晓孟昶年轻时勇毅英果，恐为后患，派人暗害了他。孟昶亡国之君，怯懦不能死社稷，这也是文人皇帝的通病。王衍、李煜、赵佶等皆是如此。锦绣阵里，玉臂交绕，浅斟低唱，消解了帝王应有的一腔英气和"宁为玉碎不为瓦全"的豪迈情怀。

为了保全蚁命，数十万精甲利矛大军放下武器，束手就缚。千里迢迢押护之下，孟昶如果像刘禅和陈叔宝那样能安享后半生，也不失富贵荣华的遗梦。然而，遥遥路途之苦还未尽消，只七天，他就被送回地府，倘知如此，孟昶还不如当初于内宫举剑自裁，可免去亡国献俘之羞。话虽如此，"平日慷慨成仁易，事到临头一死难"。让一个享受了三十年奢华生活的文人帝王一逞英杰之烈，绝非我们臆想的那么容易。

孟昶亡国，没有什么新鲜出奇之处。而其宠姬花蕊夫人，逸史笔记中多有记载。花蕊夫人姓费，青城人，不仅相貌清丽，且善作宫词。孟昶死后，宋太祖召花蕊夫人入宫。此前，太祖早已闻知花蕊夫人有才名，命其作诗。这亡国靓女随口成诵，赋《国亡》诗一首："君王城上竖降旗，妾在深宫那得知。十四万人齐解甲，宁无一个是男儿。"

赵匡胤品玩久之，心中大悦。这花蕊夫人也是冰雪聪明，一方面"妾在深宫那得知"摆脱了女色亡国的嫌疑；另一方面"十四万人齐解甲"，而宋兵才五六万人，反衬出了大宋天朝的气运正隆，以少胜多。难怪宋太祖大悦。

宋人笔记《铁围山丛谈》中讲，宋太祖得花蕊夫人后，日久迷恋，有误政事。太祖兄弟赵光义（后来的宋太宗）借打猎机会，忽发一箭立毙花蕊夫人于马下，太祖也不责备。笔者认为，此诚为揣测、小说之言，不足可信。否则，正史上肯定会浓墨重笔，大书宋帝的"轻色重国"之仁。

到了王安石时期，市间重新发现了花蕊夫人《宫词》三十二卷，共百余首，当时名噪一时。后来战乱，其词其诗又多散佚，现附录数首于后，一则显示花蕊夫人才华，二则读者可凭借花蕊夫人的描写重温孟昶浮华而又不失温柔的帝王生活。

其一

东内斜将紫禁通，龙池凤苑夹城中。晓钟声断严妆罢，院院纱窗海日红。

其二

立春日进内园花，红蕊轻轻嫩浅霞。跪到玉阶犹带露，一时宣赐与宫娃。

其三

殿前宫女总纤腰，初学乘骑怯又娇。上得马来才欲走，几回抛鞚抱鞍桥。

其四

月头支给买花钱，满殿宫人近数千。遇着唱名多不语，含羞走过御床前。

蜀地入宋，自然南汉也要扫平。开宝三年（公元970年）十月，这个蕞尔小国竟然首先进攻宋朝的道州（今湖南道县），太祖不怒反喜，立刻下命潘美、尹崇珂二人总领人马，进攻南汉。

此前，南唐后主李煜写信劝南汉主刘𬬮向赵匡胤归附，刘𬬮因使回书，言辞不逊。为讨好宋太祖，南唐主把刘𬬮的无礼回信交出，宋太祖大怒，找到了借口去攻伐。

南汉刘𬬮继位的时候，才十六岁。他认为群臣因各有家室不能尽忠于他，因此一切政务皆委与太监。发现有才的读书人，都要阉割后才任命。所以，南汉的士子最倒霉，考取了三甲，只有"金榜题名时"，再无"洞房花烛夜"。

刘𬬮平日最信任的是太监许彦真、女巫樊胡子以及胡商进贡的一个波斯舞女，哪位大臣得罪这几个人，下场只有一个——族诛。宦官还劝刘𬬮："先帝所以得宝位传陛下，正因尽杀群弟，您也应该效法先帝。"刘𬬮大以为然，把几个弟弟杀个干净。这么一个酷虐的王朝，由于山高皇帝远，悬隔岭外，自刘隐至刘𬬮经四世五主，近六十年。

宋军进攻，南汉唯一像样一点的抵抗，是都统李承渥在韶州带领十多万兵士摆大象阵。不料，宋将潘美令军士用劲弩集结在一起齐射大象，皮糙肉厚的大象先前未挨过如此粗劲的弩箭，狂奔折返，反而踩死了不少南汉军士，大败之下，南汉军十多万人被杀的杀，擒的擒，韶州又失。

乘胜前进，宋军连克英州（今广东英德）、雄州（今广东南雄）。

眼见宋军兵临城下，南汉主刘𬬮派人网罗十几艘巨舰，把美妃、金宝塞满其中，准备从海上逃跑。但这个"皇帝"自己还没上船，一名叫乐范的太监就率一千多名禁卫军先走一步，盗走了满装美女和金银财宝的大船，不知到哪个野岛做岛主快活去了，留下南汉主叫苦不迭。

情势如此危急，南汉宠臣龚澄枢等人不思如何集军退敌，反而在宫中商量："北兵此来，主要贪图我国的财宝，不如把城内库藏一把火都烧掉，敌人占据空城，必不能久驻，肯定很快就回军撤走。"于是，哥几个找来一帮军士，纵火焚烧库府、宫殿，一夕皆尽。

城中大火刚灭，潘美的宋军就攻入城中，南汉主刘鋹只得率众臣投降，潘美软禁南汉皇帝、宗室及高官九十七人，下令杀掉平日作威作福的宦官一百多人。

南汉平，宋朝又得六十州，共二百四十县。

开宝四年（公元971年）正月，宋太祖在汴京的明德门受俘，遣使臣斥责刘鋹反复不臣以及烧焚府库之罪。刘鋹是个很会巧辩的人，这时候倒临危不乱，辩称："臣我十六岁时承继伪位，朝权皆由龚澄枢等人把持，他才是真正的国主，臣我万事仰其鼻息。"

宋太祖不管那么多，反正最后广州城内烧宫殿、焚宝物是龚澄枢等人的主意，罪不容诛。于是，宋太祖马上派人把几个佞臣推出去斩了，宽释刘鋹，赐其衣服冠带，并授金紫光禄大夫等职位，封为"恩赦侯"。之所以不杀刘𬬮这个亡国主，宋太祖的目的在于招抚未平之国，拿他先做个榜样，以示大宋的"天恩厚泽"。

刘𬬮"有口辩，性绝巧"，归降后，曾以留存的一批大珍珠扎制一个有二龙相戏装饰的超豪华马鞍，上献宋太祖。此马鞍做工极其精妙，宫中匠人看毕，大相骇伏。

宋太祖也很高兴，赐钱一百五十万。他对左右叹道："刘𬬮喜好工巧，习以成性，假如他能以习巧之勤移于治国之道，何能亡国呢！"此叹，与隋文帝杨坚叹息陈后主作诗的巧思，如出一辙。

这位"高工"刘𬬮不仅手艺好，而且性好佞上，每次宴集，他都是第一个到，积极得不行。一次，宋太祖宴群臣于讲武池，刘𬬮又率先迎候，太祖一高兴，命人以金杯赐酒一杯。刘𬬮见此，不喜反惊。他在南汉当土皇帝时，常常以赐酒为名毒杀自己的大臣，见太祖赐酒，刘𬬮以小人之心度君子之腹，赶忙跪伏在地，泪如雨下，哀乞道："臣承祖父基业，违拒朝廷，劳王师致讨，罪固当死，陛下先不杀臣，今见太平，为大梁布衣足矣。愿延（我）旦夕之命，以全陛下生成之恩，臣未敢饮此酒。"

情急智生，伶牙俐齿。宋太祖见刘𬬮吓成这样，也笑了，说："朕待人推心置腹，安有害人之意！"言毕，取金杯一饮而尽，命人再进一杯与刘𬬮。刘𬬮大惭，顿首谢恩。

后来，宋太宗继位后，聚群臣商议讨伐北汉一事。当时刘𬬮起座，大声嚷嚷："朝廷威德遍及，四方僭窃之主，今日尽在座中，太原（北汉）不日可平，刘继元（北汉主）马上要来，为臣我率先来朝，到时候，我希望能执棒站在皇帝殿上，充当诸降王之班首。"

一席话，说得宋太宗大喜，对他赏赐甚厚。当然，太宗赵光义当时欢喜，并不代表他会一直欢喜。刘𬬮于太平兴国五年（公元980年）病死，时年三十九岁，似乎不是善终。其子刘守节、刘守正均是宋朝崇仪副使一类的清贵之官，后皆家贫，宋帝每每下诏，月给万钱，供这些败家子使用。不过，给钱归给钱，连宋真宗也对大臣感慨说："诸伪主子孙，大多不免贫寒，皆是因其父祖辈穷奢极欲的家风感染，后代不知稼穑艰难，挥霍无度而致啊。"

宋太祖赵匡胤把南汉端掉后，自然就轮到南唐。

起先，赵匡胤对这个一直送钱送物帮助自己打仗的"江南国主"李煜还真下不了手。长期以来，南唐贡奉甚谨，从未失礼。思来想去，赵匡胤便下诏召李煜至开封来朝见。接诏后，李煜还真想去，其大臣陈乔、张洎皆劝阻，认为李煜此行，必为宋朝扣留。于是，李煜推称自己有病，不能到开封。

宋太祖早就揣知李煜肯定不会乖乖就范,借口说南唐违命,命大将曹彬、潘美率军前往征讨。鉴于王全斌克蜀后部众滥杀人引起大乱,宋太祖严嘱曹彬"切勿暴掠生民",并赐宝剑一口,"副将以下,不听令者皆可斩杀"。

开宝七年(公元974年)秋,宋朝征伐南唐。曹彬不负使命,破铜陵,克当涂,并于采石(今安徽马鞍山)歼灭两万多南唐军。本来,采石矶一处江水涌急,北来军队至此往往为江水所阻。可巧的是,一年多以前,南唐国内有个书生樊若水,屡举进士不第,上书言事又不被纳,怨恨之余,他天天假装渔夫钓鱼,用丝绳坠铁等工具把采石矶一带的水面、水底情况摸得一清二楚。然后,他潜往汴京,自称有取江南奇策。宋太祖很高兴,赐其进士及第并予以官职,并命李煜送樊若水老母及家人入宋。根据樊若水的建议,宋太祖命人修造大舰及黄黑龙船数千艘,至此,全都派上了用场。

曹彬等人根据樊若水的"水文报告",在采石矶大作浮桥,堆石系缆,三日而成,尺寸毫厘不爽。宋兵踏过,如履平地。长江天险,竟如此轻易得渡。南唐君臣初闻宋军在大江之上建浮桥,都以为是"儿戏",岂不料有樊若水暗中相助,宋军得心应手。

过江之后,宋军攻破新寨(今江苏江宁),拔溧水(今江苏溧水),并于秦淮河边大败南唐军十余万主力,直扑金陵城

（今江苏南京）下。宋军进攻之始，南唐后主李煜听从张洎、陈乔建议，想坚壁清野，以老宋师。主意定后，他不以宋军为忧，天天在御花园与一帮道士、僧人讲论佛法和易经。

10. 李煜"奉表纳降"

宋军所向披靡，攻城略地。而南唐后主李煜竟然沉醉于诗酒词画之间，天天不理政事。而南唐的迎敌之事，均归一个名叫皇甫继勋的纨绔子弟掌管。这个皇甫继勋其实一直想投降宋朝，又不敢直说，只得严禁手下军将迎敌，闻败则喜，终日逢人就说宋军强盛，不可与战。

一日，李煜自出巡城，忽见城下宋军旌旗满野，他又惊又怒，才杀掉了皇甫继勋。大军指挥权皆归张洎等人，但此辈文士，根本不晓军机。窘急之下，李煜派大臣徐铉入汴京，想以口舌求存。宋朝大臣皆知徐铉乃江南才辩之士，提醒宋太祖要有准备。

太祖一笑，立招徐铉上殿，让他先说个痛快。果然，徐铉理直气壮，上来就诉说"李煜无罪，陛下师出无名"。太祖也不阻止，任他接着讲。

"李煜事陛下，如子事父，未有过失，为何要派军进攻？"徐铉得理不饶人。

看看徐铉说够了，宋太祖接住话头，问："既然亲如父子，现在父子倒是两家，你觉得这种情况应该吗？"一句话，徐铉哑口无言，只得悻悻而归。

李煜还想花钱消灾，忙遣使贡银五万两，绢五万匹，乞求宋军暂缓进攻，宋廷不报。谈判归谈判，宋军一直未闲着，南唐的润州（今江苏镇江）在吴越军与宋军联手进攻下也被攻克。

南唐大将朱令赟破釜沉舟，自湖口率十多万军队缚木为筏，长百余丈，想隔断采石浮梁。天不佑南唐，长江恰值冬日枯水期，水浅，大船巨筏不能骤进，朱令赟只得从皖口（今安徽安庆）方向前进。中途，遭遇宋军，朱令赟使"火攻计"，一开始还真烧毁不少宋军船只。不料想没多久北风反吹，反而烧到了自己。可见，当年周公瑾赤壁火战，天时地利人和，千年一遇。惶骇之下，朱将军投火而死。南唐大牌至此出尽。

绝望之下，李煜遣徐铉入汴乞求。徐铉情哀辞切，向宋太祖极陈"江南无罪"。赵匡胤耐着性子，摆事实，讲道理。徐铉声气愈厉，和皇帝争论。最终，惹得宋太祖大怒，按剑而起，言道："不须多言！江南亦有何罪，但天下一家，卧榻之侧，岂容他人鼾睡乎！"

话糙理不糙，帝王气度浑然。至此，徐铉再有口辩也使不出，只得惶恐而退。

开宝八年（公元975年）十一月二十七日，宋军破城，李煜"奉表纳降"。李煜本来想来个全族自杀，经宋将曹彬一"安慰"，就不想死了。于是，李后主连同宗族、群臣，一起被宋军押送汴京。至此，南唐十九州，近七十万户，尽入宋朝囊中。

宋太祖坐明德门，有司上奏李煜应以南汉那样的献俘礼入见，太祖不许，表示："李煜一直奉大宋正朔，非刘铱可比"，不让有司张贴书写南唐"罪恶"以及宋军大胜的"露布"（宣胜榜），算是给了李煜一点面子。

纳降之后，宋太祖下诏封李煜为光禄大夫，封"违命侯"，以惩示李后主最后抵抗的"不识抬举"。后来之事众所周知，李煜亡国之主，仍写词弄曲不忘故国，被心地十分不厚道的宋太宗一杯"牵机药"送入黄泉，终年四十二岁。文人君主，难逃悲惨下场。

南唐后主李煜实际上是一个集合了所有矛盾的文人结合体。这个人钟爱舞文弄墨，不精通治国理政，喜欢歌舞女色，骨子里却是一个宽宏大量、看重情义的仁君。宋太祖赵匡胤几次要他主动归诚投降，都被他使出的鸵鸟政策挡了回去，最终，惹得赵匡胤派出军队大举进攻，李煜不得不撕破脸，想凭借长江天险和几十万大军与宋军进行殊死一搏，很有誓死不当亡国奴的血气之勇。城池即将被攻破，懦弱最终占据上风，只得率领群臣和家眷"肉袒降于军门"。

也恰恰从这时候起，一个伟大的词人李煜似乎重生了。他的《破阵子》一词，就是受降之后被押解北上汴京之时写的："四十年来家国，三千里地山河。凤阁龙楼连霄汉，玉树琼枝作烟萝，几曾识干戈？一旦归为臣虏，沈腰潘鬓消磨。最是仓皇辞庙日，教坊犹奏别离歌，垂泪对宫娥。"

当然，也有人因为这首词把李煜贬得一钱不值：你看，一个亡国之君，不思社稷，不思故国，最后竟然还对着宫内的小女人们流眼泪，显然就是一个难当大任的软骨头。李煜确实令人感慨，如果他作为王侯贵胄或者富家子弟处于太平盛世，满怀诗书，也舞文弄墨，肯定能愉快地安度一生。当然，如果没有家仇国恨，如果没有亡国之后的多愁善感，他也绝对无法写出那么多令人深思的词，也许就无法被历史和文学史所铭记。

在李煜之前，五代时期那些文人墨客写的"词"，其实都上不了大台面，不过是当时的"流行歌曲"，地位无法和"诗"相提并论，内容大多是描绘闺中景物或者郎才女貌、花前月下，多由青楼歌妓红唇低唱而出。正是从李煜开始，"词"这种文学形式才蔚为大观！

宋太祖平定江南期间，奉宋朝为正朔的吴越国主钱俶一直恭顺无比，他脑袋上又有宋朝赐予的"天下兵马大元帅"这顶帽子，出钱出物出兵，鞍前马后，最为孝顺。他常常派遣儿子带大量金银异宝向汴京入贡。

宋军攻打江南，钱俶助攻，李煜还亲笔写信劝他："今日无我，明日岂有君？明天子一旦易地酬勋，王（指钱俶）亦大梁一布衣耳！"

钱俶不为所动，马上把信转呈宋太祖，以示"无私无畏"。南唐平后，宋太祖召钱俶入京。钱俶不敢有违，马上与其妻孙氏、其子钱惟濬等人入朝，总共上贡白银二十一万两、绢十三万匹、绵一百八十万两、茶八万斤、乳香七万斤，其他金银宝物无数。

宋太祖确实对钱俶好，高兴之余，对他待以殊礼，剑履上殿，书诏不名，并赐钱俶之妻为"吴越国王妃"。宋朝官员认为异姓诸侯王之妻没有封妃的先例，太祖表示："行自我朝，表异恩也。"（《宋史》卷四八○）

钱俶离开本土亲自来开封向赵匡胤朝拜。此时吴越国都杭州城里，每一个吴越人都在祈祷钱俶可以平安归来，甚至为他在西湖边的宝石山上建造了一座"保俶塔"，祈求上苍垂怜。

但吴越国的百姓确实想错了，宋朝皇帝赵匡胤对钱俶格外友善，他事前就派人向钱俶保证："你有克南唐常州的大功劳，我很想念你。你可暂时来朝，很快就让你回去。"

钱俶到达京城，还获得赵匡胤的另一个殊荣，就是皇帝派出他的长子赵德昭来迎接他。之后，赵匡胤信守承诺，仅仅留了钱俶一个月，三月份就让他回国了。而且，钱俶在京城期间，赵匡胤照顾得很周到，日日宴请。一次酒席宴间，宫廷的乐工在演奏琵琶曲，忐忑不安的钱俶为表恭顺和礼敬，同时也是表达自己内心的忐忑，还即兴作了一首小词：金凤欲飞遭掣搦，情脉脉，行即玉楼云雨隔。

宋太祖赵匡胤虽然武夫出身，也明白钱俶所作小词的内中含意。他站起身走到钱俶身边，拍拍钱俶的肩头，说："朕誓不杀钱王。"而后，估计是酒后生出愁绪，他又说："尽我一世，尽我一世，保你周全，只要还有朕在，绝不对你下手。"

就这样，赵匡胤厚道行事，从京城放走了钱俶。钱俶感激无比，主动说让我做您的扈从侍卫，陪皇帝您西行巡游吧。赵匡胤微微摇头说："南北两地，风土各异，现在天气就要热了，你还是早早回国去吧。"

钱俶都感动哭了，真没有想到赵匡胤对他这么好，就请求以后每三年来京一朝，向赵匡胤当面谢恩。赵匡胤摇摇头说："不必这样，山川路远，来往不易，等我什么时候写信给你，你再来吧。"

最终，不顾群臣谏阻，宋太祖不食前言，放钱俶还国。临行前，太祖赐钱俶一个黄锦匣，让他途中密观。回国路上，钱俶打开一看，都是群臣奏请皇帝软禁钱俶的表章。又惊又吓又庆幸，钱俶更加感激恐惧。回国后，钱俶贡献频繁，对宋朝恭敬得无以复加。

宋太宗即位，这位钱俶又来入朝，上贡银宝金物无数。眼看割据军阀陈洪进纳土，北汉刘继元被俘，忧惧之下，钱俶上表，表示要入献吴越十三州。假意推托一番，宋太宗照单全收，钱俶一大家子均被搬到汴京。虽曾贵为一方国主，钱俶至此战战兢兢，他每天第一个上朝，常常假寐待旦，小心到了极点。他数次上表推辞"国王"的称号。端拱元年（公元988年），钱俶"暴卒"，估计也是被不厚道的宋太宗派人毒死的。宋廷追封其为"秦国王"，谥"忠懿"。

钱氏一族，割据一方多年，自后周时候起，吴越虽然自为一"国"，其实与中原政权的州郡差不多，因此对中原政权一直恭敬有加。这似乎听上去很厚道，实际上，八十多年以来，钱氏外厚贡献，内事奢僭，而其地狭民众，赋敛苛暴，对当地人民横征暴敛至极。所以，钱家为宋朝所吞，对当地百姓倒是件好事。赵宋官员一到，马上免除了多项苛捐杂税。

本来，宋太祖赵匡胤"黄袍加身"，篡人国家，乏善可陈。其后，他逐渐削平诸割据政权，一统南方，经营弘远，为后世留下了宝贵的政治遗产。由此观之，赵匡胤也算是一代开国明君。他兢兢业业，朝乾夕惕，终于成就大功。更为后世所称道者，还在于他对孟昶、刘铱、李煜等败亡降王家族至少有着表面上的"宽厚"。

大儒王夫之曾发慨叹，认为这几个降王，非能比西晋初期的刘禅和孙皓。刘备和孙氏家族保土奉宗，雅有政声，虽有孙皓之虐，刘禅之庸，晋室也不能不容其存活于世。而南唐、后蜀、南汉等国的开创者，皆是乱世"偷以自王"，广竭民力，所以，他们的子孙即使被俘后成为白丁，也不算过分。宋太祖仁德，这些人亡国后个个享受大官之封，又被朝廷待以宾客之礼。可见，在这方面，赵匡胤的品质，值得称道，是五代军人中罕有的宽厚，不得不让人佩服。

11. 宋太祖之死

宋太祖平定南唐后，遣吴越国王钱俶归国。兴致不错，他摆驾去洛阳巡视一番，再返汴京，筹划攻战北汉的军事部署。

当时，赵匡胤年仅五十岁，盛壮之年，心情又好，有着武人出身的健康底子，此前也没有任何身体不适的现象。但

宋太宗赵光义

是,根据史书记载,开宝九年(公元976年)冬十月,"帝不豫",似乎一下子就不行了。"壬子,命内侍王继恩就建隆观设黄箓醮。是夕,帝召晋王(赵光义)入对,夜分乃退。癸丑,帝崩于万岁殿。"(《续资治通鉴》卷八)

史书对于宋太祖的死因,只此寥寥数笔,没有任何进一步的描述和解释。

所谓"斧声烛影"之谜,是后来与苏轼大约同时代的一个和尚文莹书中所载,此人著有《续湘山野录》一书,其中有如下记载:"……俄而阴霾四起,天气陡变,雪雹骤降,移仗下阁。急传宫钥开端门,召开封王,即太宗也。延入大寝,酌酒对饮。宦官、宫妾悉屏之,但遥见烛影下,太宗时或避席,有不可胜之状。饮讫,禁漏三鼓,殿雪已数寸,帝引柱斧戳雪,顾太宗曰'好做,好做',遂解带就寝,鼻息如雷霆。是夕,太宗留宿禁内,将五鼓,周庐者寂无所闻,帝已崩矣。太宗受遗诏于柩前即位。"

记载虽生动,太似小说家言。文中"斧"字,总让一般人联想起杀人用的大斧子,附会者总会想到是赵光义用此"凶器"把老哥劈死的。

其实,文莹所记的"柱斧"乃"玉柱斧",是一种手中把玩的文具类用品,样子恰似一柄如意,君主平时用此在图上比比划划,既不锐利又不沉,杀人基本是不可能的。尤其是用这种文具斧子杀赵匡胤这样的强壮汉子,更是不可能。昆明大观楼孙髯所撰的著名长联"想汉习楼船、唐标铁柱、宋挥玉斧、元跨革囊"中的"宋挥玉斧",正是引自《明史》所记:"王全斌平蜀,以图来上。议者欲因兵威复越巂(xī)(古郡名,治所在邛都,即今四川西昌东南,范围包括今天云南丽江市及绥江县间金沙江以东、以西,祥云大姚以北和四川木里、石棉、甘洛、雷波以南地区），艺祖（赵匡胤）以玉斧画图曰：'此外，吾不有也。'"——所以，大斧杀人，纯是后人因字误猜。

而且，睡前宋太祖还活蹦乱跳，睡后也鼻息如雷，至凌晨就"过去"了，殊不可理喻。至于"太宗受遗诏于柩前即位"，也大露马脚，难道宋太祖睡着了知道自己要死，而在梦里写的"遗诏"？

这个文和尚多事，一段小记惹得后人猜测纷纷。但是，也不能说山野和尚自己瞎编，没准他师叔、师父当时在内廷为皇帝讲经说法，传出些"秘闻"，也未可知。

鸿儒司马光在其《涑水记闻》中也有描写宋太祖"崩"后宋太宗的行为，但并非像文莹和尚所记"是夜宿宫中"（即使是太子也不能居禁宫之内），而是讲他当夜根本不知情。

毕沅《续资治通鉴》一书，根据两宋笔记、野史和正史勾勒出这样一出场景：

> 时夜四鼓，皇后使王继恩出，召贵州防御使德芳（太祖之子）。（王）继恩以太祖传国晋王（赵光义）之志素定，乃不诣德芳，径趋开封府召晋王。见左押衙荣泽程德元坐于府门，叩门，与俱入见（晋）王，且召之。（晋）王大惊，犹豫不行，曰："吾当与家人议之。"久不

出。（王）继恩促之曰："事久，将为他人有矣。"时大雪，遂与（晋）王雪中步至宫。（王）继恩止（晋）王于直庐，曰："王姑待此，继恩当先入言之。"（程）德元曰："便应直前，何待之有！"乃与（晋）王俱进至寝殿。（皇）后闻继恩至，问曰："德芳来邪？"继恩曰："晋王至矣。"后见（晋）王，愕然，遽呼官家（皇帝在内廷的称呼），曰："吾母子之命，皆托于官家。"王泣曰："共保富贵，勿忧也！"

依此所记，赵光义似乎对于宋太祖的死全不知情，也是紧急情况下"被逼"为帝。这种记载，是赵光义和史官们低估了后世人的想象力、智力和判断力。

确实，赵匡胤"崩"前，没有立皇太子。其中原因，一是他正值盛年，还没想到"千秋万岁"后的事情；二是太祖的母亲杜太后临终有言，让几个儿子兄弟相传，以免重蹈后周世宗的覆辙。但杜太后让宋太祖兄终弟及的嘱咐，其实纯为宋太宗当皇帝后与赵普捏造的"故事"。

赵普此人，后人总记得"宋太祖雪夜访赵普"，似乎是唐朝魏征一类人物。实际上，赵普是一个才干高、人品低的小人。他在太祖一朝把持朝权，与赵光义多有龃龉，并曾秘密上书太祖要"警惕"赵光义。结果，此事为他的政敌卢多逊所告。为了"澄清"不利影响,赵普与宋太祖君臣演"双簧",赵普公开上书"自陈",太祖示之以众,并把书启"藏于金匮",以示太祖、赵普对晋王赵光义没有疑忌。

宋太祖崩后,赵普地位岌岌可危,被宋太宗剥夺实权。为了迎合新皇,赵普入见宋太宗,二人编出了杜太后临终嘱托太祖以帝位传弟的"金匮之盟"。而且,关键的内容还有一句,即杜太后所讲"汝与光义皆吾所生",而不讲齐王赵廷美也是杜太后所生。也就是说,"兄终弟及",传到赵光义也就打住了,赵廷美没有资格(赵光义后来还"私下"对近臣讲赵廷美是他的乳母之子,非杜太后亲生)。

其实,宋太祖死时,其子赵德昭已是成年人,绝非"幼子",就其年龄来说,当一个继位之君绰绰有余。

谎话一编就要继续圆下去。为了帮太宗解决"传弟"的问题,赵普诬陷自己的老对头卢多逊与太宗之弟秦王赵廷美"暗中交通",结果,两人均被远贬,赵廷美还被降为公爵,不久即忧悸而死,时年才三十八岁。

史书上为了突出宋太宗的"仁德",还讲他起初有意传位给赵廷美,是赵普提醒:"太祖已误,陛下岂容再误!"一句话,赵普的丑陋面目也暴露无遗。

既然深悉"父子家天下"的治世真理,赵普这个太祖的"大忠臣"为何不在太祖活着时拼死力谏?"忠言"迟了这么多年，说明赵普确是个阴险小人。

宋太宗如此迫害亲弟的行径，其长子赵元佐也觉过分，佯狂作癫，火烧宫殿，装疯卖傻以表示自己不堪"储君"之位。日后，宋太宗把儿子赵元侃（改名赵恒）立为皇太子，见京师百姓兴高采烈，他还愤愤言道："四海之心遽归太子，欲置我于何地！"如此狭窄心怀，可见宋太宗赵光义绝非善类。

仅仅观看正史所记，宋太祖之死也让人疑窦丛生：

其一，太祖崩前与赵光义饮酒，那么棒的体格，当夜就死了。如果仔细查看宋朝的史料，就会发现赵匡胤肯定不是生病死的。

赵匡胤死于开宝九年（公元976年）十月，根据帝王起居录，在他死前很长的一段时间内，他的身体都很好。他暴死的前一年，非常活跃。这一年的三月，他还大摆銮驾到洛阳去祭祀。在去洛阳途中，他还顺便去拜祭了自己祖先的坟墓。行走过程中，他从禁卫军护卫手里要过一张硬弓，一箭射出去四百步。宋代的一步，大约相当于现在的一米半，四百步就是六百多米，这个距离说明宋太祖的身体很棒。到了洛阳之后，他更是高兴，因为赵匡胤本人小时候是在洛阳长大的，他在这个城市的军营中度过了整个的童年时光。走到自己故居附近，赵匡胤还用马鞭指着故居小巷子某一个地点，对左右说自己十二岁的时候，在那个地方埋了一个玩具，你们去挖挖看，看能不能把它挖出来。四十年过去了，禁卫军士兵这么一挖，还真挖出了赵匡胤少年时期亲手做的一个小石马。手中拿着自己十二岁时做的小马，赵匡胤禁不住泪流满面。他当时竟然还记得四十年前的往事和事发地点，说明他的身体状况非常好，记忆力也非常好。到了这一年十月，也就是赵匡胤死前十来天，他还亲自视察了宋朝京城开封的禁卫军部队，亲自指挥了一次实战演习。开封这个地方的阴历十一月非常寒冷，他能够冒着严寒骑马去视察部队，证明他的身体非常硬朗。不仅身体好，当时赵匡胤的心情也大好。做了十七年皇帝，南征北战，削平天下，数位降王来朝，连最大的敌国南唐都平了，能不高兴吗？

其二，太祖皇后宋氏派太监王继恩迎太祖之子赵德芳，表明当时并没什么"遗诏"选择赵光义继位，区区一个太监倒自作主张"以太祖传国晋王（赵光义）之志素定"，挺身相迎，简直是笑话。赵光义是在兄长皇帝赵匡胤死亡之后最早出现在皇宫的，可是在当时，宋朝皇族内能够接替赵匡胤皇位的不只赵光义一个人，还有赵匡胤的皇长子赵德昭，还有另外一个皇子赵德芳，以及皇帝的三弟赵廷美，这些人都有必要在皇帝驾崩之后马上跑到皇宫里，集体讨论一下接班人的问题。但是没有，只有赵光义一人出现在皇帝驾崩现场，然后他还以赵匡胤接班人的身份来安排许多事务。当然，根据史书记载，这位赵光义在兄长赵匡胤的灵柩前表现得号恸殒绝，几次要昏倒死过去。但这些记载漏洞百出，显然表演的成分太浓。而且，赵光义还派人搞了一份假的诏书，以赵匡胤的口气夸自己是最好的继承人。这份遗诏，就更假了。

其三，赵光义假意踌躇，而后"毅然"入宫，宋皇后见到这位小叔子吓了一大跳。他马上安慰对方"共保富贵"，显然早已成竹在胸，打好了腹稿。

最大的可能，是赵光义买通太监王继恩等人，在与宋太祖饮酒时下毒，药死了兄长。此种手段，也符合赵光义日后的一贯行径，与李煜、钱俶、刘𨱇等降王之死，如出一辙。以此推之，宋太宗真乃世间一大"药剂师"也。

其实，纵观史实，宋太祖对弟弟宋太宗，一直仁厚至极。对如此有仁有义的好哥哥，赵光义也真下得去手。日后，他借故奚落侄子赵德昭，赵德昭回府后左思右想觉得郁闷，自刎而死，时年二十九岁。又隔两年，太祖另一个儿子赵德芳也不明不白死去，年仅二十三岁。评书大家刘兰芳女士故事中所讲的手拿金锏、逮谁都能打的"八贤王"赵德芳，完全是编书人瞎写的，一点历史根据也没有。摊上如此狠心的弟弟，也算太祖赵匡胤倒霉。

宋太祖赵匡胤的历史功绩，有目共睹，史臣大加赞叹。

历史上，总以"弱宋"称呼常以"岁币"买和平的两宋王朝，言及北宋狄青、南宋岳飞的遭遇，人皆扼腕。殊不知，较之五代乱世中武人的飞扬跋扈之害，宋太祖的手段虽有些矫枉过正，也不失英明有远略。

终两宋之世，武人骄横、藩镇林立的情况几乎没有出现过。而且，自唐末离乱，阴险老贼朱温残害清流，后唐、后晋、后汉在中原干戈不息，千里丘墟，契丹铁骑蹂躏，犷悍相沿，弓刀互竞，中原的汉文明几至崩溃。开宋之初，宋太祖手下即使有赵普，也就是一干吏之才，如果论文采风流，道德华章，此人根本排不上队。宋太祖灭后蜀、平南唐，才使当地的文士、才人皆得归中原一统，文苑英华，博雅大儒，一时而至，中华文明又一个高峰期到来。

总之，两宋国势兵力虽弱，文明方面却是盛唐之后我们中华民族的又一个里程碑。

品德方面，宋太祖礼降王，行赈贷，禁淫刑，增（文人）俸禄，尚儒学。如此种种，宋太祖因而被大儒王夫之赞为汉光武以后中华帝王第一人，确实不失公允。

第二章

宋辽战和

1. 攻灭北汉

北宋开国之初,宋太祖君臣以"先南后北"的政治方针,逐个拔掉南方各地的割据小国,但宋朝的心腹之患,所谓能够导致皇帝和大臣们夙夜忧叹的事情,仍然是雄踞北方而且占据燕云十六州的辽朝。

辽朝之兴,与中国历史上五代时期的后梁几乎同步。后来金朝的崛起,才给这个契丹"国家"以永劫不复的一击。

辽太祖耶律阿保机时代,与当时五代的后唐常有战争发生,负多胜少,鲜有机会踏足中原地区。即便如此,当时吴越的割据者钱镠很有"远见",他曾经在公元915年就派人迢迢万里向阿保机"入贡"。到了辽太宗耶律德光时代,契丹人很是风光,因为身处中原的沙陀人石敬瑭为了自己能够取代后唐而起,不惜给比自己小十岁的耶律德光当"儿子",还割让燕云十六州之战略要地,由此种下中原王朝数百年祸端。石敬瑭死后,耶律德光亲自率军灭掉不听话的后晋,生俘石敬瑭的继承人后晋末帝石重贵。此后,后晋大将刘知远建后汉,也不得不向辽国称臣纳贡。同时,江南的南唐国主李昪也对辽国"遣使来贡"。郭威推翻后汉建立后周,后汉"高祖"刘知远的同母弟刘崇在太原又建立了一个傀儡政权北汉,仍旧给辽朝当"儿皇帝"。

后周时代,辽朝正值辽穆宗时期,此人昏庸嗜酒,残暴好杀,但辽朝国力并未显现颓势,故而郭威一直未敢打北伐的主意。后周世宗柴荣继位,曾大败北汉主刘崇于高平,但接下来的晋阳之战,周军师老城下,又值溽暑疾疫,后周军队最终狼狈撤离,废损军人、辎重无算,失败而归。

后来,周世宗采纳王朴"先南后北"策略,接连攻下后蜀、南唐数州要地,一时间使得南边各个小国非常恐惧。

在后周即将统一江南时,辽朝兴兵击北,屡屡侵扰。于是,周世宗挟数万精师,下定决心伐击辽朝。公元959年,周世宗出军不到五十天,几乎兵不血刃,就攻下宁、莫、瀛三州之地,正拟大举进攻幽州,然人算不如天算,世宗皇帝忽遇暴疾,不得不下令班师回朝。

宋朝赵匡胤建国之后,先后灭掉荆南、湖南、后蜀、南汉、南唐等割据政权,迫使泉漳和吴越的割据政权也俯首归命。仔细观察赵匡胤所为,仍旧蹈袭后周世宗"先南后北"的战略。而当时北汉作为宋与辽之间的缓冲地带,暂时让它存在也是宋太祖计谋之一。

宋太祖在征南战争期间,与辽朝基本上采取"人不犯我,我不犯人,人若犯我,我必犯人"的策略,契丹入寇则严拒,但平时严禁边境宋兵主动挑衅对方。

当然,开宝二年(公元969年),宋太祖也曾亲征过北汉,并在阳曲和定州大败过来救援的辽朝军队。最终,仍旧因为太原城坚墙厚,又恐契丹大军后至,宋军还是未占什么大便宜,掉头而去。

审时度势,当时的北宋,确实没有力量贸然与辽朝相敌。

军事方面,宋朝在开宝年间总军力达三十多万,但极其缺乏马匹;反观辽朝,传统的游牧民族,有轻骑约五十万众,又皆为能征惯战之士,可谓雄视北方。

经济方面,承五代乱世之余,宋初的经济实力用"捉襟见肘"来形容一点也不为过,加之连年兴兵,赋税难出,支撑大规模的消耗战根本无望;而辽朝方面,"幅员万里",号称"冀北宜马,海滨宜盐",特别是燕云十六州之地,人口众多,赋税来源丰富,连幽州也成为辽朝的"南京"。北汉那个傀儡政权与宋朝开仗,辽朝竟能一次就拿出二十万斛粟对这个附庸国进行支援,可以想见其经济实力。

直到南方统一后,赵匡胤才在开宝九年(公元976年)秋命令党进、潘美等大将兵分五路,准备统一北方。

唇齿相依,辽朝方面派大将耶律沙提大军入援,双方小规模地进行了一些接触战,宋军不敌,退军而还。许多迹象表明，这次出军仅仅是宋太祖的试探性进攻。不巧的是，同年年底，宋太祖就暴崩，没有实现他一统北方的大业。

书生总爱纸上谈兵。南宋的陆游就曾对宋太祖"先南后北"之举表示不满，认为宋太祖首先用兵南方诸地，使得师老兵疲，最终在打北汉时已经力不从心。大儒王夫之也曾探究过宋太祖首先北伐的可能性，认为赵匡胤如果一开始就率大军与辽朝抗衡，说不定会成功。

所有这些议论，皆是事后诸葛亮，因为历史不能假设。即使在周世宗所向皆捷的情况下，当时的中原军队也并未真正与契丹劲旅交过手。天假其年，如果世宗柴荣不得暴疾，后周军队得以继续北上，鹿死谁手，还真不能判定。乍胜乍败，也是兵家常事。

赵匡胤建宋之初，国祚未稳，假使他挥兵北伐，万一有个闪失，很可能国内会立即发生兵变，这种巨大的风险是王朝开国者冒不起的。所以，宋太祖先南后北之策，在当时也算合情合理。

宋太宗赵光义继位之后，深知自己得位不正，很想建立不世之功以立根本。此情此景，与唐太宗弑兄杀弟后极其相似。当时，南方割据诸国均已拔掉，北汉自然是宋太宗第一个下刀的目标。当然，这块肉非常不好切，北汉虽是一个弹丸小国，其身后却是强大的契丹。

第二章 宋辽战和

宋太宗伐北汉，经济上已经不用发愁。赵匡胤时代，设置封桩库，已经储藏了大量金帛。这么一大笔财富，宋太宗一上台就刚好用上。他把太祖所置的封桩库改为内藏库，表示此举绝对不是"自供嗜好"，而是要储积以待时缺。

宋太宗开始看见封桩库内"金帛如山"，对皇兄"储积太过"很有微词，"先帝每焦心劳虑，以经费为念，何其过也！"

宋太宗啧啧之余，慨叹这么多的财帛"何能用尽"，显然是刚当家不知柴米贵。只要一打仗，金银粮帛就会水一般哗哗淌出去。

宋太宗赵光义征北汉之前，颇有疑虑，他问大臣曹彬："周世宗与本朝太祖皇帝，皆亲征太原而不克，难道是因为其城池太过坚牢而不能接近吗？"

曹彬是老将，经验丰富，回答："周世宗时，大将史超在石岭关一战即败，人情震恐，不得不还军；太祖皇帝扎营于甘草地中，军人因水土原因多得腹疾下泄，也只得提军而返。其实，太原城池虽坚完，但并非想象中那样不可攻克。"

由此，宋太宗北伐之意遂决。宰相薛居正等人劝谏，不听。宋朝遣潘美、崔彦进、李汉琼、曹翰、刘遇等大将，率各路兵马直趋太原。

宋初时一直与契丹有和约，乍闻宋朝伐北汉，契丹君臣还真吓一大跳，忙遣使来问："你们攻伐北汉，军出何名？"

宋太宗血气方刚，拍胸脯言道："河东（北汉）逆命，正应兴师问罪！如北朝（契丹）不援，和约如故；否则，只有兵戎相见！"

此种豪言壮语，宋朝自太宗以后的近三百年间，再也听不到半句！太平兴国四年（公元979年），宋太宗车驾发自汴京，亲征北汉。

途中，有一花絮可表：师次澶州，有一名县级文官于路中献策言事，此人姓宋名捷。"宋捷，宋捷，宋朝大捷！"太宗见此姓名高兴，认定必克北汉。

北汉的皇帝，当时正是刘继元在位。当初，宋太祖开国，那时候的国主刘钧曾一度生出妄念，想重拾后汉旧河山，与李筠联合，结果大败而返。

当时，宋太祖曾遣人转告他："君家（你们刘氏）与周氏（后周）为世仇，互相争杀也合情理。我大宋朝与你并无前嫌，何必因一家一姓之故困一方之人？如果你有志于中原，可以率军下太行山与我一决胜负。"刘钧学得也乖，派人回复说："河东（北汉）土地甲兵不足以当中国（中原王朝），我刘钧一家并非叛贼出身，守此区区之地，只是担心（北）汉社稷无人祭祀罢了。"

如此低三下四装孙子，让宋太祖起了恻隐之心，对来人讲："替我告诉刘钧，朕放他一条生路。"

所以，刘钧在世时，宋朝果然未曾出兵进攻。当然，刘钧日子很难过，南怕宋兵来打，北畏契丹逼迫，忧愤成疾，没多久就死了，可以说是吓死的，也可以说是急死的，年仅四十三岁。

刘钧本人无子，继位的是他外甥刘继恩。刘继恩本姓薛，年幼时被刘钧收为养子。刘继恩继位仅仅两个月就被人暗杀，其弟刘继元被众人推立。事实上北汉现在的继承人，已经不是真正的沙陀刘氏后人。

刘继恩的生父薛钊本是一莽撞军汉，娶北汉"高祖"刘崇之女为妻，一次酒醉，差点把公主一刀剁死。酒醒之后，薛军爷知道自己闯祸，畏罪自刭而死。于是公主再嫁一个姓何的军爷，生下刘继元，所以这位北汉主原名应叫何继元。不久何军爷也病死，小刘继元就被刘钧收为养子。

辽朝得知宋朝出兵，马上派出北院大王耶律奚底率兵守燕地，以南府宰相耶律沙等人率军入援北汉。

宋朝的云州观察使郭进为沙场宿将，早已率军于石岭南（今山西阳曲附近）扼守。辽朝耶律沙率前部人马行至白马岭，隔一条阔涧，正好看见宋军严阵以待。耶律沙想等后军赶至再进攻，但监军的辽朝宗室冀王耶律敌烈等人贪功，认定要趁宋军立足未稳，马上出击。

无奈，耶律沙只得下令辽兵进攻。倘若在平原，人如猛虎马如龙的辽军精骑忽然冲锋，肯定占尽便宜。然山地崎岖，前面又是一条大涧横亘，辽兵丧失了突然发威的冲力，或下马，或边试水深边前行。

未等这些下半身皆湿的辽军上岸，郭进率宋军迎头猛击。

宋朝大将郭进在白马岭迎击辽军，大发神威，阵前大败辽军。耶律敌烈父子以及耶律沙的儿子均被杀死，耶律沙本人勉强逃得一命。

宋军穷追不舍，如果不是辽朝南院大王耶律斜轸及时带兵赶到，用劲弩射退宋兵，耶律沙等人也要被宋军割去人头。

此战宋军克捷，各路辽军气沮，纷纷退军。刘继元惊惶之下，又派密使把告急乞师信塞进蜡丸插入发髻之中，潜出太原城向辽朝方向狂奔。孰料半路上，北汉密使为郭进逮个正着，押着密使在太原城下游示。城中夺气。

不久，北汉的驸马都尉卢俊从代州遣人向辽朝告急，但辽朝败衄丧师之余，不能再发兵救北汉。

宋军乘势再攻，连克太原周边重镇及战略要地。五月下旬，宋太宗本人也赶至太原城下，慰劳诸将，指挥攻城。宋太宗本人亲擐甲胄，不避矢石，亲自指挥攻城。宋军见皇帝亲自坐镇，群情激奋，皆冒死先登。

刘继元帐下将校有不少人畲城投降，北汉守军渐渐不支。

宋太宗亲自草诏劝谕："越王、吴王献地归朝，或授以大藩,或列于上将,臣僚、子弟皆享官封,(刘)继元但速降,必保始终富贵!"

为了防止攻城宋军因伤亡生怒而屠城,宋太宗指挥军队暂缓攻城。穷窘至极,北汉主刘继元只得亲自于城北投降。赵光义没有食言,释罪不杀,授刘继元检校太师,封彭城郡公,给赐甚厚。至此,宋朝灭北汉,得十州之地,共有三万五千多户。

刘继元虽是个动辄诛杀臣下全家的暴君,投降后他却活得还不错,淳化二年(公元991年)病死,临终把儿子刘三猪托付给宋太宗照顾。

当时刘三猪才六岁,宋太宗恻然哀之,赐三猪名为"守节",授西京作坊副使,家居赐禄,好好养了起来。北汉的末代国主刘继元乃一暗弱庸识之人,在太宗之世得以好死。

2. 伐辽首败高梁河

攻克太原后,赵光义下诏平毁太原坚城,改称平晋县,并派兵纵火尽焚太原庐舍,城中老弱趋避城门不及,焚死者甚众。可见,对于太原兵民的抵拒,宋太宗心中仍有好大一股邪气。

平灭北汉,乍看上去乃宋太宗一大成功。其实,福兮祸兮，不能光看一时一地之得失。北汉不过是蕞尔小国，于宋朝而言，大敌乃契丹辽朝。如果宋太宗亲征北伐，首先攻下幽州，平定燕地，北汉必为掌中之物，弓矢不发就可能一举得之。此种战略，宋太祖在世时已经与赵普等文臣达成共识。而宋太宗急于求成，舍本取末，灭北汉得不偿失，为日后的伐辽失败埋下一大伏笔。

宋太宗所率宋军虽平灭北汉，但是，灭国擒王之后，宋军上下仍旧还是五代军人习气，人人希望马上得到丰厚的赏赐。而宋太宗本人很想乘大胜之势，一鼓作气，攻取幽蓟之地。诸将都不愿继续打仗，但也无人敢明言。

这时候，宋朝的殿前都虞候崔翰奏言："此一事不容再举，乘此破竹之势，取之甚易，时不可失也。"此语正中宋太宗下怀，高兴之余，他即刻命枢密使曹彬调发屯兵，准备收取"儿皇帝"石敬瑭丢失的汉人固有领土。

太平兴国四年（公元979年）盛夏七月，赵光义率大队身心俱疲的宋军北征，他本人已驾发镇州（河北正定）。由于军士意怠，扈从六军中不少人拖延。士气如此，宋太宗仍执意伐辽。

宋军入辽境后，起初进军还很顺利。辽朝的东易州刺史和涿州判官先后以城来降，宋军可以说是兵不血刃，岐沟关等军事要地已落入手中。此情此景，与当年周世宗伐辽极其相似。

很快，宋军便包围了辽朝的"南京"——幽州城。宋太宗本人驻跸城南的宝光寺，指挥战斗。

在此之前，宋军在沙河之战大败辽朝北院大王耶律奚底所率兵马，生擒五百多名辽兵，打了个开门红。

辽朝的北院大王一战即败，南院大王耶律斜轸却智勇双全。他了解宋军很看不起耶律奚底，便令本部军高举北院大王的青色军旗，在得胜口（位于今北京昌平）一带佯装败走溃兵，晃荡游走。

赵光义得知辽朝北院大王"残兵"还有不少，立刻麾兵进击，开始还很顺手，杀掉不少辽兵，但不久即陷入耶律斜轸的埋伏圈，受挫而返。耶律斜轸取得小胜后，也不轻易进兵，屯军于清沙河北。此部辽军牵制住不少准备进攻幽州城的宋军。

为避免夜长梦多，宋太宗分遣诸将攻城。宋渥、崔彦进、刘遇、孟元喆四将分别率军进攻幽州的南北东西四面城防。幽州城墙坚厚，方圆近五十里，自辽太宗以来一直是重镇所在。当时带领辽军守城的是辽朝燕王韩匡嗣之子韩德让，此人很有智略。

韩德让是汉人，其祖父韩知古原为从汉地被契丹皇室掠走的私奴，因得知于耶律阿保机，官至中书令。韩德让之父韩匡嗣深受辽景宗宠信，但他只是以医术见宠，并无军事才能。偏偏生得佳儿，韩德让不仅相貌堂堂，又深习边事，竭力以事契丹皇室，他与城内官将日整器械，随宜备御，不敢有丝毫放松。

虽如此，宋军气盛，日夜攻城不息，连辽朝的一个都指挥使李扎勒灿（此名甚怪，应是蕃族将领）也逾城出降。

辽朝皇廷得知南京（幽州）危急，忙遣南京宰相耶律沙将兵去救援。名将耶律休哥闻知消息，自动请缨，遂被辽廷遣来替换耶律奚底，一同奔赴幽州，率领五院大军并发。

幽州方面，韩德让守军勉强守住城池不失，但情况十分紧急：辽朝的建雄节度使刘延素和蓟州知州刘守恩先后投降宋朝，告以辽朝边备虚实。

虽如此，盛夏炎炎，坚城久攻不下，宋军战斗力明显衰退，将士多怠。

辽将耶律沙首先率军驰至，在高梁河（今北京西直门外）与宋军遭遇。宋军迎击，打得耶律沙一部不敌，仓皇退走。

危急时刻，新出炉的北院大王耶律休哥率所部赶到战场。他所带人马不多，时值傍晚时分，下令其属下骑兵、步兵双手持火炬，边行军边挥舞手中的火炬，使得宋军不知道辽兵多寡，非常恐惧。

很快，耶律休哥就与紧随其后赶来的辽朝南院大王耶律斜轸会师,一左一右,两翼包抄,向宋军奔杀过来。

夜色中作战,辽军精骑手中钢刀飞舞,火炬乱飞,已经困怠多日的宋军早在心理上输了一截。

交手没多久,宋军阵脚已经松动。同时,幽州城内的辽朝兵马乘城举火,大声宣威,声震天地。守将韩德让等人也四开城门,列阵鸣鼓,大有里应外合、夹击宋军之势。

宋军心怯,辽军势猛。南北两院大王奋勇当先,先前败走的耶律沙重整兵马又返战场。耶律休哥身受三处创伤仍旧纵马驰杀。最终,宋军不支,崩溃四散。

大败之下,宋太宗本人也身中流矢,狼狈得乘驴车狂逃,总算保全了性命。

此次高梁河大战,宋兵被斩首一万多人,辽军缴获兵仗、符印、粮馈、货币,不可胜计。根据宋人笔记《默记》所记:"(宋)太宗自燕京城下军溃,北房(辽军)追之,仅得脱。凡行在服御宝器尽为所夺,从人宫嫔尽陷没。(太宗)股上中两箭,岁岁必发。其弃天下(日后死亡)竟以箭疮发云。"

可见,宋太宗此役大腿上两处入骨箭伤,成为他日后病死的主要原因。

惊惶加郁闷,宋太宗郁郁返回汴京。由于北征辽朝大败,平灭北汉的封赏也压下不提,军将多有怨言。

这时候,宋太宗哥哥宋太祖的儿子武功郡王赵德昭入宫求见，请示朝廷行太原之赏。本来宋太宗心就烦，看见这个侄子，更烦。征辽期间，宋军曾有一次夜间惊扰，大乱之中找不着宋太宗所在，不少军将就想拥赵德昭为帝（此举非有谋反之意，大军入敌境，忽然失去身为主帅的皇帝，大家不得不惊）。不久，宋太宗现身，慰抚惊扰的军将。从那时起，知道军中人曾有扶立侄子为帝的意思，宋太宗很不高兴。

此时，赵德昭入宫进谏，宋太宗脸蛋子一沉，说："等你自己做了皇帝，再行封赏不迟！"如此一说，赵德昭惶恐至极，回到他自己的王府后，闯入厨房，从里面把门闩紧，操起一把菜刀就抹了脖子。

赵光义听说侄子自杀，抱尸大哭。估计他也是演戏。赵德昭如果不死，以后还真拿他不太好办。

3. 雍熙北伐再起意

宋军败走之后，辽朝得势不饶人。于同年十月派南京留守、燕王韩匡嗣率耶律沙、耶律休哥南伐，以报复宋军先前对幽州的包围。

宋朝的云州观察使刘延翰匆忙提师迎敌，崔彦进、李汉琼、崔翰等将随后也赶来赴援。宋太宗还想"遥控"战斗，派人送阵图，宋朝诸将依据"钦制"阵图分军为八阵。

不久，宋辽双方军队陆续到达满城，准备开战。宋将赵延进登高望远，察觉即将开打的战场地面空阔，而根据阵图摆设的军阵，每阵相距百余步，真正打起来，各不相顾，很有被分割包围吃掉的危险。而且，辽军骑兵势猛，冲荡之下，宋军势必惊溃。于是，赵延进建议宋军合八阵为一阵，合力击敌。

崔翰等人知道赵将军所讲极有道理，但仍旧犹豫："万一合阵出了差错，怎么向皇上交代？"赵延进表示："如果军遭败绩，责任由我一人担当。"崔翰等将仍旧犹豫不决，修改排阵计划是要负"擅改诏旨"罪责的。

最后，还是镇州监军李继隆（此人乃宋太宗大舅子）拍板："兵贵适变，安可预定！违诏之罪，由我李继隆独当！"

有这么一个"大头"出头，众将心定，便改八阵为二阵，前后相接。布置完毕后，宋朝诸将派人向辽军先行诈降之计。

辽军的实际统帅韩匡嗣信以为真，马上安排迎降。北院大王耶律休哥久经战阵，劝说道："宋军军整气锐，不可能投降，这肯定是麻痹我们的诱降计，应该严阵以待，不能松懈。"

韩匡嗣其实也就一皇家"保健医"的材料，文韬武略远逊其子韩德让。他认定宋军是真投降，根本不听耶律休哥的劝说。辽军刚刚放松，对面的宋军忽然一齐呐喊鼓噪，尘起涨天，正要骑马以"轻裘缓带"的儒雅风度纳降的韩匡嗣顿时心惊，仓促不知所为。

大军没有统一的号令和指挥，必然大乱。眼见本来说好要"投降"的宋军红着眼抡刀挺枪杀过来，辽军士卒将领大眼瞪小眼，心理一输，全军就乱，被宋军杀得人仰马翻，大溃惊逃，逃跑途中掉入山坑悬崖摔死的就有数千人之多。

宋军获得满城大捷，斩首一万多人，获马千匹，生擒辽军大将三人。韩匡嗣弃旗鼓遁回，余众走还易州。败军中，唯独耶律休哥所统部伍不乱，边打边退，损失不多。

辽景宗看见韩匡嗣狼狈而返，大怒，面数其罪，唤卫士推出斩首。幸亏景宗的皇后萧氏多方解劝，韩匡嗣才得保一命。萧皇后之所以力保韩匡嗣，估计十有八九也是看在其儿子韩德让的面上。韩德让玉树临风，又多文武才略，让人一见就喜。

转年四月，宋将杨业和潘美合兵，在雁门（今山西代县）大败辽军。这位杨业，就是评书《杨家将》中的"老令公"杨继业。其父是北汉的麟州刺史，他自己青少年时代就以勇武闻名，颇立战功，当时有"杨无敌"之称。北汉刘钧在位，曾以杨业为"义子"，所以他与北汉主刘继元一样同是"继"字辈。宋太宗灭北汉，杨业一直力战。宋太宗喜其骁勇，让已经投降的北汉"皇帝"刘继元亲自写信招降，杨业才向宋太宗投降。忠臣良将谁都喜欢，宋太宗立授其为领军卫大将军，复姓为杨氏，去中间的"继"字，还原为杨业。

深知杨业久习边事，宋太宗任杨业为代州一带的全权大将，以抵御契丹。当时，宋将潘美为"三交都部署"，实际上他还算杨业的上级。这位潘美，即评书《杨家将》中被丑化为大奸大恶的"潘仁美"。其实，潘美乃有宋一代不可多得的才德兼备的良将，自青年时代就倜傥不群。宋太祖建国后，潘美受命，单人独骑入陕，说服一向以凶悍著称的后周节度使入朝觐见，当时传为美谈。而后，讨李重进、征刘铱、平江南、灭北汉，潘美皆有大功。北汉被灭后，潘美潜师奇袭宋辽边境战略要地固军，安定了北部边境。潘美第八女嫁与宋太宗之子宋真宗（当时宋真宗还是王爷），是宋真宗的原配夫人，年仅二十二岁即病死。真宗当皇帝后，追谥其为章怀皇后。可以想见，这位潘皇后一定是个贤淑貌美的好女子。在后来的评书演义中，潘氏倒成了"西宫娘娘"，阴险毒辣，这完全是艺人胡编乱造。

辽军入雁门，潘美派出杨业率数千骑下井陉绕至雁门之北，他自己率兵奋击，大破入塞辽兵。

杨业方面，也率奇兵南向，临阵杀掉辽朝驸马一人，并生擒上将一名。辽军大败，宋军取得雁门大捷。

此战之后，宋太宗封潘美为代国公，升杨业为云州观察使。自此一战,契丹兵十分惧怕杨业,远远看见杨业的军旗就慌忙遁走。所以,雁门之战,杨业、潘美二人确实同心协力,配合默契,仗打得十分漂亮。

太平兴国五年(公元980年)年底,辽景宗御驾亲征,亲至南京(幽州),祭旗祠天,发动新一轮南侵,在瓦桥(今河北雄县)与宋军开战。耶律休哥在辽景宗面前露足了大脸,他跃马出阵,大刀挥处,宋朝守将张师的人头登时落地。辽景宗亲赐耶律休哥玄甲白马,夸赞鼓励。

耶律休哥遂率精骑渡水奋进,大败宋军,一直追杀至莫州,杀得宋军横尸遍野,数将被擒。大喜之下,辽景宗亲赐耶律休哥御马金杯,说:"爱卿你勇过于名,若人人如卿,攻天下如摧枯拉朽耳!"不久,辽景宗拜耶律休哥为"于越"。"于越"是契丹最高的荣誉勋衔,位在南、北院大王之上。

听闻瓦桥之败,宋太宗又怒又惊,下诏北巡。史书记"关南言大破契丹万余众,斩首三千余级",一个"言"字把虚报战功的猫腻委婉写出,活灵活现。估计只是小规模遭遇战,小败辽兵而已。

不知是何种原因,宋太宗自将而来,先前主动御驾亲征的辽景宗却打起了退堂鼓,引兵而返。宋太宗稍感自己面上有光,作诗一首,其中有"一箭未施戎马遁,六军空恨阵云高"之语,想必也是自我安慰。

当然，宋太宗也有过趁辽军退师的机会再进攻幽州的意思，朝廷文臣多谏劝，认为应广积储，缓用兵，太宗心知幽州难克，便下诏返军。

回京后，又有文臣武将议论说宋军不应回师，应该速取幽燕，太宗闻言陡生悔意。

太平兴国七年（公元982年）五月，辽景宗亲率大军再次南侵。此次辽军又在满城遇败，辽太尉希达里在战斗中被乱箭射死，多亏耶律斜轸率部左突右驰，才避免了辽军更大的损失。未得便宜又丧师，辽景宗郁郁回军。同年秋，辽景宗在六州游猎途中忽得暴疾，不治而亡，年三十五岁。

闻知景宗皇帝崩逝，时任辽朝南院枢密使的韩德让立刻率其亲属、兵士赶赴御营。萧皇后见到韩德让，心中顿安。很快，耶律斜轸也奔至，二人帮助萧皇后易置大臣，拥立辽景宗长子梁王耶律隆绪继位，是为辽圣宗。

耶律隆绪当时才十二岁，凡事皆由萧太后与韩德让、耶律斜轸做主。

萧太后初秉国权，七上八下心不宁，她向大臣泣言："母寡子弱，族属雄壮（指契丹皇族势力），辽防未靖（宋军威胁），我可怎么办呢！"

韩德让、耶律斜轸忙跪前表忠心："但请信任臣等，何虑之有！"

《射骑图》 台北故宫博物院藏

于是,萧太后命韩德让统领御府禁卫军,掌管皇帝宿卫。韩德让不仅掌领皇家宿卫大事,而且很快就和萧太后睡在一起,成为名副其实的"宿卫"。据野史记载,萧太后小时曾为萧家允诺长成后许配给韩德让,当然,这可能属小说家言。但是,辽景宗死后,韩德让与萧太后出双入对,这倒是铁一般的事实。

不过,在《辽史》中如果按目录查找"韩德让"三个字,根本找不着,此人载于《列传第十二》,名字是耶律隆运,比大名鼎鼎的耶律休哥还排前一位。"耶律隆运"是萧太后后来赐他的名字,改为国姓,入为皇族,位于诸亲王之上。

辽朝小皇帝继位后,在萧太后操纵下,改元统和,并把国号由"大辽"更为"大契丹",此举可能是想更好地加强对北方各游牧民族的统治。

虽然幼主在位,太后主政,辽朝的政事却非常平稳,忠于萧太后的韩德让与耶律斜轸分掌南、北枢密院。萧太后为了"独占"韩德让,竟派人把他的妻子毒死,由此"妇唱夫随",两个人起居一处,周遭有数百名专门伺候他们两个人的宫廷仆妇,大小国事,皆是两人说了算。

萧太后对韩德让这个汉人没有任何嫌猜,韩德让对于契丹政权也一直效忠至死。一位名叫耶律虎古的契丹皇族权贵,先前曾得罪过韩德让的父亲韩匡嗣,又在朝中与韩德让顶嘴,韩德让从卫士手中夺过大铁骨朵,迎头把这位宗室贵族砸得脑浆迸飞。当时此举,吓得辽朝群臣战栗。

相对于契丹权贵,萧太后的心更向着韩德让,而实恨背后"惦记"他们母子的耶律皇族。一次,韩德让打马球,有个契丹将领纵马冲撞。看见老相好大头朝下摔于尘土之中,萧太后心疼得不行,立命从人把那个契丹将领拉出去砍头。

当然,好事不出门,坏事传千里。萧太后与韩德让的"秘事",外人也有耳闻。宋朝的雄州知州贺令图与其父岳州刺史贺怀浦相继上表给宋太宗,表称:"契丹主年幼,国事决于其母,韩德让宠幸用事,国人(契丹人)疾(嫉恨)之,请乘其衅以取幽蓟。"

奏章屡上，惹得宋太宗又动了北伐之心。

其实，契丹风俗与汉族不同，国母的"私生活"一点不影响朝政，而且萧太后虽淫但不毒，驾驭臣下有方，对自己的儿子圣宗皇帝又慈爱有加，辽朝实力仍旧处于蒸蒸日上的时期。

此时在宋朝，宋太宗逼死了侄子赵德昭，又害死了另一个侄子赵德芳，其已被贬逐至房陵的弟弟赵廷美也忧郁而卒，在统治集体内部可以说是清除了各种心腹之患。文治方面，太宗编成《太平御览》（原名《太平总类》），就差赫赫武功来洗刷昔日高梁河之耻了。

伐辽之前，宋太宗还遣使去渤海和高丽，约两地头领共同夹击辽国，但均无结果。辽太宗耶律德光时，高丽就被打得向辽朝割地求和，一直贡赋不断。渤海国于公元698年建国，全盛时有五京、十六府，号称"海东盛国"，但于公元926年被耶律阿保机消灭，耶律阿保机以其地封其长子耶律倍，建东丹国，为辽朝附庸。由于多受辽朝贵族猜防，渤海人多次起兵造反，均被镇压。但是除东丹王耶律倍之妃是渤海大氏家族以外，辽景宗、辽圣宗都曾娶大氏为妃，可以猜想，当时的渤海残余势力不会死心塌地和宋朝联合。所以，虽有"三人渤海当一虎"的勇猛，虽然他们对辽朝怀有破国杀主之恨，但要他们和相隔迢迢的宋朝联合，实是不切实际的幻想。

雍熙三年（公元986年）春天，宋太宗又一次亲征北伐，命曹彬为幽州道行营前军马步水陆都部署，向雄州、霸州方面推进；命米信为西北道都部署，率军出雄州（今河北雄县）；以田重进为定州路①都部署，出飞狐（今河北涞源）。

同时，宋太宗以潘美、杨业为正副统帅，率领云、英、朔诸州宋军出雁门伐辽。

辽朝方面，萧太后、韩德让等人并不慌怯，马上下令让南京留守耶律休哥率军迎击曹彬，以耶律斜轸为都统，率兵迎击潘美、杨业的宋军。萧太后同自己的儿子辽圣宗，亲征而行，驻跸于驼罗口（今北京南口）。

历史惊人地相似，雍熙北伐一开始，宋军诸路皆捷：曹彬一路攻克固安南城，田重进于飞狐北破辽兵，潘美在西陉痛击辽军，克辽朝寰州。不久，曹彬攻克涿州，潘美克朔州，下应州，破云州。米信方面，宋军于新城大败辽军。

由于先前吃过数次败仗，宋太宗在诸将出发前，嘱诫他们"持重缓行，毋贪小利以要敌"。

---

① 宋朝的"路"是一个行政区单位，属于直辖于中央的一级监察区，相当于现在的省。

4. 伐辽再败岐沟关

不久，宋军诸路捷报继至，宋太宗不喜反忧，深恐契丹军会乘间断阻宋军补给线。结果，他的忧虑成真，曹彬十万大军在涿州待了仅仅十几天，就吃尽了军粮，不得不退师雄州。

宋太宗闻报，大骇："岂有敌军在前不顾而退军待军粮的道理！"他忙遣使制止曹彬，并告诫曹彬不要再向前进军，率军沿白沟河与米信军会兵，按兵蓄锐，以张西师之势。

宋太宗本意很好，想等潘美等人尽得山后土地之后，田重进再东下与曹彬、米信会合，全师制敌，与契丹大军决战。

但是，曹彬统下诸将听说潘美、田重进等部连战连捷，深耻己军无功，主动请战。老将曹彬一时也没了主心骨，便顺从诸将之意，让士兵携带五日粮，往攻涿州。

当时，辽朝萧太后、韩德让、辽圣宗等人在涿州东五十里的地方扎下御营，听闻宋军来击，便遣耶律休哥轻兵疾行，阻击宋军。

宋军边急行军边迎战，路上足足用了四天时间，才得以进达涿州。当时盛夏炎暑，军士疾乏，缺水少粮。无法，宋军得城不能坚守，又弃之而去。

曹彬先遣人率涿州百姓退走，他自己率大军殿后。由于人多兵疲，缺粮少水，宋军战斗力极度下降，连个像样的殿后军阵都组织不起来。

耶律休哥率辽朝主力骑兵一路尾随，边杀边追，边追边杀，一直追到岐沟关。辽军发动总进攻，宋军大败。曹彬收拾残兵，连夜抢渡拒马河，于易山南岸扎营，准备休整一下喘口气。这一战，幸亏宋将李继宣死战，使得小股宋军逃得活路。但是，数万宋军，或被杀，或掉入河中溺死，或被俘，损失巨大，沙河为之不流，丢弃的戈甲，堆积如丘陵。

辽军战后打扫战场，耶律休哥堆集宋军尸体以为京观。辽朝上下大喜，进封耶律休哥为宋国王。宋太宗闻军败，愤恨不已，深责众将。曹彬、米信等人回朝后，皆被贬官。由于东路主力大败，宋太宗合围幽州的战略意图再难实现。

辽朝方面开始反扑，耶律斜轸统十万大军赶至安定西，与宋朝雄州知州贺令图相遇，双方大战，宋军又败，被杀一万多人。辽军乘胜攻陷蔚州、寰州等地。

深知西路军已经获胜无望，宋太宗下诏指示潘美，让他与杨业一起引兵护送云、朔、寰、应四州百姓内迁。得知辽军已攻陷寰州，杨业建议应避辽军锋锐，分兵应州以诱辽军主力，然后以千名强弩手扼守石竭谷口（今山西朔州附近），以保全数州军民安全。潘美沉吟，当时为监军的蔚州刺史王侁大表异议，讥讽杨业："领数万精兵，而怯懦如此！"他认为宋军应急趋雁门北川,鼓行而进,奔战马邑。潘美不表态,宋将多人附和。

杨业百战边将,深悉敌情,力争道:"这样做绝对不行,一定会打败仗!"

王侁冷笑:"您一直号称'杨无敌',现在敌军在前,却逗留不进,莫非杨公有什么异志?"

杨业性直气刚,闻言瞋目大怒:"我杨业非畏死之人,只是现在非进攻时机,白白杀伤士卒,肯定不见成功。既然诸君怕我不死,我先带兵杀敌表个态!"于是,杨业率兵从大石路直趋朔州。临行,杨业向主帅潘美泣诉:"此行肯定不利。我杨业本太原降将,主上施恩不杀,待以上将,我一直想立大功报恩。现诸君责我避敌怯懦,我杨业一定战死沙场以自明!"

然后,杨业伸手,指着陈家谷口(今山西朔州南)说:"希望诸君能在谷口两边埋伏下强弩手,等我率兵转战至此,诸位以强弩射敌,突出夹击敌人,否则的话,我所率兵士肯定会被杀尽。"

潘美觉得杨业说的很有道理,立即指挥诸将在谷口设伏。

耶律斜轸接到情报,得知杨业率宋军前来搏战,忙派副将在路边埋伏精兵,他本人拥众近前,假装要与杨业接战。

两军甫交,耶律斜轸即假装不支,掉转马头就跑。此时,一心想杀敌求死的杨业早已置生死于度外,明知辽军是圈套,硬着头皮往上冲。果然,辽军伏兵四起,宋军被围截在当地陷于苦战,耶律斜轸掉转马头,麾兵又杀个回马枪。宋军大败,退至狼牙村。

陈家谷口方面,宋将王侁干等了几个时辰也得不到杨业的军讯,派人登高远望,看不见任何辽军足迹,他认定辽兵败走,就想争功,引兵离开谷口。

潘美见王侁军没打招呼就走,无奈之余,也领军沿灰河往西南行进。不久,听闻杨业军败,潘美为了保存实力,马上挥兵后撤。至此,陈家谷口已无宋军一兵一卒把守,更甭提什么弩手埋伏了。

杨业一路力战,自中午杀到傍晚,最终撤退到陈家谷口。看见谷口两边根本没有人影,杨业拊膺大恸。当时,他见手下还剩士卒百余人,便说:"汝等各有父母妻子,不要与我俱死!"但军士们皆为杨业忠义所激,无一人逃走,誓与俱死。

杨业儿子杨延玉与岳州刺史王贵俱战斗而死。王贵七十三岁老将,陷入辽兵重围,援弓射杀数十人,矢尽,张空拳犹击杀数名辽国壮汉,最终被乱枪捅死。

很快,杨业坐骑因连中刀枪,不能继续奔跑,老英雄只好往密林中匿避,准备乘乱逃出,再伺机杀敌。不料,紧追不舍的辽将远远望见杨业袍影,张弓一箭,射中杨业。辽兵拥上,生擒了这位英雄。杨业长叹:"皇上对我恩重如山,本想捍贼立功,反为奸臣所嫉,逼令赴死,致使王师败绩,我还有何面目活在世上!"

被俘之后,杨业绝食三日,不屈而死。

其实,杨业之死,和潘美关系不大。这两个人配合得当,共立大功。如果说有"坏人",王侁倒真算一个。王侁是后周功臣王朴(曾给周世宗上《平边策》)的儿子,曾在宋初对南唐征战中立功不少,还曾率军大破河西三族首领的叛乱,因军功领蔚州刺史。

杨业死讯传至宋廷,宋太宗痛惜不已,削潘美三级,把王侁除名流金州,刘文裕除名流登州。

此时,潘美也是六十六岁的老将,转年虽官复原职,仍旧悒悒不乐,数月而卒。潘美生前没有什么特别对不起杨业的地方,陈家谷口也是王侁先离开而致使缺守,潘美日后被评书艺人丑化成奸邪嫉功的大坏蛋,也真是他始料不及。

《宋史》列传中,潘美与曹彬同传,处于列传第十七的位置,不仅仅是这两个人的女儿或孙女是皇后,更因为武功赫赫。如无平岭表、定江南、征太原、镇北门的大功,潘美万万不能被编于如此重要的传记位置。反观杨业,其名仅在列传三十一,排名差了许多。作为同时代的良将,对于宋朝的功劳,杨业比潘美还真的差许多。但是,经过评书、戏剧渲染,现在很少有人知道潘美功绩,只知道"杨家将"的事迹。

有一点值得一提,文艺作品中一直与杨家将为敌的萧太后,正是杨业被杀时的辽国实际统治者萧绰(小名燕燕)萧太后。

公元986年底,耶律休哥在望都大败宋军数万人。雄州刺史贺令图是力催宋太宗北伐的首谋之一,此人本性贪功生事,轻而无谋。耶律休哥派人持密信见贺令图,骗他说:"我因功高震主,获罪于上,愿投附宋朝。"如此伎俩,贺令图偏偏相信,派人赠送耶律休哥贵重礼品。看见此鱼上钩,耶律休哥在军中放言:"愿得见雄州贺使君!"傻不拉叽的贺令图闻言,忙率部下数千精骑,出城"迎降"。辽军大营洞开,贺令图一行通畅无阻,行至主帅帐前,贺令图下马,只见耶律休哥斜据胡床,指着他大骂:"你一直号称善于经营边事,今天竟能亲来送死!"于是,尽遣猛士上前,杀尽贺令图左右随骑,把这位贺知州当成"战利品"押回辽国。

自岐沟关大战后,宋军从进攻转为守势。辽军后来又不断兴兵,或大或小,侵扰宋境。

端拱元年(公元988年),辽圣宗亲征,连下数城,幸亏宋将李继隆等人在唐河(今河北定州)附近击败了辽军,遏制了辽军的攻势。端拱二年（公元989年）七月，宋将尹继伦率千余骑奇袭耶律休哥数万辽军。当时，耶律休哥本人正吃早餐，慌忙弃箸而逃，手臂被宋兵砍了一大刀，几乎断掉整条胳膊。此次大败，辽军死伤惨重，自此数年没再大举南下。由于宋将尹继伦是个黑脸膛汉子，辽兵相诫道："当避黑面大王。"

至道元年（公元995年），辽军进攻麟州（今陕西神木），未得手，损兵折将。

宋太宗末年，西夏扰边，四川那里又有李顺发动起义，所以宋朝无暇再与辽朝发生大战，就派使臣向辽朝表示要恢复从前的"友好关系"，辽朝对此不理不睬。

至道三年（公元997年），宋太宗病死，死因正是高梁河之役的箭伤复发。

导致宋太宗伐辽失败的原因，林林总总，不一而足。幽蓟之地，确实应该收取。燕地不收，河北不固；河北不固，河南可危。山河险关终陷于敌国，攻取无成，只能怪宋太宗时运太差。此外，正是由于宋朝君王对武将极其猜忌，使得大将们胜则自危，避功避权，畏首畏尾，如此将帅，在关键时刻想得过多，不可能集中全力去拼杀。

另外一个原因，也在于宋太祖"先南后北，先易后难"方针的弊端——宋军与南兵交战，得胜太过容易，其志骄，其情逸，忽然与北方辽朝魁梧的马上骑兵相遇，乍败之下，很容易气沮意沉，丧失必胜之气。

打仗就是靠"气"，"气者，非可教而使振者也"（《宋论》），无知无畏无惧的"方新"之气，才是取胜关键。这种精气神，对于连年经历战阵的宋军将士来讲，尤其缺乏。

宋军战败后，对宋朝最大的打击还是心理上的，即举国上下患了一种"恐辽症"，本来能打赢的仗，最后关键时刻也会因心理方面的懦弱而莫名其妙地输掉。

5. 真宗皇帝坐龙椅

> 边城寒早。恣骄虏、远牧甘泉丰草。铁马嘶风，毡裘凌雪，坐使一方云扰。庙堂折冲无策，欲幸坤维江表。叱群议，赖寇公力挽，亲行天讨。
>
> 缥缈。銮辂动，霓旌龙旆，遥指澶渊道。日照金戈，云随黄伞，径渡大河清晓。六军万姓呼舞，箭发狄酋难保。虏情慑，誓书来，从此年年修好。

这首政治"吹捧"词，名为《喜迁莺·真宗幸澶渊》，作者为北宋名臣李纲。从艺术角度讲，这首词作创意平平，大话连篇，乃歌功颂德之作。倒是其间流露的作者对当年寇准力谏真宗亲征的羡慕之情,还有可称道。

古代诗人词客,如描写个人境遇,如怀古念旧,如发泄牢骚,皆出于真情实感,辞藻铺陈,为情生文。倘若涉及政局,言及"本朝",少不了饰美溢彩,傅粉涂金。

现在回顾当年"澶渊之盟",没见有什么"虏情慑",倒是真宗皇帝心虚得不行,更甭提"箭发狄酋难保"了。契丹强悍,兵强马壮,萧太后、辽圣宗二人亲跨骏马,人如金刚马如龙,皆一时人杰,这对辽朝母子,真是威风凛凛,杀气腾腾。

宋真宗是宋太宗赵光义第三子,其母为元德李皇后。宋真宗本名叫赵德昌,后改名赵元休,又改名赵元侃,至道元年被立为皇太子后,改名赵恒。宋真宗幼年时即与一般孩子不同,姿表英特,气质不凡,与诸位同辈的小王子嬉戏时,总爱排兵布阵指挥"战斗",并常自称"元师"。宋太祖赵匡胤很喜欢这位侄子,养育于自己的皇宫之中。五六岁时,宋真宗有一次去万岁殿玩,大模大样一步一个台阶,直接就朝龙榻走去,安然端坐。阶旁沿列布满宫廷禁卫,大家暗地好笑。宋太祖刚升朝,见小侄子坐在自己的宝座上玩,像模像样,便笑问道:"天子好当吗?"小孩子眨眨眼,回答道:"做天子全由天命。"宋太祖"大奇之",叹赏良久。

太宗赵光义即位后,在皇储位上的赵恒尊礼儒臣,每见李至等文臣,"必先拜,迎送降阶及门"。此外,他还留心狱讼,亲自裁决案件,释放人犯,致京狱屡空,获得太宗皇帝的褒美。可见,赵恒完全是个青年才俊,勤恪修谨,躬亲政事。

宋太宗弥留之际,太监王继恩(时任宣政使)差点又搞宫廷政变。早在建皇储之前,王继恩的亲信潘阆就劝说:"寿王(赵恒当时封寿王)自认为当立为皇太子,事成,他也不会感激我们;如果皇帝(太宗)与大臣谋议太子,应该推荐本来不当立的皇子上去,那样的话,新君继位,肯定感恩我们的拥戴之功。"王继恩不停点头称是。此后,他不停在宋太宗面前说赵恒坏话,几乎使这位寿王得立太子一事泡汤。后来,由寇准等大臣力保,赵恒才得立为储君。

眼看宋太宗处于咽气阶段,王继恩与时任参知政事的李昌龄等几个人想立楚王赵元佐。宰相吕端入宫问疾,眼看宋太宗快不行了,皇太子赵恒仍不见人影,心知此情可疑,忙在象牙笏板上写"大渐"二字,让手下人急赴至太子宫,催促赵恒马上入皇宫"侍疾"。看见御床上的宋太宗断气,王继恩在内宫与当时的太宗李皇后(明德皇后)商量后,亲自到中书省召宰相吕端,要与吕宰相一起商议新帝之事。吕端早就知悉王继恩的阴谋,就假装亲热,骗王继恩说中书省的密室中已经有太宗在世时写的立储密诏原本。王大太监不疑,抬起大脚就迈进了小黑屋。咣当一声，吕端用一柄大锁把门紧紧锁住，任凭王公公在里面拍门叫骂哀求威胁。

吕端立刻入内廷，入见明德李皇后。这位李皇后不是元德李皇后。元德李皇后是宋真宗赵恒与楚王赵元佐的生母，太宗时元德皇后的位号只是一般的夫人，此妇人命苦，早死，时年才三十四岁。赵恒这位嫡母明德李皇后人品其实也不差，恭谨庄肃，抚育诸嫔妃诸子，待人和善。但她惑于王继恩公公之说，认为太宗崩逝后应该立比真宗年长的楚王赵元佐。所以，看见吕端，李皇后说："宫车晏驾（皇帝死亡），立嗣以长，顺也。今将奈何？"

吕端正色道："先帝立太子，正为今日，岂容再有异议！"意思是讲，赵恒皇储名位已正，不可能再妄论拥立别的王子。

明德李皇后"默然"。妇人无主心骨，先前出坏主意的王公公又不知去向，李皇后自然听吕宰相的意见。于是，太子赵恒得以柩前继位，是为宋真宗。仪式之上，吕端仍旧不放心，立于殿下不拜，命宫卫卷起御前的珠帘，升殿审视良久，确认龙座上确是皇太子本人后，他才降阶，率领群臣山呼万岁。这位吕端，就是日后被赞"大事不糊涂"的那位。

宋真宗新帝继位，大行封赏，并追复先前被父亲宋太宗贬死的皇叔赵廷美的秦王爵位，追赠自杀的堂兄赵德昭为太傅，追赠被太宗毒死的小堂兄赵德芳为太保。凡此种种，皆可见宋真宗的人品比起其父宋太宗要仁恕得多。当然,太监王继恩不能轻饶,宋真宗下令对其抄家,搜出不少王公公从蜀地私运回来的先前后蜀小朝廷中的"僭侈之物",但也只是把这名太监流放均州。

继位之后,宋真宗极其勤政。每见吕端等大臣,宋真宗"必肃然拱揖,不以名呼"。吕端是个大胖子,为了便于老宰相宫中行走,宋真宗命人把门前台阶搭上专用木板,专门为宰相建成"特殊通道"。由此数件小事,可以想见真宗的谦恭和厚道。扬州知州王禹偁上书言事,希望朝廷谨边防、裁冗兵、精选举、汰僧尼、远小人。宋真宗览奏大喜,立召王知州还朝为官。当然,求贤若渴之际,难免良莠不分,有才少德的奸佞小人王钦若也被召入朝廷,主掌粮税财物。

宋真宗即位,辽朝那边依旧不消停。咸平二年(公元999年)十月,辽圣宗与萧太后等人至幽州,以圣宗之弟梁王耶律隆庆为先锋,南伐宋朝。途中,北院枢密使耶律斜轸病死,此人多年征战,功名仅在耶律休哥之下。萧太后大恸,亲自临哀,并让老相好韩德让兼知北院枢密使事。由此,韩德让就成为辽国第二人(萧太后第一、韩德让第二、辽圣宗第三)。

辽朝伐丧,宋朝君臣都很愤怒,大臣柳开恳切上言,请示宋真宗亲征:"圣驾若过河北,契丹自当引退。四方无畏不服,正在此举矣!"新帝气锐,宋真宗果真亲自率军,御营在中,前后大军护卫,车驾浩浩荡荡,直奔大名府。

辽朝此次南伐,见好就收,大掠淄、齐而去。宋将范廷召本来损兵折将,见辽军自还,赶忙飞表上奏,夸说自己率领兵马在莫州大破契丹,夺还契丹人掠走的老幼鞍马兵仗无算。宋真宗不知情,以为是自己御驾亲征出奇效,把辽军吓走了,他马上吟《喜捷诗》,群臣也高兴称贺。

可没高兴多久,咸平四年(公元1001年)冬,辽圣宗又率军南伐。此次辽军运气差,长城口之战,宋将王显奏率军与辽激战,一战大胜,杀辽军二万多人,生擒辽朝大将铁林。咸平五年(公元1002年)夏天,辽朝又于泰州等地向宋军发动进攻,小胜而返;咸平六年(公元1003年)五月,辽将萧挞凛等人又率军进攻定州,激战之后,生擒宋朝云州观察使王继忠,得胜后,辽军还师。王继忠是真宗皇帝当藩王时的亲信,贴身护卫。时传王继忠已经战死,宋真宗闻讯震悼。

当时,不仅辽朝年年来攻袭,西北方面,党项首领李继迁也不时攻城略地,杀伤不少宋军。于宋真宗而言,咸平年间诚为多事之秋。

深知辽军肯定还会反复攻扰,宋廷在定州和天雄军(今河北大名)等地屯结重兵,以防辽军对河朔地区的攻掠。同

第二章 宋辽战和

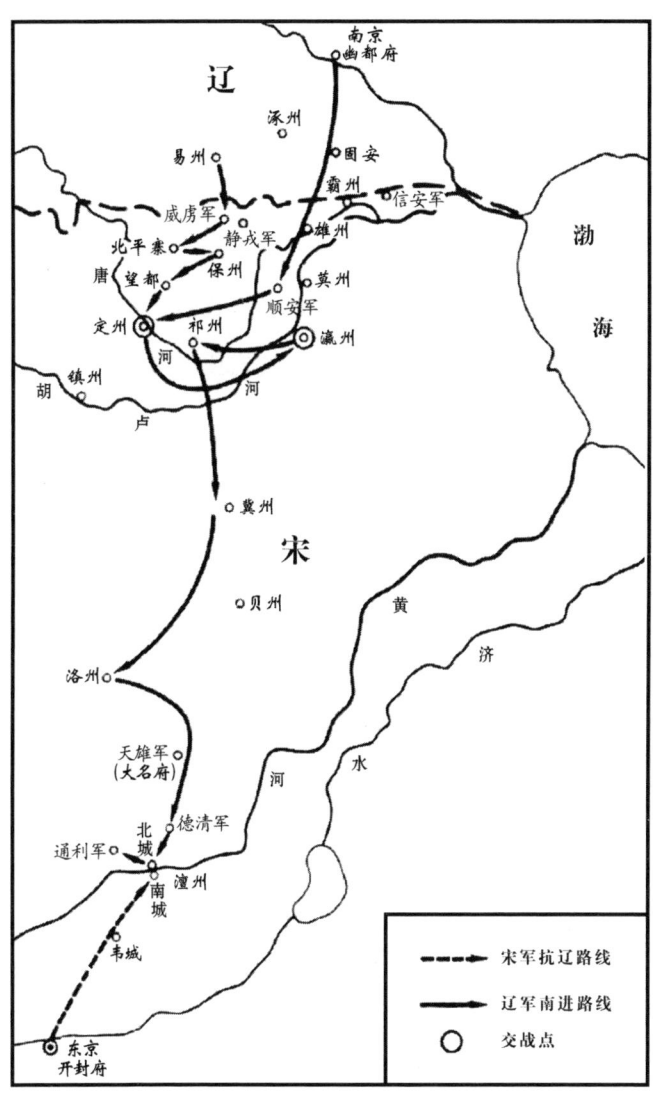

澶州之战示意图

时，又在相当于今天保定至天津一带挖河决塘，使其地成为泥泞水泽，以图延缓辽国骑兵的冲击。

辽朝数次侵袭，似乎并无真正占据宋地或对宋朝政权以致命性打击的意图，忽来忽走，来得容易去得快，很让人摸不着头脑。其实，萧太后和韩德让根本不想与宋朝长期交战。只要有战争，契丹上层军事贵族的地位就会上升，这对于皇权并不是件好事。而且，萧太后与韩德让一直通奸，北俗再粗犷，太后的私生活有污点，驭下统治总不是那么理直气壮。所以，仗打得越多越大，对于萧太后与韩德让来讲风险就越大。但是，二人想以攻求和，他们深谙"进攻是最佳的防守"，所以，一战再战，找寻机会迫使宋求和，以使宋辽双方互相都能下大台阶。

公元1004年，宋真宗景德元年，辽统和二十二年十月，萧太后与辽圣宗又一次率大军南伐。

6. 皇帝亲征鼓士气

凑巧的是，此年九月，宋真宗刚刚任命毕士安与寇准同为"同平章事"，用以为宰相。寇准，华州人（评书艺人称寇准为"寇老醯"，以为他是山西人，其实他是陕西人），十九岁时就因精通《春秋》而考取进士。宋太宗时，寇准尤为受重。一次奏事，太宗心情不好，不允寇准所奏，并因怒拂衣而起。而寇准竟然上前拉住宋太宗御服，"令帝复坐，事决乃退"。寇准如此"鲁莽"，倒得宋太宗赏识，叹道："朕得寇准，犹文皇（唐太宗）之得魏征也。"直臣易贬，寇准后来果然被贬外任。至道元年（公元995年），宋太宗箭伤复发，忙从青州召寇准还京，流泪给他看自己的伤口，并问："朕诸子孰可以付神器者？"寇准回答："陛下为天下择君，谋及妇人、中官（太监）不可也；谋及近臣，不可也；唯陛下择所以副天下望者。"宋太宗低头想了半天，试探地问："襄王（赵恒）可以吗？"寇准回答："知子莫若父，陛下认为可以的就该马上决断！"于是，诏下，以襄王赵恒为寿王，立为皇太子。拜庙还宫，东京民众夹道聚观刚刚出炉的新太子，纷纷指言："此少年天子也。"宋太宗听说后，很不高兴，对寇准说："四海之心遽归太子，欲置我于何地！"寇准再拜称贺："此社稷之福也！"宋太宗仔细思之，知道天下人心已定，释然而笑。于是，君臣二人在内殿相饮，大醉方毕。不久，由于寇准与大臣冯拯互相争执，宋太宗恼怒，把他贬为邓州知州。

宋真宗继位后，一直想用寇准为宰相，但是，内心又害怕寇准这个人太刚直难以胜任宰相职位（宰相总以和稀泥为大任）。而时为参知政事的毕士安听说宋真宗要擢自己为相，就推荐寇准与自己一道共享此封。宋真宗说："听闻寇准此人好刚使气。"毕士安是厚道人，回禀道："寇准忘身殉国，秉正嫉邪，故不为流俗所喜。方今边境不息，辽寇来侵，正宜用寇准为相。"寇准就这样当上了宋朝宰相。

辽军依旧势猛。先锋大将兰陵郡王萧挞凛和六部大王萧观音奴（辽朝人佞佛，连名字都是"观音奴"）二人率大军进攻威虏军（河北徐水）和顺安军（河北高阳），受挫后，又进击北平寨、保州等地。不久，萧挞凛攻破遂城，生俘宋将王先知。而后，萧挞凛又与萧太后、辽圣宗会合，并力攻定州。宋军凭守坚城，辽军见无法克定州，便于阳城淀（今河北望都）扎营，号称二十万众，伺机行事。

"辽师深入，急书一夕五至，寇准不发，饮笑自如。"转天，宋真宗览报，失色大骇，忙召问寇准。寇准不慌不忙，回答："陛下欲了此（事），不过五日尔。"于是，他趁机提出要宋真宗亲征澶州（河南濮阳）。犹豫半天，宋真宗勉强应承。

寇准不惧，可吓坏了参知政事（副相）王钦若和金署枢密院事陈尧叟。王钦若是江南人，他密请皇帝逃往金陵（今江苏南京）；陈尧叟是蜀人，就主张真宗前往成都。宋真宗被二人说动，当时就把寇准唤至内殿，问自己"幸"哪个地方好。

寇准见王、陈二人在真宗身边，心里已明白八九分，厉声问:"是谁给陛下出这样的主意?"

宋真宗不好"出卖"王、陈二人,说:"爱卿你也别问是谁,就说朕外出避敌是否可行?到底去哪里才安全?"

寇准瞅瞅王钦若和陈尧叟,说:"陛下实该斩杀出这种馊主意的人!皇帝神武,将师同心,倘若您亲征,敌人必遁。即使陛下不亲征,下令我军坚城固守,以老敌师,无论如何也到不了逃避他方的地步!"

宋真宗连连点头。

良久,宋真宗又问寇准可以派谁镇守大名。寇准深知王钦若是个能说会道的老滑头,怕他在皇帝身边出外逃的坏主意,便乘此机会"推荐"他。王钦若虽恨得牙根痒痒,但官小半级,只得悻悻而出。此公在天雄军守地,"闭门束手无策,但修斋诵经而已"。多亏安肃军和广信军的宋将顽强拒守,才使辽师攻围百战而不能克,最终坚守住宋朝的这两处战略要地。

辽朝方面,二十万军队人食粮马吃料,驻久也非易事。先前在定州被辽朝俘虏的宋朝云州观察使王继忠并未死节,萧太后爱其材勇,授户部使一职,又赐美女一名妻之。"(王)继忠亦自激昂,为辽尽力。"王继忠在武将中官职虽不高,但他是宋真宗做王爷时的心腹,自然非比一般军将。当时,听闻王继忠"死讯",震悼之余,宋真宗下诏追赠他为大同军节度，并诏录其四子为官。而效力辽朝军中的王继忠见当时辽、宋两国胶着之势，便乘间劝萧太后与宋朝讲和。此言正中萧太后下怀，她早有厌兵之意，便遣小校四人持信箭，带着王继忠的亲笔信去见宋朝方面的莫州部署石普。石普不敢怠慢，马上派人把信转呈宋真宗。

宋朝君臣廷议，吕端等人认为此信可疑，是诈伪之书；毕士安认为契丹兵出无获，请和不假。宋真宗还是有主见："卿等但知其一，未知其二。辽人入侵无成而请盟好，得请之后，必有进一步要求。朕屈己安民，以财物换和好，大可答应。但朕所虑者，辽人盟好之后必以关南之地为辞，要求割还。如果辽方想出此种要求，朕一定治兵誓军，亲行征讨！"于是，宋真宗亲写诏书给王继忠，表示为双方百姓利益，可以休好，慢慢商议，但拒绝了王继忠立即要宋朝派出正式使节的要求。

宋辽两国虽开始接触进行和谈，但双方的军队一直没闲着。十一月，辽军在朔州为宋军大败；包围岢岚军的辽军也因粮草不继仓皇撤军。为了在谈判桌上争取更多的主动权，辽军主力齐集瀛州（今河北河间）城下，悉力攻城，昼夜不停，萧太后本人也亲自击鼓督战，激战十多天未下。宋军守将是李延渥，这位将门之子拼死守城，指挥得当，亲自绕城指挥，不顾箭雨，派守兵四处抛滚巨木，张弩泼油，辽兵纷纷从城头滚落。最后,辽军死三万,伤三万,瀛州城岿然不动。无奈,辽军只得从城下撤走。

萧太后十分郁闷,但是,也有好消息传来,萧挞凛、萧观音奴二人率军攻克宋朝的祁州,并俘获大量宋兵。由此,萧太后等人率辽军主力,与萧挞凛等人会合,合力进攻冀州、贝州(今河北清河)以及宋朝的天雄军。宋廷也立即做出反应,"诏督诸路兵及澶州戍卒会天雄军",把防线全面南移。

当时,宋真宗驻跸韦城。听闻辽军步步深入,不少大臣私下劝说宋真宗南幸金陵以避兵锋。耳朵一软,宋真宗又召寇准商量:"朕南巡(南逃)如何?"

寇准一脸严肃:"群臣懦弱无知,真如乡老妇人一样。今敌骑迫近,四方危心。陛下唯可进尺,不可退寸。河北诸军日夜企盼龙驾亲至,必定士气百倍。若陛下回辇数步,则万众瓦解,辽人蹑乘其后,金陵亦不可得至!"

宋真宗低头不言,良久,表示说自己再考虑考虑。

寇准出御帐,遇殿前都指挥使高琼,忙上前拉住对方的手,问:"高将军世受国恩,何以报国?"

高琼答:"我本武人,愿效死以报!"

于是,寇准又拉着高琼重进御帐,对依旧犹豫不决的宋真宗讲:"陛下如不信为臣之言,请问高琼。"

高琼马上进言跪禀:"随驾军士(禁卫军)父母妻子尽在

京师，必不肯弃而南行（金陵），估计中途皆会逃亡殆尽。愿陛下亟幸澶州，臣等必竭死力，契丹不难破！"

宋真宗从小爱玩打仗，长大之后其实是个彬彬帝王，真让他上战场还是很不容易。此刻，他又扭头看自己的贴身侍卫王应昌。王应昌武将，勇武有智，马上回答："陛下奉将天讨，所向必克。如果我军逗留不进，臣恐敌势益张。"至此，宋真宗才下决心赶赴澶州。

剑拔弩张之际，宋辽双方使臣接触频繁，但军事行动仍旧一刻未停。

辽军攻克德清（今河南清丰）后，率军步步为营，三面包围了澶州。宋将李继隆指挥得当，在城四周关键部位布置了许多劲弩。辽朝统军萧挞凛身为方面大将，又想在萧太后前露脸，恃其勇敢，率数十轻骑在澶州城下转悠，巡视作战地形。当时，宋军威虎军一个小头目名叫张环，日夜备战挺累，正坐在一张巨大的床子弩上发呆，忽然，他看见萧挞凛骑匹高头大马，身穿黄金甲、大红袍，显然是个大头目。于是，这位张军头脚踩踏板，床子弩上的数支大头箭应声而发。也真巧，一支大弩箭不偏不倚，正中萧挞凛脑门，登时就把这位辽朝统军射于马下。如果是一般的箭，还不一定百分百把人射死，但床弩的大箭，劲大头粗，萧挞凛脑袋中间被射出一个大洞。

尸体拖回，萧太后等人痛哭不已，为之"辍朝五日"。这位萧挞凛"幼敦厚，有才略，通天文"，文武全才，当初老将军杨业朔州的败亡，此人居功不少。萧挞凛之死，其实是辽宋最后讲和的关键，连《辽史》都这样讲："将与宋战，（萧）挞凛中弩，我兵（辽兵）失倚，和议始定。或者天厌其乱，使南北之民休息者耶！"萧挞凛一死，辽军夺气，战胜之心顿泯。

宋真宗一行抵澶州后，本想在南城扎下御营，但寇准坚持要皇帝临北城："陛下不过河，则人心益危，敌气未慑，非能以天威凌敌。四方军将继至，为何疑而不往！"高琼将军也在一旁力劝皇帝过河幸澶州北城。

站在真宗皇帝身边的文臣冯拯斥责高琼无礼（寇准官大，他不敢呵斥）。高将军怒道："冯公您以文章得官，今敌骑逼近，犹斥我无礼，您何不赋诗一首以退敌！"不待冯拯回嘴，高琼马上指挥禁卫军扛起御辇前行。到了浮桥边上，扛辇的军士面有难色，停下回望。高琼用马鞭猛抽辇夫，斥道："还不快走！今已至此，又有何疑！"宋真宗也不好退缩，在辇上命军士立即过桥。

皇辇抬至澶州北门城楼，禁卫军升起皇帝的黄龙旗，"诸军皆呼万岁，声闻数十里，气势百倍"。恰巧宋军缚送辽军间谍至前，真宗皇帝"即命斩之"，抛首楼下。与宋军对阵的契丹国人先听欢呼后见血淋淋人头，相顾怖骇，心理上已经产生严重动摇。

萧太后又急又气，忙派出数千精骑薄城，想给宋真宗来个下马威。宋真宗下诏，大开城门，出军迎敌。有皇帝坐在城上观战，宋军奋勇冲杀，杀掉来犯的辽军大半，余众遁返。得此开门红，宋真宗内心稍安，还城内行宫休息，留寇准于北门城楼做阵前总指挥。

7. 澶渊和议终达成

回城后，宋真宗不放心，派人偷看寇准在干什么。过了一会儿，太监回报，说寇准还和大臣杨亿（此人"神童"出身，十一岁就当进士）在城楼上喝酒划拳，"歌谑欢呼"。宋真宗这才放心。"宰相如是，吾复何忧！"宋真宗也小心眼，深怕寇准脚底抹油自己先跑掉。

宋朝使节曹利用入辽营，有幸第一次目睹萧太后真容。萧太后虽半老徐娘，风韵犹存，与宰相韩德让同坐一车之中，辽圣宗与群臣反而扎堆坐立下首，"礼容甚简"。至此，宋朝大臣才真正知道从前的传闻都是真的。讨价还价，事未决，于是萧太后派辽朝使臣韩杞随曹利用入澶州，面见宋真宗，索要"关南地"，即后周世宗柴荣从辽朝手中攻取的十个县。

宋真宗认为金帛可得，决不割地，并当面再三嘱诫曹利用在土地问题上决不让步。

宋真宗对辽使韩杞不错，赐他裘衣、金带、鞍马、器币等物。临辞行，韩杞作为辽朝的"外交官"，很想保持本朝气节，依旧穿回自己原先的"左衽"制式的衣服。负责接待的宋朝学士赵安仁不高兴，质问他为什么不穿大宋皇帝的赐服，韩杞推托说赐衣过于长大，穿在身上不合适。赵安仁半是警告半是劝说："您将上殿接受我国国书，天颜咫尺，如不穿皇上的赐服，您觉得有这可能吗？"话里话外，一是警告他大宋皇帝可能一不高兴会撤回和议，二是吓唬他扈卫武将见他这么不懂礼貌会上前一刀砍了他。毕竟"外交人士"大多灵活，韩杞马上穿上宋朝服装上殿谢恩，拜受国书。

寇准雄心勃勃，以他当时所计，不仅准备不予契丹钱帛，还想逼迫契丹方面向宋朝称臣，割献燕云十六州给宋朝，"如此，则可保百年无事，不然，数十年后，虏（辽国）又生他念！"宋真宗没有这种远略，不想在和议方面进行"拉锯战"，推托说："数十年后，当有扞御之（辽国）者，吾不忍生灵（百姓）重困，姑听其和可也。"于是，宋真宗告诉曹利用，议和底线可答应岁币百万为限。

曹利用临行，被寇准唤至自己营帐，警告道："虽然皇帝有口谕可以答应百万岁币，如果你复命时数额超过三十万，我必斩汝不饶！"寇准关键时刻之所以不敢再坚持自己的想法，是因为当时宋真宗身边已有人放出谣言，说寇准是"幸兵以自取重"，意思是打起仗来寇准好从中得大便宜抓大权。不论皇帝再英明，只要出现"君疑臣"的情况，想不出事也难。

曹利用与辽使韩杞同回辽营，再次外交斡旋。萧太后说："（后）晋割关南地给我们，（后）周世宗夺取，今应归还。"

曹利用真是个外交人才，回答道："晋、周之事，本朝不知。即使是岁币问题，我都不知道皇帝答不答应。至于关南土地之事，想都不要想，我根本不敢和我们皇上提及此事。"

辽国的政事舍人高正始突然出班，对曹利用大言："我们大辽引众而来，就为恢复故地，如果只得金帛即归，回去后愧对国人！"

曹利用白了高正始一眼："不知您是否真正为辽国打算。如果坚持要钱要地，两国兵祸不息，对谁都没好处！"

萧太后不死心，又派其监门大将军一人前往澶州复议关南十县之地，遭到真宗皇帝严拒。知道不能妄求，萧太后就与曹利用讨价还价，最终议定宋朝每年给辽国十万两银、二十万匹绢以为"军饷"，宋与辽结为兄弟之国，宋真宗为兄，辽圣宗为弟，真宗皇帝称萧太后为叔母。说实话，从面子上讲，宋朝还真没吃什么亏，宋真宗比辽圣宗大两岁，称兄可也，比起当年后晋皇帝石敬瑭管小自己十岁的辽太宗叫爹，可谓天上地下。

曹利用回澶州，宋真宗正在行宫内吃饭，没有立刻接见。但是他又关心岁币数目，就边吃东西边派内侍去询问曹利用到底向辽朝许了多少银帛。曹利用对宦者说："如此机密事，只能当面对皇上讲。"宋真宗也气，嘴里含着饭，怒催小宦官："姑且问个大概数！"曹利用也倔，就是不讲，急得小公公扑通一声给他下跪。曹利用见此，伸出三指示意。小宦官嗷的一声掉头跑进去，大声嚷嚷："三百万！"宋真宗闻言，手中筷子都掉在地上，自言道"太多了！"很快，宋真宗面色和缓，自我安慰道："既然能结束战争，三百万也可以了。"

澶州的行宫不是真皇宫，曹利用在外仅隔一道大布帷幕，连真宗的自言自语也听得清爽。

不一会儿，宋真宗食毕，唤他进门入对。宋真宗心中稍觉有些沉，想确定是不是三百万岁币。曹利用还卖关子，连称："为臣该死，为臣许辽人银帛过多！"

"到底多少？"宋真宗此时在心中实已接受了三百万的数字。

"三十万！"

听曹利用报出这个数，宋真宗喜得脸蛋上的肉直哆嗦，不敢相信自己的耳朵。

宋辽和议，至此大告成功。宋真宗大散财物，赏赐有功将士。契丹萧太后也派人送来御衣、辽国食物。宋真宗起驾前，还嘱诫"诸将勿出兵邀其（契丹）归路"，唯恐两国再生事端。

退一步海阔天空。但是，澶渊之盟的签订，后人以及当时的一些汉族士大夫，每逢讲起此事皆愤愤不平，认为宋朝在战场上的形势主动，竟然关键时刻软弱，反向辽朝支付岁币，以金钱换和平，太不划算。其实，历史不能假设，即使宋辽双方继续打下去，结果还真难预料。

从宋太祖时代起，直至宋真宗初年，宋辽两国交战，大小数次，互有胜负，双方均负担沉重，庞大的军事开支，消耗巨大，由于河北一带一直是战场，"丁壮毙于传输，膏血涂于原野"，正常的农业生产根本进行不了，人们想过一两年安生日子都不能。恰恰是战争的结束，才使宋朝与辽朝边境的数州人民得以过正常的生活。而且，三十万岁币，对于当时的北宋来讲，算不上太大的负担。北宋宰相王旦的一句话透出这样的信息："国家（指北宋）纳契丹和好以来，河朔生灵，方获安堵，虽每岁赐遗（给辽朝岁币），较于用兵之费，不及百分之一。"这些话绝不是宋朝君臣的自我安慰。因为，宋朝每年给辽朝三十万的岁币，绝大部分可以从边境榷场（宋辽交易集市）中收回来，"取之于虏（辽朝），而复用之于房"。所以，从经济角度上讲，澶渊之盟对于宋朝特别划算。而且，从政治方面讲，对于一直讲究面子的中原王朝宋朝来讲也还算过得去，自己是"兄"，辽圣宗是"弟"，反正兄又打不过弟，同辈相亲，没什么丢人的。

和议的第二年，宋朝派人去辽国贺萧太后生辰，宋真宗致书时"自称南朝，以契丹为北朝"。为此，大臣还上言："《春秋》传中的夷狄外国，封爵不过是子爵，今承认其辽国国号，已经足够了，何必并称南北两朝。"对于宋真宗在国书中把两国置于平等位置很是不满，但宋真宗还是坚持己见。此种做法，不能说真宗是出于懦弱，应该还是帝王大局观的体现。

当然，从辽朝方面讲，澶渊之盟应该说是喜出望外的大收获，虽说"关南之地"没得手，但三十万岁币，亮晃晃的银子和颜色绚烂的绢，对于经济并不发达的游牧民族来讲，看着就让人心花怒放。仅仅是辽圣宗一世，"岁受南宋（意即南边的宋朝，不是史书意义上的"南宋"）馈遗，内府之储，珍异固山积也"。坐拥燕云文明发达地区，不用打仗，不用任何消耗，每年邻国都于秋天按时交付银绢，除非脑子有病，谁也不会不高兴。所以，其后百余年间，辽宋基本上没什么大的战争发生，可以用"百年和好"四字来概括两国关系。

有此巨大收获，萧太后与韩德让在国内的威望无以复加,再不用担心有人看不惯他们两人的行为而暗中搞政变什么的。回朝后,萧太后就赐韩德让为耶律皇姓之姓,封为晋王,赐以大片采邑。三年多后,即辽朝统和二十七年(公元1009年),萧太后病死,终年五十七岁。不久,韩德让也因悲痛过度,撒手人寰,辽圣宗命把这位"晋王"陪葬于萧太后的坟陵。萧太后为人,"有机谋,善驭大臣,得其死力,每入寇(宋朝),亲被甲督战,及通好,亦出其谋"。(《宋史纪事本末》卷二一)许多历史演义中"佘太君"和"穆桂英"的形象,真正的原型倒来源于敌对方的这位契丹巾帼英雄。

辽圣宗的儿子辽兴宗在位时,宋朝和西夏打得欢,辽兴宗想得更大的便宜,又以"关南之地"为辞,对宋朝进行讹诈。在宋使富弼的劝说下以及辽朝自己大臣的劝谏下,辽兴宗自然也顺坡下驴,又从南边"大哥"手里每年多索取了二十万岁币。辽道宗继位,听从臣下建议,用这每年多增的二十万银绢充值,以减少燕云十六州人民的租赋,"故其后房政(辽朝政治)虽乱,而人心不离"。辽朝皇帝对辽宋关系自然非常看紧,辽道宗临咽气,还特意嘱咐继位的孙子天祚帝耶律延禧,"南朝(宋朝)通好岁久,汝性刚,切勿生事"。

宋辽双方的"兄弟情谊",双方都尽力维持,一百余年间,可谓礼尚往来,通使殷勤,正史所记的双方互使共达三百八十次之多。同时,双方都以最高礼仪接待对方来使,帝后生辰、正旦、祥节、婚庆、皇子诞生，只要能找到借口，双方马上借机互使，走亲戚串门一样，相见甚欢。辽朝边地发生饥荒，宋朝也会派人在边境赈济，派衣派粮。即使是宋徽宗，其登位初期也曾警告边将不要轻开边衅，表示"南北生灵，皆朕赤子"。

辽朝方面，萧太后、韩德让自不必讲，对宋朝亲热得不行。辽圣宗也是子随母志，大力发展两国友好关系。后来，宋真宗崩逝消息传来，辽圣宗马上"集番汉大臣举哀，后妃以下皆为沾涕"。辽圣宗的眼泪，百分百真心实意，他一口一个皇兄，好不伤心，对辽臣流泪数次。不久，在签署官员委任状时，见名册中一人的名字犯了宋真宗赵恒的讳，辽圣宗大怒，"岂不知我兄皇讳字"，马上抹去这位本应升官的倒霉蛋的名字，使此人终世不能再涨"工资"。辽圣宗统治辽朝四十九年（前二十七年基本是萧太后执政），实施了多项政治、经济改革，发展农业，减免赋税，变奴为民，整顿吏治，起用贤才，抑制契丹贵族特权，使辽国由一个野性十足的奴隶制国家基本上变成了一个封建制国家。

辽圣宗死后，其子辽兴宗仍遵循南北修好的大方向，并曾"自鼓琵琶上南朝皇帝（宋帝）千万岁寿"。此后的辽道宗也一样，此人已经近乎完全汉化，据说他曾用黄金自铸佛像，在像后铭文："愿后世生中国（即中原王朝）"。与他同时代的宋仁宗崩逝消息传来,辽道宗竟然悲痛得不顾帝王礼仪,拉着宋朝使节的手号哭道:"四十二年不识兵革矣!"可见,契丹人真性情,谁好谁坏,心里明镜一样。

第三章

君臣共治

1. 真宗君臣的五迷三道

宋真宗在位近二十六年，人不是坏人，但他除了澶渊之盟外也没做过多少大事。后人一想到他，只有两件事让人"惦记"，一是澶渊之盟，二是"天书封祀"。

澶渊之盟虽是城下之盟，仔细推之，利大于弊，对于特别爱面子的中原汉族统治者，也不是特别过不去或者丢脸的事情。偏偏王钦若之流，为了排挤陷害寇准，硬把澶渊之盟说成是件耻辱不堪的事情，让宋真宗为此郁郁寡欢，吃不香，睡不着，天天与自己较劲，越想越闷，总觉得应该再办成一件漂亮事冲淡澶渊之盟带来的心中阴影。

寇准受到王钦若等人排挤，辞去宰相，到了天禧三年（公元1019年）又恢复了相位，第二年又被罢为太子太傅，后来被丁谓诬陷，遭到贬逐，于天圣元年（公元1023年）在雷州病逝。

从性格上讲，宋真宗属于那种感性化的君王。从智商上讲，宋真宗更是中上之君。正因如此，宋真宗心中一有疙瘩，还就真难解开。郁郁寡欢之间，宋真宗就问王钦若："我现在该怎么办？"

王钦若善揣人意，知道宋真宗心中厌战畏战搅成一团，便先用话来激："陛下您如果能再亲自带兵北伐，攻取幽燕之地，肯定能洗刷澶渊之盟的城下之耻！"

宋真宗更不高兴了，便敷衍："河北百姓，刚刚喘口气，我不忍心再起战事把他们陷于死地。爱卿你再想想还有没有其他能让我扬眉吐气的事？"

王钦若摸着自己脖子上的肉瘤，故作沉吟状，良久，他回答说："陛下如果不用兵，就只能做出一项大功业，恃此镇服四海，夸示夷狄。"

"什么能是大功业呢？"宋真宗问。

王钦若出主意："封禅，这就是大功业……但是，要封禅，必须得在有天降神瑞的前提下才可以施行……"王钦若边自言自语边"恍然大悟"："呵，对了，天降神瑞，哪有那么巧的事，前代帝王不过皆是以人工制造祥瑞罢了，古代贤君也是以神道设教，借上天的名义干大事情啊。"

宋真宗一个劲儿点头。如此容易的"大功业"，不得不令人怦然心动。恰巧，前几日刚刚有个汀州黥卒（类似劳改兵士）名叫王捷的，自称在南康山路上遇见一个姓赵的神道，授给他一个"小镮神剑"。据王捷讲，那个道人就是天上的"司命真君"。此事由宦者刘承珪上报宋真宗，真宗马上赐王捷名王中正。当月,"司命真君"又在王捷家显灵,自称是赵家先祖。

王钦若恰当其时地提出"封禅"之事,估计也是善揣上意,知道宋真宗要找心理寄托,马上借题发挥,皇帝一高兴,他自然会因此加官晋爵。宋真宗脸上笑意荡开,显然开心不已。但是,他还有顾虑,就问王钦若:"宰相王旦万一不同意怎么办?"

王钦若拍胸脯:"我转告他,说这是陛下您的本意,他应该听话。"

果然,王旦得知是皇帝要搞"造神运动",也不好明确表示反对,对王钦若支支吾吾,勉强表示同意。宋真宗心里还是不踏实。过了几天,他晚上到秘阁(皇家图书馆)闲逛,遇见值班的大臣杜镐,便忽然问:"爱卿你知识渊博,学富五车,古代天降《河图》《洛书》确有其事吗?"

杜镐乃一老儒生,不知道宋真宗话外的意思,他只就事论事,回答说:"那些都是古代君王以神道设教罢了,应该不是真有其事。"如此之说,恰与先前王钦若之言相合。

既然古代圣君都这么干,自己依样画葫芦应该不会出岔,宋真宗作如是想。他回宫后,不顾天色已晚,马上派人召宰相王旦入宫,相饮极欢。临别,宋真宗又亲执一把黄金壶,对王旦说:"此酒味道极美,您回家后与妻儿老小一起享用吧。"

王旦回府,打开酒壶一看,里面满满一壶大粒珍珠。王宰相是明白人,知道皇帝以此买自己不说"不",从此再不发言反对,天书、封禅之事始作。

转眼到了第二年,即大中祥符元年(公元1008年,宋朝的年号很好玩,基本上一个年号就是那一时期皇帝的所思所想或者国家大事的浓缩)。正月,宋真宗就把宰相王旦、知枢密院事王钦若等一帮臣子叫到崇政殿,煞有介事地说:

朕在寝殿睡觉,帘幕府帐皆是厚厚的青色织锦,基本上不透光。去年十一月二十七日(阴历),半夜时分,朕刚要入眠,忽然卧室满堂皆亮,我大吃一惊,仔细观瞧,见到一个神人忽然出现,此人星冠绛袍,对我说:"下个月,应在正殿建一个月的黄箓道场,到时会降天书《大中祥符》三篇(也是老三篇),勿泄天机!"朕悚然,起身正要答话,神人忽然消失,我马上用笔把此事记了下来。十二月一日,朕疏食斋戒,在朝元殿建道场,整整一个月恭敬等待,唯恐错过神遇。真巧,皇城司上奏说,左承天门屋南角,有一条黄帛挂在鸱吻尖上。朕马上遣人去看,是二丈多长的黄帛,捆扎一物,恰似书卷形状,缄封处隐隐有文字,估计,这可能就是梦中神人所讲的"天书"吧。

看见真宗皇帝这个"主角"演员讲了这么多"台词",王旦等人知趣,马上跪贺:"陛下至诚,感动上天,果然有祥瑞出现。"于是,诸人皆再拜称万岁。

然后,为了更加"入戏",王旦还依据事先准备好的"台词",说:"天书启封前,应屏去左右旁人。"

真宗皇帝摇头:"说不定天书内容是上天示警,告诫朕施政有缺失,朕岂敢隐瞒,还是众大臣一起敬观吧。"

于是,各位演员各就各位,宋真宗本人也步行至承天门,焚香望拜。

两个太监身手敏捷,蹿上梯子捧下"天书"(估计就是这些人放置的,熟门熟路)。

王旦跪奉,真宗再拜受书。转悠半天,才命陈尧叟启封。这"天书"还真有字在上面,字古意明:"赵兴命,兴于宋。居其器,守于正。世七百,九九定。"

待众臣大眼小眼都瞧清楚了,"天书"封藏于"金匮"之中,君臣又再大肆庆贺了一番,并改承天门为"承天祥符门",依此正式改元。

"大戏"开始,再不能停。不久,以兖州"父老"吕良为代表,有一千两百八十七人"诣阙"请愿,要求皇帝封禅。

看见这些"群众演员"很卖力,真宗皇帝亲自接见,假模假样地推让:"封禅大事,历代罕行,难徇所请。""父老"演员们一万个"不答应":"国家受命立国五十年,已致太平,天降祥符,天人感动,应封禅以报天地。"

对答之后,皇帝下诏,广赐缗帛。群众演员们欢天喜地,拿着赏物跳踊而去。

很快,兖州及各路进士孔谓等八百四十人"诣阙请封禅"。当了好久"分会场"指挥后,兖州知州"又率官属抗表以请"。最后,宰相王旦率文武百官、诸军将校、州县官吏、番夷等两万多人,跪在东上门,上表五次,恳请封禅。这么大的"集会",组织起来肯定费了不少劲,集体请愿,死活"要求"真宗皇帝封禅。

锦上添花,天书喜讯又传来,内廷功德阁又降"天书"。于是,大中祥符元年(公元 1008 年)四月初一日,宋真宗下诏当年十月要去泰山封禅,并命王旦、王钦若等人为主要的大礼使。虽迷狂如此,宋真宗本性不是坏人,还真怕"封禅"这一形象工程太费钱,便问时任权三司使的丁谓,此行是否要超出本年度"预算"。

丁谓大奸之人,专以媚上为己任,马上"义正词严"地回禀:"以为臣计之,绰绰有余,不必担心费用问题。"

真宗皇帝闻言大喜。一个多月后,宋真宗又向大臣们说,

宋真宗封禅玉册

自己又梦见神人,告知四月上旬已于泰山又降天书。

王钦若识趣,回去马上安排,当天连夜入宫急奏:"四月甲午,有木工董祚于醴泉亭北发现材木上有黄帛,上面有字,但常人不认识。皇城使闻讯前往,见天书上有皇帝御名,故而马上驰告。"

于是,宋真宗命王旦为"导卫使",前往泰山"奉迎"天书。此行队伍也是咋咋呼呼,大张旗鼓,广设仪卫,唯恐天下人不知道。

"天书"迎回后,真宗皇帝再拜而受。大臣陈尧叟启封。别人不认识上面的字,唯独这个澶渊之盟前建议皇帝逃往成都的陈尧叟"认识",他高声朗读上面的"吉文":"汝崇孝奉吾,育民广福。锡尔嘉瑞,黎庶咸知。秘守斯言,善解吾意。国祚延永,寿历遐岁。"(《宋史》卷一百四)

刚刚读毕,又有事先安排好的小太监踉跄而入,上气不接下气,大声禀告说御花园中刚才有五色祥云,宣示天书时,恰恰有一朵金黄色云朵幻化成凤凰形状,在殿上久驻不去。大家抬头,其实什么都看不见。

一切酝酿得差不多了,十月辛卯,宋真宗一行大驾发东京,直向泰山而来。这支封禅队伍浩浩荡荡,一路奏乐,大张仪仗,好不热闹。半路,还有一位高价雇请的"外国演员"(大食商人)献玉圭,自称其祖爷爷的爷爷得自"西天",一直是传家宝,老祖宗并有遗言:"好好保护宝物,待中国圣君行封禅礼,马上驰往上贡。"

如此神神秘秘的"跳大神",花费亿巨,雇用了如此多的"演员"参与,知道底细的人越来越多。其实,大戏主场没开始,庄严已经变成了滑稽。

当时,泰山的道路还未似今日皆有石梯护栏,回马岭至天门,道路险绝。每个参加封禅的官员都要专门役夫负责,每人给横板两条,两端系彩帛,亲卒抬上。虽然侍从人等皆疲顿不堪,总导演宋真宗却"辞气益壮",健步如飞,指点江山,煞是兴奋。可见,精神的力量真是无穷。

皇帝封禅,不是现代人想象的群臣百官都跟着,而是为数不多的赵家皇族与礼官陪同,众官皆于山间谷口等待。封禅礼仪很烦琐,三献、读玉册、封金玉匮、阅视等。一帮人冻得哆嗦,战战兢兢。终于等到山上称贺之声,大家知道苦时辰挨过了,"山下传呼万岁,震动山谷"。泰山的岱庙和碧霞祠两大建筑群,均由宋真宗创建。

一路走了十七天,登了半天山,花费八百万贯钱,患感冒风寒者数千,宋真宗终于演完了这出封禅大戏。回京后,宋真宗接受群臣所上尊号,宰相王旦等人各自加官晋爵,可以说是皆大欢喜。大家都得到了自己想要的,只是国库越来越空。

乾兴元年开春(公元 1022 年),宋真宗崩,时年五十五岁,在位二十六年。其子宋仁宗继位。

"天书封禅"一事千百年来广为人诟病,主要是宋真宗君臣荒诞不经,劳民伤财。但是,从实际情况看,天书降神和祭祀活动也算"拉动内需",伤财未动筋,劳民未伤骨。而且,"天书降神",从某种意义上讲,在外交政治上于北宋还有积极意义。因为,针对辽朝上层好神信鬼的习气,宋真宗君臣搞的这些大把戏,确实也让辽朝使臣眼花缭乱,实生羡慕感叹之情。宋朝在当时代表"文明大化",大臣们虽然绝大多数附和，积极参与"表演"，但基本上没人相信，连给宋真宗首先出坏主意的王钦若也一开始就明确表示这是"以神道设教"，是高级愚民术。但是，相对于当时笃信萨满类原始宗教的契丹人，他们对"天书""天神""祥瑞"之事，宁可信其有。已是友好邻邦的大宋国天书频降，符瑞遍地，皆是使臣亲眼所见，回国后一经渲染，说不定还对辽国君臣有一定的震慑。所以，对于宋辽百年之好，"天书封祀"或许还真有一定的作用。

2. 千古仁君宋仁宗

赵祯是北宋第四位皇帝，大中祥符三年（公元1010年）四月十四日出生，他十三岁即位，二十四岁亲政，在位时间长达四十二年，是两宋时期在位时间最长的皇帝。嘉祐八年（公元1063年）三月二十九日，赵祯因病逝世，大臣们很快为他上了"仁宗"这一庙号，使他成为中国大一统王朝中第一位庙号为"仁宗"的帝王。

在民间叙事系统，如戏曲、小说等作品中，自元朝至晚清，不管是元杂剧，还是明清传奇、小说，包括形形色色的话本和地方戏，都有许多以宋仁宗朝为历史背景的作品，如包公故事、杨家将故事、呼家将故事，还有狄青故事，就连

《水浒传》的开始，也是从仁宗一朝写起。但在这些故事演义中，宋仁宗本人的角色都是大龙套，从来不是主角，甚至以宋仁宗身世为基础脚本的民间传说《狸猫换太子》，宋仁宗也是小配角，真正的主角是包公包拯。在民间叙事和文艺叙事系统中，宋仁宗一直是最高级的跑龙套角色。要想真正理解宋仁宗这个人和他的时代，肯定还要看正式的史书和宋朝人自己写的笔记。

宋仁宗虽然看上去没有什么丰功伟绩，与其他叱咤风云的古代帝王相比，好像存在感比较低。但是，他在位期间却涌现了众多中国历史上鼎鼎大名的杰出人物。文学方面，明朝人评选出来的"唐宋八大家"，有六位为北宋人，包括苏洵、苏轼、苏辙、欧阳修、王安石、曾巩，这些人全都在仁宗一朝登上历史舞台。宋词方面，无论是豪放词的领袖苏轼，还是婉约词的领袖柳永，他们都是仁宗时代的大词人、大诗人。学术方面，南北两宋真是百家争鸣，有关学、朔学、洛学、蜀学、新学等学术流派，这些学派的创始人或代表人物，都生活在宋仁宗一朝，特别是著名的"宋初三先生"（石介、孙复、胡瑗）、"北宋五子"（周敦颐、邵雍、张载、程颢、程颐），也都是活跃于仁宗时代的大学者。至于中国历史上著名的政治家，在宋仁宗的时代也是灿若群星，有主持"庆历新政"的范仲淹、富弼、韩琦等人，还有日后领导"熙丰变法"

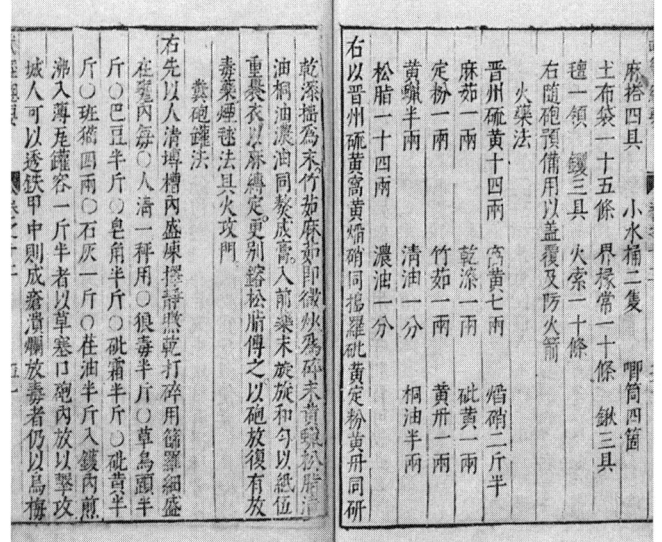

《武经总要》中的火药配方

的王安石、章惇、吕惠卿等新党中人,还包括主导"元祐更化"的司马光、吕公著、范纯仁、苏辙等旧党中人,他们中有不少都是在宋仁宗时代的政坛中崭露头角的。科学方面,中国古代"四大发明"中,有三项均出现在仁宗时代,其中用来制作热兵器的火药配方首见于仁宗朝《武经总要》,指南针与活字印刷技术首见于沈括《梦溪笔谈》。

所以,要论名气,宋仁宗肯定不如秦皇汉武和唐宗宋祖,但如果论百姓的爱戴程度,宋仁宗应该在历史上排名第一。根据《宋人轶事汇编》卷一记载,宋仁宗驾崩后,"京师罢市巷哭，数日不绝，虽乞丐与小儿，皆焚纸钱哭于大内之前"；而且，当他驾崩的讣告送到辽国后，"燕境之人无远近皆哭"，连辽国皇帝也号啕大哭，真正伤心欲绝。为什么那么多人会为宋仁宗的死而伤心呢？

仁宗皇帝赵祯本人非常宽厚和善，平易近人，低调内敛。一个"仁"字贯穿了他的一生。他对大臣知人善任，宽厚仁慈；对待百姓也是爱民如子，轻徭薄赋；对待外邦辽国等也是以和为主，施行德化。由此，才使得当时的宋朝社会出现了安定太平、科技文化繁荣的盛世景象。所以，生活在宋仁宗时代的老百姓，在许多时间内都充溢着幸福感。

我们举几个小例子，来展示一下仁宗皇帝的"仁"。

其一，仁宗皇帝有一次上朝，面色很不好看。就有大臣问："陛下您今日面带倦容，是哪里不舒服吗？"仁宗回答说："没什么大事，只是朕昨晚没有睡好。"这位大臣来了精神，以为皇帝昨夜与嫔妃缠绵才导致早晨上朝精神萎靡，马上进言表示说陛下请注意保养圣躬，不可过分沉溺于美色。仁宗皇帝苦笑说："卿等想得太多了，昨晚我只是因为肚子饿才失眠了。朕昨晚睡觉时，觉得肚子饿，想吃些羊肉，但寝宫里没有，我只能忍住饥饿扛了一宿。"大臣挺奇怪，说："何不叫内宫厨房供应？"仁宗回答说："我也想过叫御厨做点羊肉给我吃，可祖宗法中没有夜供烧羊的先例，如果我破了例，日后宫内就由我成为先例,不知每夜会杀几头羊伺候着,又浪费无数钱财!我还是忍点饿算了。"

其二,有一次仁宗皇帝在内苑跟大臣边散步边谈话,走着走着,他几次回头张望,似有所盼,但随从都不知皇上的意思。回到宫内,仁宗皇帝赶紧交代宫女说:"朕渴死了,快给我倒杯热茶来喝。"宫女问道:"官家刚才在外面为何不叫人送水,忍着口渴回宫才喝?"仁宗皇帝说:"我几次回头张望,都没看到有人拿着烧水的燎子跟着朕。如果朕出声询问,拿燎子的随从肯定会被问罪,朕只好忍着口渴而归。"所谓的燎子,就是用于烧汤烹茶的炭炉。还有一次,仁宗皇帝吃饭,竟然给饭中的沙子硌了牙,为了怕御厨的人为此得罪,他也慌忙嘱咐身边侍奉的人不要声张。

其三,大将王德用深受宋仁宗信任,有一次他献了两个美貌佳丽入后宫。谏官王素得知此事后,上疏极论。仁宗就把王素悄悄叫到宫里对他说:"您是先宰相王旦之子,我是真宗皇帝之子,所以,我们君臣的关系等于是世交。王德用确实进献了两个美人,观其初心,就是想表示对朕的亲近之意,您看朕就留下她们在宫里吧。"王素这个谏官还挺硬,马上回嘴说:"我担心的,恰是亲近!"也就是说皇帝您对和自己关系好关系亲近的人,就更要注意分寸!听王素此言,仁宗顿时有所感悟,马上命令近侍,赏赐王德用献入宫内的两个美女家里每人三百贯，立刻派人把她们送出宫去，而且马上办理清楚。王素看皇帝如此行事，心中也有不忍，就说：陛下您只要听进去我的谏言就可以了，不必这么风风火火地办理此事。宋仁宗正色回答说："朕虽为帝王，但人情还是容易沟通。倘若再拖延几天，朕看见她们泪眼婆娑地不愿出宫，或许朕就不忍心遣送她们回家了。你先别走，就坐在这里等回报吧。"内侍不敢怠慢，没多久，就回来禀告说"事已了当"。

上述这些仁，似乎还是小仁。但在当时的承平时代，国泰民安，皇帝即使锦衣玉食，喜欢美女，也绝对不能算过分，像仁宗皇帝这样能自觉克制自己对美食的口腹之欲以及仁厚待人的例子，在我国封建王朝的帝王之中，却是太少见了。

此外，还有这样一件事，就是当时四川有个老儒，多年考试考不上，牢骚满腹，估计精神方面出了问题，竟然给当时的成都知府献上两句诗："把断剑门烧栈道，西川别是一乾坤！"这诗的意思是，只要把守住剑门关，烧掉入川必经的栈道，我们四川肯定就能割据一方了！这可了不得，这是要造反的意思啊。成都知府不敢怠慢，马上把这个老儒抓起来送到汴梁交给朝廷处置。岂料，宋仁宗知道此事之后，淡然一笑，说："老儒哪里是想造反谋逆，不过是多年不第，发发牢骚而已。既然如此，给他一个司户参军的小官（宋朝时为从九品）做就可以了，不要小题大做！"如果这个老儒是在明朝朱元璋、朱棣时代或者是在清朝的康雍乾三朝，自己必死无疑不说，三族都要给杀个干净！

和宋仁宗相比，他后面几个大一统王朝被尊为"仁宗"的皇帝，包括元仁宗爱育黎拔力八达、明仁宗朱高炽以及清仁宗颙琰（也就是嘉庆帝），人品方面都不如宋仁宗。宋仁宗崩逝之后，宋朝的大臣们自己就说，仁宗皇帝的庆历、嘉祐之治，远过汉唐，已经达到上古三代之风。三代指夏商周三代，在传统儒家看来，三代鼎盛之时也代表了一种完美的理想状态。到了明朝，大学者朱国祯纵论千古帝王的时候说："三代以下，称贤主（圣君）者，汉文帝、宋仁宗与我明之孝宗皇帝。"在他心目中，千百年间，虽然帝王很多，但只有汉文帝、宋仁宗与明孝宗才配得上"贤主"之美誉。

当然，我们把仁宗皇帝的"仁"，仅仅理解成仁慈和仁厚，其实是失于浅薄。根据儒家解释，"克己复礼为仁"。什么是克己复礼呢？用现在的话来说，就是克制自己的欲念和激情，衷心服从道德制度的约束。仁宗嘉祐年间，曾有官员问仁宗："如今政事无大小，皆决于中书、枢密二处，陛下一无可否，不能独断，这难道就是陛下您当皇帝的道术吗？"仁宗回答说："治理天下，当然不能由我一人独断。如果都是我一人说了算，做对了还好，如果做错了，太难以改正了，不如在朝廷上让大臣们充分讨论，集思广益，然后再以宰相的名义发布这些决策。一旦在执行的过程中发现错漏，也会有台谏指出来，那样的话改正也容易一些。"

　　由此可见，仁宗皇帝对权力的欲念一直非常克制，他非常清楚地知道，自己作为皇帝，独揽大权是一件非常危险的事情。其实，仁宗皇帝的这些美德，也契合宋代的制度与政体。宋仁宗的自我克制，就是他守住了人君的本分，尊重宋朝从太祖、太宗以来既定的制度，即当时的"祖宗之法"，而且，当时的官僚体系和士大夫集团，都对他的帝王权力形成了一定制约。而宋仁宗这个人，恰恰是一位真正守规矩、不折腾的人。从这方面看，他似乎也是一个庸常的帝王，但从他手下那些灿若群星的文臣武将来看，他确实又是一位仁圣的君主。

3. 垂帘太后刘氏

　　宋真宗晚年，得了半身不遂的毛病，凡事多决于刘皇后。说起这位刘皇后，那真是历史上一大传奇式人物，她的故事是典型的中国版灰姑娘遇王子，好梦成真的大美满真人剧。不知为何，后世评书艺人不买账，又有戏剧《狸猫换太子》对她大肆"诬蔑"，把她刻画成阴险妇人，真是匪夷所思。

刘皇后

刘皇后是益州人，完完全全不掺假的川妹子，她之所以编出其祖父是从太原来，无非是想冒充北汉刘氏皇族的支属，抬高自己的门望。其祖其父也没有做过将军、刺史，皆是小买卖人，绝非北汉刘氏沙陀种。《宋史》又讲，刘皇后自小就父母双亡，由姥姥养大，擅长"播鼓"，实际上是做小买卖时摇拨浪鼓以招徕客人。"蜀人龚美者，以锻银为业，携之入京师。"(《宋史》卷二四二)正史中这句话更有猫腻,银匠龚美为何把刘氏这么个少女带入京师做买卖呢?实际上,是刘氏家穷,十二三岁即把她卖给了龚银匠做老婆,当垆播鼓,招徕顾客。时为襄王的宋真宗微服行于街上,看见这位川妹子貌美如花,很快就把刘氏弄入自己的襄王府中藏娇。

当时,宋真宗的乳母王氏认为刘氏出身太微贱,向宋太宗告状。太宗不满,时为太子的宋真宗不得不忍痛割爱,把刘氏送出王府,送到与自己关系不错的张耆家中躲避。宋真宗即位,马上把刘氏迎入宫中立为美人,后又进为德妃,最后封为皇后。

宋真宗待刘皇后前夫银匠龚美也不薄,让他改姓刘,以刘氏的兄长相称。后来,这位"刘美"一直做皇家包工头,还做到武胜军节度观察留后的大官。六十花甲之年,"刘美"得以善终。宋朝皇帝就是仁德,如果放在北朝或是以后的明朝,也许要诛杀成千上万的人来保守这个"秘密",真宗皇帝竟如此"和平"地解决了,让人大竖拇指!

刘皇后不仅仅是漂亮,而且通晓书史。宋真宗退朝,阅天下封奏,多至中夜,刘皇后多陪他批决奏疏。可见,刘皇后虽没受过什么系统教育,却冰雪聪明,不是那种只有漂亮脸蛋子的无脑美女。

真宗皇帝多病,刘皇后当权,大臣寇准、李迪深以为忧。

真宗皇帝的病时好时坏。一次，他清醒时，枕着太监周怀政的大腿，与这位公公商议太子监国的事情。周怀政本人就是太子宫属，当然希望小主人（日后的宋仁宗）秉政，就出宫与寇准等人密议。寇准酒后失言，消息泄露，周怀政颇不自安，就与几个太监密谋，要杀掉丁谓，以寇准为宰相，拥真宗为太上皇，让当时还是太子的宋仁宗为帝，罢黜刘皇后。岂料，与周怀政共谋的太监想立功，反而密告丁谓。丁谓连夜行动，派人逮捕周怀政等人，并把审讯结果上呈真宗皇帝和刘皇后。

宋真宗听说周公公想把自己架空，自然很恼怒，下诏杀掉了周怀政。丁谓也添油加醋，把本不与谋的寇准也外贬，并欲置之死地。想当初，丁谓正是由于寇准的提拔才得以入朝任参知政事，恩将仇报，自然是小人惯有的"品质"。真宗皇帝下诏，表示军国大事仍旧由自己亲决，"其余皆委皇太子同宰相、枢密等参议施行"。皇太子当时是十来岁的小孩子，所以是刘皇后和丁谓说了算。寇准虽是大忠臣，但他只想着怎样去掉母后干政的威胁，拥立太子，没有想深一步——天下治道，以孝为先。刘皇后乃太子嫡母，总不能把妈杀了，再立一个少年为帝吧。

真宗皇帝崩逝，遗诏太子赵受益更名赵祯，枢前即位，是为宋仁宗，时年才十三岁。当时，大臣王曾奉遗诏入殿庐草拟制书,"命皇后权处分军国事,辅太子听政"。丁谓想去掉"权"字,因为"权"是"暂时"的意思。王曾力争,认为"权"字不可去,不得坏祖宗成法。丁谓无奈,只得依从。其实,丁谓之意,并不是给刘太后手中加权力,而是想打着刘太后的旗号,自己可以长期在朝中掌政。丁谓大权在握,马上结交时为"内押班"的太监雷允恭,密请太后降手书:"帝(仁宗)朔望见群臣,大事则太后召对辅臣决之;非大事,令入内押班雷允恭传奏禁中,画可以下。"如此,丁谓完全可以自决政事,扯虎皮做大旗,凡事以"太后"说事,同列官员则"不敢争"。此举,还有另外一个恶果,就是太后、皇帝两宫,都要凭借雷允恭这个太监作为宫内外的"传话筒",他想怎么说就怎么说,所以逐渐恃势专恣。

一朝权在手,就把令来行。丁谓马上贬寇准于雷州。但是,丁谓太轻看了刘太后,以为刘氏一妇人,皇帝一孺子,凡事皆是自己和雷允恭两人说了算。高兴没半年,这两个人,一个死,一个贬。其实,丁谓之贬,表面看上去,是因为太监雷允恭以"宜先帝子孙"为名,擅自命人把真宗皇帝的陵墓改址上移,致使泉水涌出,冲毁陵址,丁谓当时附和雷允恭,自然有连带责任。但丁谓真正遭贬,还是因为他有两件事得罪了刘太后。其一,有一天宋仁宗小孩子爱睡觉,刘太后传旨中书省,想一个人上朝见群臣,丁谓闻知,坚执不可之态度，刘太后为此愤恨；其二，丁谓又算计内宫的花费财用，太后更加大恼，加之刘太后是聪明人，她知道丁谓与雷太监一里一外想架空她，盛怒之下，处死雷允恭，贬丁谓于崖州。本来，刘太后还想处死丁谓，有大臣认为仁宗皇帝刚继位就处决大臣"影响不好"，才"从轻"发落。

刘太后垂帘听政，实际上如同皇帝一样，要说她完全没有"想法"，也不实际。一次，她问参知政事鲁道宗："武则天是什么样的帝王呢？"鲁道宗是正派人，当然听出刘太后弦外之意，直言道："武后，乃唐朝罪人，差点毁了社稷国家！"刘太后默然。一次上朝时，又有小官趁机巴结，要刘太后立刘氏七庙以显尊崇，鲁道宗反驳："若立刘氏七庙，皇帝家该立几庙？"还有一次，刘太后、宋仁宗一同去拜佛，刘太后想安排自己的凤辇在小皇帝的仪仗之前，鲁道宗上谏："夫在从夫，夫死从子，妇人不能在前。"刘太后顿了顿，想了想，还是依礼在宋仁宗后面礼佛。

鲁道宗直谏，但总给刘太后"面子"。当时的秘阁校理范仲淹不然，他上书认为，宋仁宗在宫内朝拜刘太后，是行家人礼，当然可以。但是，天子与百官同到朝上向刘太后施礼，是亏欠君主礼仪。

宰相晏殊听说后，吓得够呛，他把范仲淹叫来训斥："你如此狂率邀名，这不连累我吗，后悔当初荐你为官。"

范仲淹正色言道:"我正是怕别人议论您推荐我当官而不称职,才直言上疏,不料今日反以忠直得罪您!"

晏殊无言以对。不久,范仲淹又上书让刘太后还政于宋仁宗,朝廷不报。刘太后不喜欢这个倔直的臣子,便把他外放为河中府通判。即使身在朝外,范仲淹仍上书,请刘太后还政于皇帝。

明道元年(公元 1032 年),宋真宗的一个普通嫔妃李氏病死。此人在真宗时只是个"婉仪",仁宗皇帝即位后,一群"小妈"皆得以进位,李氏得封为"顺容"。病重临死,李氏才进位"宸妃"。按理讲,皇帝嫔妃众多,死一个并非什么大事。但是,宰相吕夷简闻知此事,即刻入宫见刘太后。李氏之死之所以能惊动当朝宰相,是因为其中还隐藏一个天大的秘密:这个刚刚病死的李氏不是平常人,她是当今皇帝宋仁宗的生身之母!

李氏本是杭州人,入宫后做真宗刘皇后的侍女,地位卑贱。真宗皇帝一次性起,就把刘皇后的这个俏丫鬟给宠幸了。李氏怀上了日后的宋仁宗。孩子生下后,当时还是德妃的刘皇后就把孩子养为己子。真宗皇帝自己不对别人说,别人当然更不敢张扬。而且,刘氏当时把小孩子养为己子,实际上无形中也提高了这孩子的地位。刘皇后养仁宗为子,也不是我们想象的那样天天喂奶换尿布什么的,只是她对外宣称这孩子是自己所生,一切养护任务皆由她亲如姐妹的杨淑妃进行。

此后,李氏还被真宗皇帝"临幸过",生有一女,刚生下来就死掉了。虽然与"真龙"有过数次云雨之欢,还育有龙子,但李氏地位微贱,在真宗皇帝生前死后,她都"默然"处于一大堆嫔妃之中。其实,按当时人的心情,李氏心中已经非常满足,自己一个丫鬟出身,能得幸于天子,能为皇帝诞下龙子,已是天大的恩宠。

仁宗当皇帝十年,已经二十三岁,仍旧以为刘太后是其生母,对李氏一事全然不知。虽然宋仁宗不知道,身为宰相的吕夷简却知道这个秘密。听见刘太后在内宫要以一般宫人的丧仪埋葬李氏,老吕赶忙入宫,建议朝廷对李氏的埋葬礼仪规格要"从厚"。刘太后一惊,忙让仁宗皇帝先离殿下去,自己留下与吕宰相商议丧仪之事。宋仁宗不知就里,他本人对父皇的这位李妃根本没有印象,自然乐得清闲,出殿游玩去了。

刘太后站起身,隔帘问吕夷简:"死了一个宫人,怎么劳您宰相问此事?"

吕夷简回答:"为臣乃宰相,事无内外,都应该过问。"

刘太后听出吕夷简话中有话,怒问道:"相公您要离间我们母子关系吗?"意思是你想通过厚葬李氏来挑破这层窗户纸吗？

吕夷简当然是厚道人，他回答："为臣所以劝太后您厚藏李宸妃，是想日后保全您刘氏宗族啊。"

刘太后默然，仔细思之，深觉吕夷简说得有道理。宫中太监为了讨好刘太后，上下都不好好为李宸妃治丧。吕夷简亲自对主管丧事的太监头说："李宸妃是当今皇上生母，应该以皇后的服饰和礼仪埋葬，棺中充以水银。如果不以应该的礼仪埋葬，以后必有因此获罪的人，到时别怪我吕夷简没打招呼。"

太监赶忙转告刘太后。此时，她也完全想明白了，下诏以皇后礼下葬李氏。李宸妃死后，刘太后心中郁郁。转年，病重期间，她服天子衮冕，到太庙行礼，平生第一次过了"天下第一人的瘾"。不久，刘太后病重，口不能言，数次自抚其衣向侍病的仁宗皇帝示意。大臣薛奎听宋仁宗这么说，忙解释道："太后身服天子仪服，怕死后在地下不好见真宗皇帝。"

宋仁宗大悟，下诏以皇后仪服埋葬刘太后，并以四个字"庄献明肃"来追谥。宋朝旧制，皇后皆两字谥，四字谥自刘太后始。刘太后死后不久，就有人告知宋仁宗他并非刘太后亲生，并说其生母李宸妃是"死于非命"。恸哭之后，为了查明真相，宋仁宗派人挖出生母棺木，亲自启视。他亲眼看见生母身着皇后服饰，加之水银灌棺保护，颜色如生，没有任何中毒等迹象。

为此，宋仁宗长叹："朕怎能轻信人言呢？"转而更厚待刘太后宗族。

寻找多日，仁宗知道自己还有个舅舅李用和在世，忙召入宫中，立授节度使之职，赏赐无数。此时，范仲淹被召回朝廷。此人真乃正直之士，从前他虽为刘太后贬为外任，现在反而在仁宗面前为太后说好话："太后受先帝遗命，调护陛下者十余年，今宜掩其小故，以全大德。"

仁宗皇帝也是厚道人，下诏禁止再有人追究太后垂帘时的是是非非。所以，戏曲《狸猫换太子》一事，完全是瞎掰。刘太后此人，出身虽然低贱，但号令严明，恩威加于天下，施政方面没有什么缺失。而且，她行事有理有节，每赐刘氏宗族宫内御食，皆易以寻常器皿，常说："勿使皇宫器物入吾家也。"真宗皇帝二妹入见，刘太后赐珍珠头帕。与太后关系不错的润王妃李氏也要求得一珠帕，刘太后立刻拒绝："二公主乃先帝之妹。你不过赵家老媳妇，怎能和皇姑相比。"最可称道的是，三司使程琳曾经谄媚，上献《武后临朝图》，刘太后掷之于地，怒斥："吾不作此负祖宗事！"

4. 走上西北战场的范仲淹

说起范仲淹，人们都会想起《岳阳楼记》里"先天下之忧而忧，后天下之乐而乐"的千古名句。其实，范仲淹不仅仅是一位著名的文学家，还是宋仁宗时代声名赫赫的大军事家和政治家。他的仕途生涯非常坎坷，反映了那个时代的方方面面。

范仲淹祖籍邠州（今陕西彬州），出生于宋太宗端拱二年（公元989年）。范仲淹的童年时代非常不幸，他的父亲早死，母亲带着幼年的他改嫁到山东淄州长山县（今山东邹平东）朱姓人家。所以，他小时候叫朱说，经常受到朱姓人家几个孩子的欺负和嘲笑。

得知自己的身世之后，范仲淹发奋苦读。当时距离朱家不远的地方有一座山叫长白山，山中有一座寺庙叫醴泉寺，非常安静，少年时代的范仲淹就整天在醴泉寺读书。他当时的读书，绝对可以说是苦读，三更灯火五更鸡，经常熬通宵，每次睡觉不脱衣服，天天喝小米粥度日。为了节省时间，他不是每顿都熬粥，而是每天早晨就熬那么一锅稠粥，凝固之后把它划成四块，早晚各吃两块，拌点咸菜。

少年时代在醴泉寺的学习经历，培养了他吃苦耐劳的品质，更培养了他抗摔打的能力。人情似纸张张薄，明白了自己的身世之后,他更明白了所在的朱家根本就不是他能够继续待下去的地方。于是他断绝了和朱家的一切联系,改回自己的范姓,告别老母亲,立志出乡关,学不成名誓不还!很快,他通过自己的刻苦努力,在科举考场上中了进士,踏上仕途。

初出茅庐的范仲淹心怀天下,他不顾自己官位低微,为民请命,主持修筑了一座大型治水工程,被百姓们称为"范公堤"。接着,他回到自己青少年时代读过书的应天书院主持工作,培养了许多人才。几年后,由于成绩突出,范仲淹又被当时的大名士、御史中丞晏殊举荐到朝中任职,任职秘阁校理。宋代朝廷内有三馆——昭文馆、史馆和集贤院,都是保存皇家图书典籍的地方。后来又在三馆的基础上成立了秘阁,也就是把三馆里边的珍本、善本集中起来,由秘阁来管理。乍看上去,好像这个地方不过是一个皇家图书馆,其实呢,它也是一个宋朝高级管理人才的储备库。因为这个官职同时还是皇帝的文学侍从,就是皇帝的机要秘书,能够直接和皇帝本人打交道,以后肯定会受重用、受提拔。

就在大家都认为这个年轻官员前程远大的时候,他却因为直言进谏被贬出了京城。

原来,范仲淹听说仁宗皇帝打算在冬至节那天,带领文武百官到会庆殿给刘太后行跪拜之礼。范仲淹坚决反对,上言进谏说，皇帝是真龙天子，怎么能在大庭广众之下带领文武百官来给刘太后行跪拜礼呢？尽孝是家里的事情，不能在朝廷典礼上这样做。我们知道，刘皇太后这个人非常不简单，她不是宋仁宗的生母。仁宗皇帝的父亲宋真宗在世的时候非常宠爱这位刘皇后，特别是宋真宗晚年身体不好，许多政事都交给刘皇后处理。后来，宋真宗去世，当时仁宗皇帝年纪还小，所以这个刘太后就垂帘听政，朝廷大事全都由她说了算。范仲淹初生牛犊不怕虎，在京官当中虽然人微言轻，但他就敢直言进谏。范仲淹不仅劝说仁宗皇帝不要在大典上跪拜刘太后，他还直接给刘太后上疏，劝说刘太后赶紧把权力交还给仁宗皇帝，还说仁宗皇帝都过了二十岁了，成年了，应该自己主政。结果，刘太后马上把他给贬出京城了。

这次范仲淹得罪刘太后，其实有一个人还是对范仲淹特佩服的。这个人就是当时被刘太后严加管束的仁宗皇帝。所以，等刘太后病死一个月以后，仁宗皇帝就降旨，把范仲淹从外地调回了京城，任命他为右司谏，成为职业谏官。在宋代，谏官的权力和影响非常大，这和当初宋太祖、宋太宗的设计有关。谏官的品级虽然不高，但连当朝宰相他都有权力弹劾。

然而，回到朝廷之后，范仲淹很快又把皇帝和他身边的美人给得罪了。

当时，仁宗皇帝的皇后是郭皇后，她是宋朝平卢节度使郭崇的孙女。天圣二年（公元1024年），左骁骑卫上将军张美的曾孙女张氏与郭氏一同进宫选秀，两个美少女站在仁宗面前，当时尚未亲政的宋仁宗就看中了美丽的张氏，想娶她为皇后，但当时临朝主政的刘太后喜欢郭氏，就指定仁宗皇帝把郭氏册立为皇后，没办法，仁宗皇帝只得听从。强扭的瓜不甜，仁宗皇帝不怎么和郭氏亲热，所以她一直也没孩子。郭皇后仗着自己有刘太后撑腰，性格又妒忌，就一直严密监视宋仁宗的行踪，使他不得随意亲近其他宫女妃嫔。为此，宋仁宗心中十分愤怒，又害怕当时的刘太后，所以也不敢明言。到了明道二年（公元1033年）三月，刘太后驾崩，仁宗皇帝也就不再理会郭皇后，天天和尚充仪、杨德妃两个美人腻在一起。寂寞难耐之余，郭皇后醋意大发。一次在后宫，郭皇后和尚充仪争执起来，她竟然举手要扇尚氏大嘴巴。仁宗皇帝见状，扑身上前想拦住郭皇后，结果郭皇后来不及收手，一个大嘴巴就扇到了仁宗皇帝脖子上，惹得仁宗大怒，就要废掉郭皇后。而当时的宰相吕夷简，一直与郭皇后有过节儿，听说郭皇后误打宋仁宗之事后，马上让自己的亲信谏官进言，说郭氏当皇后已经九年了，无德无子，应该废掉。而且，太监头子阎文应也恨郭皇后，就当着大臣们的面把宋仁宗颈部那个血痕给大臣们观看。但是，废皇后毕竟是朝廷大事，当时作为右司谏的范仲淹马上表示："皇后不可废，宜早息此议，不可使之传于外也。"为此，仁宗皇帝不高兴，宰相吕夷简更不高兴，他竟然下令台谏部门对于废后之事不接受谏官的奏疏。

明道二年（公元1033年），宋朝的京东和江淮一带发生了大旱，蝗虫遍地飞，到处都是灾民。这时候范仲淹就给仁宗皇帝上疏，要求朝廷尽快派出官员外出赈济灾民。本来仁宗皇帝对范仲淹有了成见，一看他的奏疏，就马上表示说，既然你要管这事，我就派你去吧。范仲淹到了灾区之后，开仓赈济，免除当地百姓的赋税，很快就把灾区的事情搞得非常稳妥，老百姓也安顿下来。本来这事干得漂亮，岂料范仲淹回朝时带了一捆野菜，他对仁宗皇帝说，灾区的百姓都吃这个，陛下您和您后宫的妃子们都应该尝一下。仁宗皇帝一听，怒了，立马把范仲淹给外贬到睦州（今浙江建德东北）。到了贬所，范仲淹还不停给皇帝上疏，里面有这么两句话："臣非不知逆龙鳞者掇齑粉之患，忤天威者负雷霆之诛，理或当言，死无所避。"意思是说我范仲淹其实是一个明白人，我也知道触犯了陛下您我会粉身碎骨，但是，我该说的还得说，要为陛下您和国家负责，哪怕因此被杀头我也不怕！

仁宗皇帝还是很仁义的人。范仲淹被贬到睦州后做得很好，后来又到了苏州做官，也很好，所以就又被朝廷召回，到京城判国子监。什么叫判呢？就是级别高一级的官吏来担任低一级的官职。宋代重文轻武，所以主持国子监是一个很清贵的职位。范仲淹回到京城之后，发生了一件事情，就是原本被废掉的郭皇后不明不白地死了，都传言是被宦官头子阎文应给毒死的。为此，范仲淹打抱不平，给仁宗皇帝上疏，说应该把阎文应清除出朝廷。仁宗皇帝也采纳了他的意见，把阎文应赶出京城。郭皇后背后一直有一个死敌宰相吕夷简，他软中带刺地劝范仲淹不要多管闲事。为了让范仲淹不要太闲，吕夷简又很阴险地让范仲淹去兼另外一个职务，叫权知开封府。开封府是宋朝的京城，权知开封府就相当于宋朝首都的代理市长。吕夷简的目的，是让范仲淹陷于都城复杂的人事、公事等事务之中，让他没时间顾及朝廷内的大事。

结果，范仲淹到了开封府一两个月，就把事情治理得井井有条。当时有一句民谣广为流传："朝廷无忧有范君，京师无事有希文。"范君是范仲淹，希文还是范仲淹。就是说无论是朝廷还是京城，所有的事情，没有范仲淹搞不定的！

仁宗皇帝挺满意，对范仲淹刮目相看。范仲淹一直观察吕夷简所作所为，认为他作为当时的宰相，任用私人，就画了一幅《百官图》，——标明朝廷中那些靠吕夷简私人关系上位的人，而且把这个图直接交给了仁宗皇帝。宋仁宗和吕夷简关系很不错，就把这事儿和吕夷简说了。这样一来，吕夷简恼羞成怒，马上上奏范仲淹罪过，说他本人越职言事，在朝廷内结党营私搞帮派。吕夷简毕竟是宰相，仁宗皇帝就又把范仲淹给贬出了京城。

宝元元年（公元1038年），宋朝的西北边境出了大事。党项族人李元昊（又称嵬名元昊）称帝，建立了西夏国，公然和大宋国叫板。这件事，把范仲淹再一次推向了历史的前台。

宋仁宗得知这一消息后，马上公开削夺了李元昊所有的官爵，宣布断绝跟西夏所有的贸易往来。李元昊也急了，精心准备下，他发动了历史上有名的三川口战役。西夏军队把宋军打得大败，一下子使得宋王朝脸面大丢。更要命的是，宋朝陕西一带，特别是延安一带的防御一下子形同虚设了。

仁宗皇帝心急火燎，他要找一个得力的人赶快力挽狂澜。这个时候他想到了范仲淹。

早在十五年前，范仲淹还是一个小小的盐仓监的时候，他就给当时的刘太后和仁宗皇帝写过一封长长的奏疏，仔细陈述了宋帝国的军事和外交问题。在这篇奏疏中，他明白无误地要求太后和皇帝要注意军事训练，选拔优秀将领，而且，对于辽国和西夏，不应该总是以银帛换和平，要注意戒备和防范。可见，范仲淹不仅仅是个文臣，还有将帅之才。

范仲淹终于走上了西北战场，他被委任为陕西经略安抚副使，而推荐他去西北的韩琦成为他的搭档，两个人的上司是夏竦。

到任之后，范仲淹在今天的陕西延安一带对付西夏，韩琦主要是在今天的宁夏南部一带防御西夏。这时候的范仲淹，已经五十三岁了。虽然过了知天命之年，范仲淹对于原则问题还是认死理。到任之后，他就和老朋友韩琦在军事战略上发生了极大的分歧和争执。范仲淹想要守，韩琦主张攻。而宋军西北统帅夏竦，和韩琦站在一边，也主张对西夏主动进攻。韩琦认为，西夏的总兵力也就数万人，而宋夏边境线长达几千里，顾东不顾西，防守成本太大。作为大宋王朝，应该一举而灭之，寻找西夏军队决战，毕其功于一役。

范仲淹到西北之前做足了功夫，属于典型的主守派。从天时、地利、人和几个方面，范仲淹都认为宋军在西北不占优势。如果宋军对西夏军队主动发起攻击，容易首尾不相顾及，很可能被西夏军分割消灭，所以，不可能和西夏打速决战。特别是这几十年来，宋朝重文轻武，没有特别优秀的将领，又缺少良马，如果和以骑兵为主的西夏军队硬碰硬，肯定要吃大亏。此外，在宋夏边境的那些少数部族，长期以来被李元昊所裹挟，不少是西夏的盟军，帮不上宋军的忙。而且，长期处于边境地区的汉人老百姓，连年遭受战争，缺衣少粮，也没心气没能力帮助宋军攻打西夏军队。但另一方面，相比西夏，大宋帝国地大物博，经得住打持久战和守卫战；而西夏国土小，物资匮乏，就连基本的生活用品比如茶叶、陶瓷和丝绸这些东西都要通过贸易从宋朝购买。所以，只要断绝榷场交易，切断西夏最重要的物资来源，和西夏打防御战和运动战，最终会先从经济上拖垮西夏。

但是，在当时朝廷官员和地方官员当中，多数人都是主战派，就连宋朝在西北的统帅夏竦也受韩琦影响，想对西夏速战速决。而且，作为在宋廷经营多年的老官员，夏竦还很精明，他派韩琦回到京城面见宋仁宗，把攻守两个方案都呈给仁宗皇帝，让仁宗皇帝自己定夺。既然朝廷里边那么多官员喊打喊杀，仁宗皇帝就决定对西夏主动出击。于是，公元1041年正月，宋仁宗圣断，命令西北宋军主动进攻西夏军队。按照他的指示，韩琦一部从宁夏南部出发，范仲淹一部从陕西延安出发，然后两军会师，合力去打西夏。

韩琦得知宋仁宗谕旨，热血沸腾，马上派了一个他和范仲淹共同的好朋友叫尹洙的，快马加鞭去范仲淹那里，让他赶紧准备出兵。但是，尹洙见到范仲淹之后，劝了二十多天，范仲淹就是坚持己见，还是主张防守。最后气得尹洙也急了，说当年我尹洙在你范仲淹落难被朝廷外贬的时候，宁愿自己先丢乌纱帽，在皇帝面前替你说话，替你辩解，如今你到西北为国做事，怎么变得这么胆小如鼠。范仲淹也不着急，耐心和尹洙解释他对西夏采取防守的原因。而且,当时天寒地冻的,根本就不利于宋军作战。尹洙怒火攻心,根本听不进去范仲淹的解释。

在精心修守战备、训练士兵的同时,范仲淹还给仁宗皇帝上疏说,如果陛下实在要打的话,最好等到春暖花开的时候。那时,对于我们宋军士兵来说气候更适宜一些,而对于西夏来说正是他们闹春荒的时刻,他们青黄不接,我们就会更加主动些。而且,即使那时候打仗,也要见好就收,每次攻克一地,马上在当地尽快修好守御据点,而后还要尽最大可能争取边境地区的少数部族为大宋所用。

仁宗皇帝接到疏奏之后,觉得范仲淹更有道理,所以他也没有坚持让宋军马上开始攻击。由于范仲淹不主动派兵进发,韩琦孤掌难鸣,他也没有在宁夏南部主动带兵去进攻西夏。

范仲淹的防守策略,不是躺平不动装死,而是积极修整武备,在延安一带一步一步修造防御体系,还招募了不少边境地区的少数部族战士。对于当地的汉族百姓,他也争取了不少人加入宋军,鼓励他们强身健体,练习武艺。他还让军士们在防御敌兵的同时,大规模屯田,如此可以就地解决宋军的粮草问题。延安等地很快就变成了陕北的好江南。李元昊的西夏骑兵部队经常来骚扰,范仲淹就想了一个奇招,鼓励当地各个防御据点的军人和百姓苦练射箭，以大块银子作奖励，谁能射中就把银子作为奖牌奖给谁。这样一来，当地的男女老幼都纷纷练习射箭，练成了不少神箭手。有一次，李元昊的军队来进攻，正赶上据点内有不少神箭手，连李元昊的坐骑都被射伤在地。如果不是换马逃走，这个西夏王差点就变成宋军的俘虏。

正是由于范仲淹防守有方，李元昊来了好几次，基本没有占到任何便宜。不仅如此，范仲淹还经常派出宋军发动突然袭击，以其人之道还治其人之身，常常给予西夏军队以杀伤，奇袭战、伏击战也常弄，搞得李元昊疲惫不堪。

经过与范仲淹几次过招，李元昊很怵这个范老夫子。慢慢地，边境一带就流传出一句俗语，叫"老子天下第一"。这里的"老子"说的就是范仲淹这个老头子。范仲淹在宋夏边境一带名声越来越大。

夏国国主李元昊一看自己在范仲淹这里找不到什么机会，就去韩琦的防区里看有没有可乘之机。于是，李元昊带领十二万军队，开始进攻今天的甘肃平凉一带，那里是韩琦的防区。李元昊还是老伎俩，先把西夏十万精兵埋伏起来，然后派出两万的先头部队去引诱宋军。韩琦派出大将任福率领宋军两万多人迎敌，在好水川激战。结果，好水川一战，宋军惨败，被杀一万多人，就连大将任福也战死了。

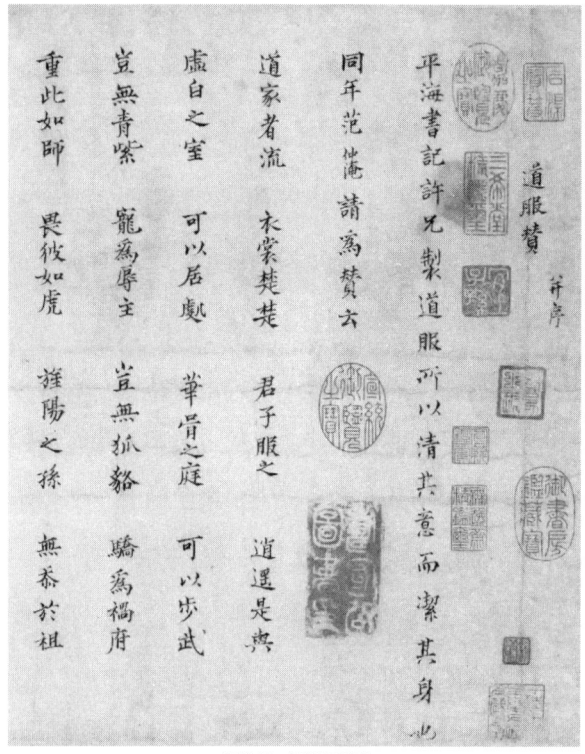

范仲淹《道服赞》

好水川惨败之后,韩琦也消停了,不敢再主战了,马上让宋军撤退。李元昊嚣张无限,他派人编了一句顺口溜对夏竦和韩琦进行讽刺:"夏竦何曾耸,韩琦未足奇。"

几次大败之后,宋仁宗君臣清醒地认识到,想要一次性消灭西夏,绝对不可能。他们也逐渐认为范仲淹的防御战略最管用。此时的韩琦,也终于发现他的老朋友范仲淹比自己更务实。日后,他在西北战场和范仲淹一起共同为宋朝守卫西北边疆,二人配合越来越默契,大家把韩琦和范仲淹美称为"韩范"。经过几年的战争接触,西夏军队对于韩琦和范仲淹日益惧怕,所以当时的边境老百姓口中逐渐流传一句话:"军中有一韩,西夏闻之心胆寒。军中有一范,西贼闻之惊破胆。"

随着时间的推移,西夏内部天灾人祸不断,加上西夏和先前的盟友辽国也开始撕破脸,李元昊不得不和宋朝讲和,自去帝号,宋夏关系暂时缓和了下来。

5. 范仲淹与庆历新政

正当范仲淹和韩琦在西北战场顺风顺水的时候,范仲淹突然接到了宋仁宗的一纸调令,要他回京任职。韩琦和夏竦也接到了调令。

原来,就在这一年的正月元宵节前后,宋朝京城的天空出现了日食现象。今天的人对日食完全不会大惊小怪,知道这只是普通的天文现象而已。但是,古人就特别害怕这种天象,认为这是上天示警,是老天爷觉得主宰臣民的皇帝肯定没有干好工作,要用日食来警告一下。仁宗皇帝害怕了,他马上就召集文武百官,让大家提意见。他还专门下诏,任命了四个名人做谏官,他们都是宋朝历史上大名鼎鼎的人物:欧阳修、余靖、蔡襄和王素。仁宗皇帝还下诏,让人在西北的夏竦、范仲淹、韩琦都马上入京为官,夏竦当枢密使,范仲淹和韩琦都当枢密副使,也就是夏竦的助手,回来主持宋朝中央的整个军事大局。

接到任命的三个人,心情很不一样,韩琦和范仲淹两个人都认为现在宋朝西北战场的局势处于相对稳定的状态,担心李元昊知道宋军统帅离开的消息之后,会卷土重来,再起兵端。于是,他们两个人就上疏,希望继续留在西北战场。但宋仁宗不同意,坚决要这两个人马上回京任职。范仲淹和韩琦的老上司夏竦就不同了,在此之前他就不想待在西北地区打仗,已改判河中府,移任蔡州。听到皇帝有枢密使的任命,他翻蹄亮掌地马上就往京城赶。夏竦是一个官迷,自然很愿意回到皇帝身边,享受高官厚禄。

不料想,仁宗皇帝刚委任的那几个谏官,包括余靖和欧阳修,一起上疏,竭力要求皇帝取消对夏竦枢密使的任命。这些人的疏奏内容,主要如下:夏竦在陕西畏缩懦弱不肯尽力,每次议论边事,只列陈大家的言论,到朝廷派敕使前去督促,他才陈述十策。而且,他曾经在出巡边地时把侍婢安排在中军帐下,几乎导致军队叛变。李元昊曾悬赏得到夏竦首级者给钱三千,可见作为统帅的他已被敌人轻视侮辱到何等地步。现在朝廷如果任用他，边地将士肯定会闻讯而解。夏竦挟诈任数，奸邪倾险，先前与宰相吕夷简合不来，就连吕夷简都害怕他的为人，不肯引为同列。如今陛下专心政事，首先就任用夏竦这种胸怀欺诈不忠的臣子，如此一来，何以求得天下大治呢？

谏官余靖又表示说："夏竦奸诈，屡次上表要因病辞官，等到听说这次皇帝要召用，马上兼程而疾驰。如果不早早把他斥退，夏竦必定坚持要求皇帝当面召见询问，到了陛见的时候，他肯定叙说恩典，感动流泪，圣听一定会被他迷惑的。"

仁宗皇帝接到这些奏疏之后，也很生气，当天就诏命夏竦返归蔡州。不久，朝廷又诏命他移知亳州。到亳州后，他上书万言自我辩护。仁宗皇帝心软，再授任他为宣徽南院使、河阳三城节度使，判并州。

夏竦的传记在《宋史》列传第四十二，与王钦若和丁谓同列一传，让人感觉他是个奸臣。其实，夏竦还算是一个很有才华、知人善任的政治家的。

夏竦以文学起家，他四岁开始读书，写诗作赋，出类拔萃，年少即有才名。《宋史》说他"资性明敏，好学，自经史、百家、阴阳、律历，外至佛老之书，无不通晓"。

夏竦的父亲夏承皓曾是宋朝武将，宋真宗景德元年（公元1004年），契丹入侵中原，夏承皓率领宋兵抵抗契丹，不幸被流箭所伤，牺牲在战场之上。朝廷抚恤他的家属，就赏了夏竦一个名为"三班差使"的武官闲职。宋朝重文轻武，夏竦不甘心做个武将。为此，他拿着自己创作的诗集迎拜当时的宰相李沆，把自己的诗集献给李沆看。结果，李沆大喜，转天上朝，就把夏竦的诗集拿给宋真宗看，说夏竦之父死于王事，本人又这么有才，请给他换个文职。真宗皇帝也欣赏夏竦，就任命他为润州（今江苏镇江）丹阳县主簿。自此，夏竦乃文乃武地就开始了他的仕途。

夏竦不仅文才好，还知人善任。他在安州（今湖北安陆）担任知州时，宋庠、宋祁两兄弟正值年少。通过吟诗作赋，夏竦当时就断定："大宋（宋庠）当状元及第……异日当做宰相；小宋（宋祁）非所及，然亦须登严近（近臣）。"（《宋人轶事汇编》卷七）果然，在1024年，宋庠、宋祁兄弟二人同时考中进士。宋庠连中三元（乡试、会试、殿试均第一），最终官至宰相。宋祁日后官做得略低，也做到了工部尚书的高官。由此可见夏竦这个人的厉害。而且，当初范仲淹到西北，夏竦也推荐甚多，范仲淹非常感激他。好水川之战，宋军大败，被杀一万多人，军资损失无数，韩琦责任不小。此时，也是夏竦上疏朝廷，声称好水川之战责任不在韩琦，主要怪大将任福冒险轻进，最终仁宗皇帝仅仅把韩琦降职一级。

夏竦文才好，知人善任，而且在政治方面也是一个干才，无论是在地方还是在中央，都做了不少有益的事情。在西北，他治军甚严，对于宋军兵士中的剽掠之人，诛杀殆尽，自此军中大震。

文学方面，夏竦从小就好学勤读，他在担任宋军和政府的高官期间，无论战事、军务、政务多么繁忙，都没有停止过看书习字。就连睡觉吃饭等休息间隙，他还用手指在身上比画研究古文奇字。他一生著文集百卷、策论十三卷、《笺奏》三卷、《古文四声韵》五卷、《声韵图》一卷，其中的《文庄集》三十六卷，收入清乾隆时期编纂的《四库全书》。而他所著《古文四声韵》一书，现在还是研究战国文字的重要参考资料。

范仲淹回到京城之后，仁宗皇帝要他帮助自己改革大宋王朝的政治。这就是历史上著名的"庆历新政"。

宋朝重文轻武，宋王朝为了笼络一批朝廷新贵，大规模扩大进士规模，到了仁宗皇帝时代，每一年中进士的就有一千多人。这个数量是唐王朝的五倍，是宋王朝开国时候的三十三倍，比封建王朝末期的清代还要高三倍多。学而优则仕，宋朝文臣的待遇特别好，这方面的财政支出巨大。宋朝不仅对当官的好，对当官的家属也好，恩荫等都需要大笔的金钱支出，这最终使得宋朝到了仁宗时代显现出巨大的财政困难。

仁宗时期兵多。宋王朝刚刚建国的时候，职业军人只有二十二万多人。到宋仁宗时期，职业正规军已经有一百五十多万人了。如果再加上在军中短期服役的兵员，总数有几百万人，而当时的宋朝人口也不过四千五百万人。宋王朝五分之四的财政都拿来养兵了。

当官的多，当兵的多，钱从哪里来呢，当然是从老百姓那里来，所以，宋朝的税就奇多。官吏智慧无穷，他们创造出繁多的税目，对老百姓大肆搜刮。

就是在这样的情况下，宋仁宗痛下决心要搞庆历新政。当时刚被提拔的欧阳修、余靖、蔡襄、尹洙等人，都坚决主张要把范仲淹搁在更重要的位置，让他来主持庆历新政。宋仁宗觉得可行，就任命范仲淹为参知政事（也就是副宰相），让他牵头搞新政。

范仲淹敢说敢当。皇帝信任，同僚支持，即使面对刀山火海，他也会赴汤蹈火，在所不辞。针对大宋王朝官多、兵多、税多的情况，范仲淹提出了改革的具体建议，即十条改革纲领。他拿现有的官僚体制开刀，对政府官员要求定编、定岗、定员，加强监督考核，还派了一批廉政官员或者检察官，到各个地方去巡视，了解地方官员的所作所为。对于那些不作为、乱作为的，怠政懒政的官员，一律从严处理，摘掉乌纱帽。一大批优秀的中下级官吏得到了重用，大宋王朝的经济也搞活了，吏治清明，欢声雷动。为此，不少人都开始写诗填词，大肆赞美庆历新政，交口赞颂范仲淹。但是，恰恰是众口一词的赞颂和赞美，弄出了事情。

当时，有一个叫石介的怪人，职务是国子监直讲。他是个学问大家，但是情商低，做事偏激。他写了一篇诗文，把范仲淹捧上了天，同时，他又把夏竦骂得狗屁不是。范仲淹看到了，非常不高兴。范仲淹是个厚道人，更知道夏竦很不好对付。当年夏竦到京城来任枢密使，就是被现在捧范仲淹的一帮谏官给坏掉了好事。如今这些人支持范仲淹搞新政，还这么大肆张扬，范仲淹觉得肯定不是什么好事情。

这还真被范仲淹猜对了。夏竦虽然被贬到了亳州和并州，但他的能量仍然非常大，而且在仁宗皇帝心目中他还是非常有分量的一个大臣。

在亳州等待时机时，夏竦这位范仲淹原来的老上司，马上翻脸，变成了范仲淹推行"庆历新政"的死对头。他马上指责欧阳修、范仲淹等人结党，并指使内侍太监蓝元震上疏说范仲淹、欧阳修、余靖等人，以国家爵禄为私惠，胶固朋党，递相提携，仅二三年，这些人便布满朝廷要路，迷朝误国，结党营私。仁宗庆历七年（公元1047年），吃尽了改革派苦头的夏竦终于回到了朝廷，被诏为宰相，不久改任枢密使，封英国公。

得知仁宗皇帝开始生气，夏竦还不罢休，说范仲淹那一帮子人的人品很差，都犯有作风错误和经济错误。范仲淹有一个铁哥们儿叫滕子京，此时就有御史弹劾滕子京在西北战场乱用政府的机要费。范仲淹为滕子京辩驳，说那批费用滕子京没有贪污，都用于安抚边疆少数部族了。仁宗皇帝偏听偏信，还是把滕子京给贬了。在生活方面，夏竦一帮人还诬蔑范仲淹的好朋友欧阳修生活腐化，说欧阳修和他外甥女乱伦，又诬蔑范仲淹的另外一个好朋友苏舜钦用公款吃喝嫖赌。由于范仲淹领导的改革确实损害了当时好多官员的切身利益，得罪了太多的人，为此，众人到了这个时候纷纷落井下石，许多人都站到了夏竦的一边，形成了一股压倒性的势力。

那个石介写诗大骂自己，夏竦为解切齿之恨，又嫌"朋党"罪名不过瘾，就先从石介开刀，让家中女奴模仿石介笔迹，伪造了一封石介写给当时的宰辅富弼的信，内容是革新派计划废掉仁宗皇帝另立新君。

犯了如此大的政治忌讳，石介被外放到濮州任通判，未到任所就于庆历五年（公元1045年）七月病死了，终年才四十一岁。石介死后，夏竦等人并未甘休，向仁宗皇帝说石介其实没有死，被富弼派往契丹借兵去了。宋仁宗很恼火，下诏罢去了富弼京西路安抚使的职务。

夏竦等人的招数确实太阴了，范仲淹等人百口莫辩，最终只好请求外放。恰好这个时候，西北地区宋朝和西夏又出现了危机，他就要求仁宗皇帝外放自己到西北。仁宗皇帝下诏，免去范仲淹参知政事之职，改为资政殿学士，知邠州，兼陕西四路缘边安抚使。同年冬十一月，范仲淹因病，加上心灰意冷，自己上表请求解除四路帅任，出任邓州，以避边塞严寒。随着范仲淹、富弼等改革派大臣的离京，历时仅一年有余的新政也逐渐被废止，改革以失败告终。

范仲淹此时已经年过花甲了。他在地方做知州的时候，突然接到好朋友滕子京的一封信。正是这封信，催生了范仲淹的千古名篇《岳阳楼记》。在这篇流传千古的奇文之中，"先天下之忧而忧，后天下之乐而乐"的名句，抒发了他对于人生起伏荣辱的感慨，由衷地表达了范仲淹忧国忧民的宏大情怀，引起了中国人一代又一代强烈的共鸣！

6. 名垂青史的谏官包拯

在今天的开封博物馆里，保留着宋代留下来的一块石碑，上面刻有历任开封府尹的名字。奇怪的是，曾经主政开封府的包拯的名字竟然找不到了，残存的字迹也十分模糊。据说，因为历代老百姓每次来看这块碑，最关心的就是包公,总会用手去摸去指包公的名字,久而久之,竟然把包公的名字"摸"掉了。可见包公的形象在百姓心中留下了多么重的印记。

论文治,他比不上曹操、诸葛亮;论武功,他比不上关羽、岳飞;论弘文诗篇,他比不上李白、杜甫、白居易;甚至相比同时代的范仲淹、欧阳修,他也在文采上差得很远。但包公形象却深入民心,独一无二,这是为什么呢?首先,他刚正不阿,不畏权贵,有很强的人格魅力;其次,广大百姓对于包公所代表的清官文化、为民精神充满渴望与推崇。

清官,是每个朝代百姓都会渴望的,而作为清官代表的包公,千百年来都受到人们的尊崇。他纯朴平实,刚直不阿,疾恶如仇,爱民如子;他不苟言笑,太过较真,不会处世,人缘不好。然而,他却成了中国历史上无人企及的崇高与正义的化身,一个至忠至正、至刚至纯的清官标志与忠臣样本,一个被历朝官方推向神坛,又被历代老百姓奉为神明的"包青天"。

实际上,历史上有关包公的记载很少,几种包公传记加在一块儿也没几千字。可是,民间传说的包公故事却多得数不清。包公真的有那么黑吗?包公都断过哪些案子?他真的如传说的那样,断案如神吗?"狸猫换太子"案,"秦香莲"案,跟包公有关系吗?连皇上都敢得罪的包公却受到宋仁宗的重用,这里面的奥秘是什么呢?

历史上真正的包公,"面目清秀,白脸长须",是一位仪表堂堂的潇洒人物。清朝时,包氏后裔收藏有包拯遗像,据说俊美端庄。清代文士孙辅臣见此像后,曾题诗云:"肖像满天下,讹传叹失真。刚方不在貌,冠玉自惊人。"合肥包公书院有文献称:"(包公)清隽古雅,殊无异于人。"所以,历史上的包公,不仅仅不是黑脸,很有可能还是个面如冠玉的白面书生类型。

为什么在我们国人心目中,他是个黑脸包公呢?现在有些包公祠里的塑像,包括大多舞台上的包公,都是黑脸,那是元、明以来民间艺人为了彰显他居官清正、铁面无私的精神,而采取的一种艺术表现手法。

舞台上的包公都是一副宰相打扮,戴长翅乌纱,自称"包龙图",官职是"龙图阁大学士"。民间传说提到,包公曾使仁宗皇帝母子团圆,为了表示感谢,皇帝亲自为包公画了一张半身像,御赐给包公;因为是皇帝画的,所以就称"龙图"。"龙图"不是随便可以挂的,所以仁宗皇帝又御赐造一座楼阁,把"龙图"挂在里面,就叫"龙图阁",作为包公的官府。后来,包公屡建功劳,仁宗皇帝又封包公为龙图阁大学士,所以,包公又被叫作包龙图。在真实历史中,他有那么大官职和威风吗?

提到包拯，戏剧中都是相爷的称谓，他自己也唱"包龙图打坐在开封府上"，什么"龙子龙孙也不饶"，还有龙头铡刀、虎头铡啥的，似乎官很大。其实，龙图阁是宋代阁名，乃宋真宗纪念宋太宗的专门宫殿，收藏太宗御书、御制文集、各种典籍及图画等物。宋朝先后置待制、直学士、直阁等职。北宋包拯曾任"龙图阁直学士"，故民间戏曲小说中以"包龙图"称之。但是，"龙图阁直学士"，不是什么大官，是类似荣衔的"加官"。宋代此类"阁"共有十三个，如秘阁、宝文阁、敷文阁……

宋代官制和其他朝代有很大的区别，有"官""职""差遣"之分，历史上称为"差遣制"。其中官名只表示官位和俸禄的高低，叫作正官、寄禄官，简称为"官"。有些文官还有学士、直阁等头衔，是一种荣誉称号，叫作"贴职"，简称为"职"。而担任的实际职务叫作"差遣"或"职事"，有实际权力。但是前边还要加上"判""知"等限制词，表示你的官职也是暂时的，随时可以撤换，这是宋朝加强中央集权的表现。如"知县"，就是临时让你做县长官的意思。如果官员没有"差遣"，就是吃国家闲饭的人。公元1052年，包公因为弹劾外戚张尧佐而触犯了仁宗，仁宗让他离开京城去任河北督转运使，就加了"龙图阁直学士"的虚衔，其实是一种安慰。包公最大的官也不过是做到枢密副使，进入所谓的"两府"(知政院、枢密院),算是管理国家军事的副职,是从二品官,比宰相还是要低一级。

而包公戴的长翅幞头,宋朝官员确实戴,也叫"展角幞头",展角并不固定在幞头上,可以随时装卸。幞头亦名折上巾。又名软裹,原来是一种包头的软巾。因幞头所用纱罗通常为青黑色,故也称"乌纱",后代俗称为"乌纱帽"。

包公故事出于宋代,兴于元曲,明代经人整理成短篇集《包公案》(又叫《龙图公案》),清代经石玉昆借鉴包公民间故事创作出古典名著《三侠五义》。《三侠五义》前二十七回以包公故事为主,其中包括四大门柱张龙赵虎王朝马汉的由来,公孙策的出世由来,包大人三口铜铡的由来,开封府三宝的由来,展昭辅佐包大人的由来,等等,这些都是《三侠五义》的情节故事。自清代后,包公戏演出的基本都是《三侠五义》里的故事情节。现代戏曲《铡美案》是《三侠五义》的续书《续七侠五义》里的"铡美案"故事情节。所以我们在电视上看到的包公断案的故事几乎都是后人编撰或民间的传说,包公铡陈世美案肯定也是虚构的。也有人经过"考证"说陈世美其实是清朝顺治年间进士陈年谷(号熟美),是被冤枉的,还说陈年谷的两位同学报复诬陷,把陈熟美编成了戏曲中的陈世美,这都属于捕风捉影……

正如胡适先生所言,包公是个"箭垛式"人物。虽然

"狸猫换太子"的故事,在宋朝还真有历史依据,但也只是皮毛而已,和真实历史大相径庭。

传说中的包公最辉煌的功绩,是审出了发生在宫中的一件大案——狸猫换太子案,替宋仁宗找回了自己的亲生母亲。据《三侠五义》故事,宋仁宗的父亲宋真宗的刘妃和李妃都怀了孕,很显然,谁生了儿子,谁就有可能被立为正宫。刘妃久怀嫉妒之心,唯恐李妃生了儿子被立为皇后,于是与宫中总管都堂郭槐定计,在接生婆尤氏的配合下,乘李妃分娩时由于血晕而人事不知之机,将一狸猫剥去皮毛,换走了刚出世的婴儿。刘妃命宫女寇珠勒死婴儿,寇珠于心不忍,暗中将婴儿交付宦官陈琳,陈琳将其装在提盒中送至八贤王处抚养。宋真宗看到被剥了皮的狸猫,以为李妃产下了一个妖物,乃将其贬入冷宫。不久,刘妃临产,生了个儿子,被立为太子,刘妃也被册立为皇后。谁知六年后,刘后之子病夭。真宗再无子嗣,就将其皇兄八贤王之子(实为当年被换走的皇子)收为义子,并立为太子。一日,太子在冷宫与生母李妃见了面,母子天性,两人都面带泪痕。刘后得知后,拷问寇珠,寇珠触阶而死。刘后在真宗面前进谗言,让真宗下旨将李妃赐死。小太监余忠情愿替李妃殉难,放出李妃。另一太监秦凤将李妃接出,送往陈州,秦凤也自焚而死。李妃在陈州无法生活,只落得住破窑、靠乞食为生。幸亏包拯在陈州放粮，得知真情，将李妃带回开封。此时，李妃的儿子已经做了皇帝，也就是宋仁宗。包拯将李妃带进宫中，李妃才得以与自己的亲生儿子仁宗见面，并道出了真相。后来，包公又设计让郭槐供出真相。已做了太后的刘氏知道阴谋败露，自尽而死。由于包拯在这一案中立了大功，被仁宗任为宰相。

宋仁宗确实有成年之后认母的事情，但绝非《狸猫换太子》戏曲中那么戏剧性和血淋淋。

"仁宗认母"这一事件整个过程，也与包拯毫无关系。这件事发生在仁宗亲政之前，也就是仁宗明道元年（公元1032年）以前，而此时包拯还是一个布衣百姓。包拯大概在四十岁才正式进入仕途做官，在很长一段时间里，他都没有去过京城，哪能帮助仁宗寻找生母呢？

但是，在历史上包公和皇家的一件大案件还真有关联，那就是宋仁宗时代赫赫有名的"冷青假冒皇子案"。宋仁宗是个好人，但就是缺儿子，生了三个儿子，都没活过三岁。皇祐二年（公元1050年）四月初的一天，京城忽然来了一个庐山"和尚"，姓全名大道。这个人真名叫高继安，先前由于犯法，被发配到鼎州，也就是今天的湖南常德。出狱之后，他就到了开封府，装扮成和尚的模样，专以幻术和戏法交结权贵，从事诈骗活动，所以说他是一个假和尚，真骗子。大庭广众之下，这个"和尚"带着一个风度翩翩、仪表堂堂的青年，声称这个青年是当今圣上的皇子，要面见皇上。这个消息不啻一声惊雷，一下子轰动了京城。人们奔走相告，纷纷聚集起来围观。权知开封府钱明逸闻讯，大为惊异，不敢怠慢，赶快命人将这个"和尚"和青年请入衙门，以礼相待，安顿下来。同时急忙派人奏报朝廷。朝廷一下子开了锅，大臣们议论纷纷。有人说，皇上只有三子，都已早夭，从哪儿又冒出个皇子来，其中必然有诈，应亟加贬诛为是；又有人说，皇上的私事谁能全知道，倘若这个"和尚"说的实有其事，贬诛之后如何收场。七嘴八舌，莫衷一是。宋仁宗听奏此事后，尤为恼火，即令翰林学士赵概和知谏院包拯，迅速查明事情本末奏闻。包拯铁面无私，断案如神，深得赵祯信任，接到此案之后，知道非同小可，遂抖擞精神，深究追问，终于找出破绽，弄清了真相。原来这青年名叫冷青，其母王氏本来是赵祯后宫中的一名宫女，熟知宫内情形，后来，因为当时宫内大火，朝廷遣了一批宫女出宫，王氏也是其中被遣出的一员。出宫之后，生计无着，嫁给一名叫冷绪的郎中为妻。婚后，王氏为冷绪生有一女一子，先生下来的是女儿，后来生的才是冷青。这个冷青自幼缺少家教，既不愿读书，又不愿劳动，衣来伸手，饭来张口，东游西荡，无所事事。后来竟离家出走，四处漂泊，到了庐山。假和尚全大道得知冷青是宫女之子，又长得一表人才，遂收留了他。这个全大道本来是宋朝的军人,深知此时皇室正为无继承人着急,王氏在宫中的经历又有隙可乘,倘若把冷青调教一番,再用花言巧语骗过皇上,说不定自己就能因此名利双收,飞黄腾达。于是全大道和冷青在密室中日夜谋划,时时演练,并把冷青打扮一下,下了庐山。哪承想,刚入京城便遇上了智谋过人的包大人,露了马脚,两人全被诛。"假皇子"的闹剧才收了场。

由此可见,假皇子案不过是个普通案件,没有传说中那么神乎其神。

历史中包公到底审过多少案件呢?还真不多。历史记载的包公断案故事不多,包公当过天长县知县、开封府尹等官职,也审过一些案子,但古代审案属于"吏事",上不得台面,所以一般都不记进正史。真正有史料确凿可查的,就是《宋史》记载的包公审牛舌案,只有短短四十几个字——"(包拯)知天长县。有盗割人牛舌者,主来诉。拯曰:'第归,杀而鬻之。'寻复有来告私杀牛者,拯曰:'何为割牛舌而又告之?'盗惊服。"

这个案件发生的时间是北宋仁宗景祐四年(公元1037年),包公破案的地点在天长县(今安徽天长市),包公当年就在这个地方第一次当县令。关于审牛舌案,本身足够精彩,所以后世演绎不多。包公上任不久,就遇见了一件蹊跷事,有一天一个农夫到县衙来告状，说自己家的牛舌头给人家割了，请求包大人给他做主，捉拿割掉自己家耕牛舌头的贼人。包公问他来告状有没有人看见？那人说还没人知道，自己没敢声张。包公看着他想了一下，就对他说，你回去把那个牛杀了，然后把牛肉卖了，这个案子就能破了。那人赶紧说，私自杀牛是要犯法的，自己怎么敢杀呢？包公说，没关系，你就照我的话去做，由本县令为你做主。那人回家之后就把那头耕牛杀了，而后就去集市上卖牛肉。果然，隔天就有人到县衙来告状，说有人无故在家里宰杀耕牛，犯了王法，请县太爷立即将他捉拿归案。包公即刻升堂，问："你怎么知道他无故宰杀耕牛？"那人叩头道："小人亲眼得见，他还把牛肉也卖了。"听他这么一说，包公瞪了他好长时间，而后，忽然一拍桌案，厉声喝道："大胆刁民，就是你将他们家牛的舌头给割了，是不是？你现在又来告发他，居心不良，还不从实招来！"听包公这么一喝，那人大吃一惊，吓得哆嗦，连板子都没打，就全招了。原来，这个人和先前那家有过节儿，所以就割他家耕牛的牛舌，专等那人杀牛，然后再告他犯法。这个案子就这样破了。为什么杀个牛在宋朝还会被人告发呢？根据《宋刑统》，私自宰杀耕牛还有马匹，当时都是要判重刑的。因为耕牛是重要的农业工具，马是重要的战略物资，对国家非常重要。宋朝的法律详细规定，私自宰杀官牛或者私人牛马者,要判决脊杖二十,随处配役一年。

　　一些影视作品和戏曲,会演绎少年时代的包青天,说他自幼被父母遗弃或者父母早亡,由长嫂养大。真实的历史中,所有上述这些故事,都是虚构的。包公是独生子,所以不可能有什么嫂嫂!他的父亲是武进士出身,更不存在任何坎坷身世,父母对他宠爱备至。所以,他的童年,应该幸福得像花儿一样。包拯自幼接受了良好的儒家教育,作为当时的一名有志青年,他的追求显然也在求取功名上。二十九岁那年,他中了进士甲科,被任命为建昌县知县。然而,恋家的包拯舍不得离开父母,便奏请皇帝把他派在父母身边上班,于是改任和州监税,在和州市政府管钱粮税收。他回家报喜,结果父母既不愿意离开合肥的家业去适应新的生活,又舍不得宝贝儿子独立门户。包拯看二老年事已高,自己又是根独苗,索性把官给辞了,安心在家陪父母。包拯甘当"宅男"数年,二老离世后,他守孝三年。守孝结束,他仍然没有工作的打算,又在家里待了两年。在乡亲邻居苦口婆心地劝说鼓励下,包拯才决定离开家乡,正式踏上仕途。他真正意义上的第一份差事是安徽天长县县令。包拯十余年待在家里"虚度青春",这在现代人眼中简直匪夷所思,而在当时却是寻常之事。宋朝对孝道非常重视,上升到个人品德及社会名声的高度,如果谁因贪恋官位而置双亲于不顾,要被世人唾弃。按照宋朝礼律，父母去世其子必须守丧三年，无论官居何位，除非皇帝因某种原因不愿让大臣回家守孝（即"夺情"），否则必须离职守孝。为了孝顺父母，包拯的青年时代是在家里度过的，并未有任何惊世骇俗之处，符合当时儒家的社会伦理道德观。

当然，正是这十余年在家，让包拯可以长时间地与平民百姓生活在一起，所以更早地熟知人间疾苦。而且，多年对父母的孝养，也使得朝廷各界对他另眼相看，因为孝和忠在古代是相辅相成的，由此缩短了朝廷和皇帝对他认识和信任的时间。从功利主义角度看，包公的晚出仕也减少了封建时代官场"做局"的成本。

包公年近四十才初入仕途。入京后，住在东京开封的同里巷，那里距离宰相吕夷简的住处特别近。吕夷简很爱才，他认为包拯是甲科进士，有名的孝子，又是自己女婿马亮的老乡，肯定是为了拜谒自己才住在同里巷的，所以随时准备隆重招待包拯。但过了好长时间，就是不见包拯的身影，仔细一问，才知道他早就接了朝廷的差遣，到安徽天长县上任去了，根本没有奔走宰相权门的意思，更没有跑官买官的意思。过宰相门而不入，看似简单，但对于一个刚入仕途的人来说，其实很难。

在重文轻武的宋朝，包公却不擅作诗，这很吃亏。他唯一留存下来的诗作是《书端州郡斋壁》:"清心为治本,直道是身谋。秀干终成栋,精钢不做钩。仓充鼠雀喜,草尽兔狐愁。史册有遗训,毋贻来者羞。"这首诗是他当端州(今广东肇庆端州)知州时写的。包公叫"包青天",不是因为审案,而是因为他在端州的善政,获得了当地人民对他的称誉——包拯居官清正廉明,洁身自爱。肇庆盛产砚石,端砚为"文房四宝"之首,唐时已闻名遐迩,并列为贡品。包拯到任前,当地官员曾加大贡额数十倍,从中谋取私利;包拯刚一到任,便决意革除陋弊,他"命制者才足贡数",从不加码,出台严惩违者之条例,后又作出削减砚工负重之决定。端州砚工对他感激不尽,尊称包拯为"包公""包青天"。"包青天"的美誉即起于此。离任时,作为一州之长官,略取砚台一二方,诚不为过,但他却"不持一砚归"。

包拯在入主开封府之前,因对官场失望导致情绪低落,曾"七求外任,出京四年"。包拯曾于公元1056年到金陵担任过四个月的江宁府尹,接着奉调入京任开封府尹。公元1056年,五十八岁的他终于成为开封府尹。按理说,包拯应是从开封府名扬天下的,事实上,他只在这个职位上坐了一年有余。既没有张龙、赵虎、王朝、马汉,也没有公孙先生、南侠展昭,更没有狗头铡虎头铡龙头铡,那些出神入化的情节都是出自清代石玉昆的《三侠五义》。不过,以包拯的个性,不在开封府干出点名堂他是不会善罢甘休的。他一上任就改革诉讼制度，裁撤了门牌司。在当时，平民告状都得先通过门牌司才能上交案件，时常被小吏讹诈。几个月后，惠民河涨水，淹了南半城。包拯一调查，原来屡疏不通的原因是达官贵人在河两岸占地修豪宅，还堵水筑起了"水上公园"。包拯立即下令将这些花园水榭全部"毁去"以泄水势，"人患"一治，水患自然解除。这一举动可谓石破天惊，威名大震，京师老百姓都盛传"关节不到，有阎罗包老"。当然，在这不长的时间里，包拯肯定也查办过一些案子，也许其中不乏为民平冤的；也采取过一些措施维护首都治安，一度赢得美名。他处理案件公道正派，执法严峻，对各种阶层一视同仁也是不争的历史事实，他不苟言笑，过于严肃，得来了"包大人笑比黄河清"的民间评价。

然而，包拯其实是因为他的谏官生涯而名垂青史的。如果读读通史和宋朝人写的笔记，你就可以发现包公最出名的确实不是断案，而是弹劾高官和上谏。他一生曾把几十位中级和高级官员拉下马。

由于政事干得好，包拯逐渐被朝廷和皇帝赏识，被调到中央任命为监察御史，负责监察百官，"大事则奏劾，小事则举正"。虽然这个官职没有多少实权，但从此他可以直接参与朝政，对于刚直又不懂人情世故的包拯来说，无疑找到了自己的发声平台。

历史上著名的"七弹王逵"就是包拯所为。

包拯疾恶如仇，最恨的就是贪官污吏。庆历年间，任荆湖南路转运使的王逵，违法向辖区老百姓征调几十年的劳役，并且将劳役折合成现钱，命令老百姓交纳，横征暴敛。老百姓在沉重的税赋重压之下倾家荡产，含冤屈死和流离失所的人不计其数。通过使用违法手段，王逵搜刮民财三十万缗，然后以超额完成税收的名目上交朝廷，以求引起朝廷的重视，为升官晋爵创造条件。一些正直的官员向朝廷告发王逵的违法行为，宋仁宗下令将王逵降职为池州知州。由于朝廷内有人护持，王逵在知州任上没待多长时间，又被提拔为江西转运使。王逵到了江西之后，依旧实施严刑酷法，横征暴敛，鱼肉百姓。为此，包拯第一次上书弹劾王逵，要求朝廷处分他。朝廷下达的处理决定是：王逵一案交给江西提刑司办理。得知这样的结果后，包拯第二次上书弹劾王逵。包拯说：江西提刑司与江西转运使司是同一地区的两个关联官署，将转运使王逵交由提刑司处理，难道没有徇私之弊吗？恐怕江西提刑司未必能够按照朝廷的指示来办理此案。这次，朝廷未对包拯的上书给予回应。当时新任命的江西提刑司提点刑狱官还未到任，由江西转运使王逵兼管江西提刑司事务。于是王逵就利用职权，进行残酷的报复。他怀疑前任洪州（今江西南昌）知州卞咸到京城揭发了他的残虐行径，就制造冤狱，逮捕了卞咸，被牵连抓起来的平民有数百人之多。京城和地方的人们，对此无不义愤填膺。包拯通过调查了解获取实情，第三次上书弹劾王逵，要求朝廷追究其违法行为。在包拯的一再弹劾之下，朝廷将王逵降职为徐州知州。王逵与当时的执政大臣有旧交，朝里有人好做官，没过多久他又被提拔为淮南转运使。对此包拯异常气愤，又连续四次上书弹劾王逵，指出王逵残暴成性，坚决不能把老百姓和官员交给这样的人管辖，任其肆意残害。同时，包拯还对执政大臣提出了批评，说他们不顾舆论，顽固地任用酷吏，是滥权枉法——因为包拯前后七次上书要求惩处王逵，言辞激烈且有真凭实据，以致舆论汹汹，朝野深为震动。最后，迫于舆论压力，朝廷只好罢免王逵的转运使职务，诏令予以依法惩治。他弹劾王逵的事迹，被石玉昆的《三侠五义》再创作为家喻户晓的包公戏《陈州放粮》，民间渲染加工成开封府尹、钦差大臣"包青天"奉命查赈，剧中涉及国舅们害民肥私、包公查案遭人陷害、各路百姓掩护包公、包公怒铡皇亲国戚、成功放粮赈灾等等，演绎了一个青天大老爷为民除害、不畏强权且惊心动魄、扣人心弦的故事。事实上，作为官场新秀，此时，离他入主开封府尚有十二年。

不仅"小老虎"，对于朝廷中真正的"大老虎"，包括当时仁宗皇帝宠妃的伯父他也敢动，这就是包公"六弹张尧佐"。包拯入朝当上监察官员之后，他的人生渐入佳境，走上了北宋仁宗时期的政治舞台。他的特色之一就是弹劾别人。据统计，在他弹劾下被降职、罢官、法办的重要大臣不下三十人，有时为了一个人、一个案件往往反复上奏，火力之猛，大有不达目的誓不罢休的气势，并且被他弹劾的都是当朝权贵。他七次弹劾酷吏王逵，顶住各方面的压力，最终把这个宠臣拉下马；他弹劾仁宗最亲信的太监阎士良"监守自盗"；他四次弹劾皇亲郭承祐，让仁宗几乎下不了台；他弹劾宰相宋庠，其人文采风流，道德高尚，实无过错，包拯弹劾他身为重臣却毫无建树；他六次弹劾"国丈"，硬生生把仁宗宠妃的堂伯父张尧佐给弹劾下马来。

张尧佐是宋仁宗宠妃张贵妃的伯父，原来在基层任小官。张贵妃得势以后，他进入京城，很快就当上了三司户部判官，又为户部副使。不久，他被擢升为天章阁待制、吏部流内铨（管理官员的任用），又晋升为兵部郎中、权知开封府。刚加上龙图阁直学士的职衔，他又晋升为给事中、端明殿学士，正式担任三司使。他扶摇直上，一年之内晋升四次，简直是坐飞机式的升任，使许多人感到吃惊。三司使是户部副使的顶头上司，包公任户部副使时，目睹了张尧佐的为人。当包拯踏入谏院后，他便着手整顿纲纪，端正朝风,和谏官吴奎等人对张尧佐提出弹劾,指出张尧佐是个庸才,建议仁宗皇帝把他调离三司,降职使用,改授其他闲散职务。过了月余,张尧佐不但没有贬低,反而提升为比三司使还要高的宣徽南院使,并同时兼任另外三项重要任务。这次弹劾后,张尧佐的势力更大了。很明显,仁宗皇帝有意要顿挫台谏官的锋芒。皇帝的任命一出,群臣议论纷纷。包公在三天内又上了第二个奏章,更尖锐地指出张尧佐是窃据高位,不知羞愧,是盛世垃圾,白昼魔鬼。其用词异常尖锐。过了几天,未见动静,包公又发动第三次弹劾。他指出张尧佐一日而授四使,比之过去,史无前例,访之今日,人心不安,这不仅破坏了章典,损害皇上的威信,也损害了国家社稷的利益,是万万使不得的。仁宗皇帝仍听不进这些意见。这时,许多谏官群起参加弹劾,连平时很和气的御史中丞王举正也挺身而出,批评张尧佐恩宠过甚,使忠臣齿冷,义士心寒,如不采纳,请罢御史中丞之职。看到台谏已经发展到大臣要掼乌纱帽了,仁宗仍然下不了决心。王举正不得已亮出最后一张王牌,要求廷辩,也就是与仁宗当面诤谏。在这次廷辩当中,包公作了长篇发言,措辞激烈,情绪激动,唾沫竟溅到了仁宗的脸上。满朝文武大臣,大惊失色,仁宗处境尴尬,摆驾回宫。回宫后张贵妃问消息,仁宗冲她发了一通脾气:"包拯向前说话,直吐我面,汝只管要宣徽使,宣徽使！汝岂不知包拯御史乎！"

这次廷辩震动了全体朝臣。聪明多智的张贵妃从中疏通，张尧佐自请辞去了一些职务。但是仁宗皇帝玩了一个缓兵之计，只过了几个月又把宣徽使的重任委给了张尧佐。包公又继续与吴奎联名上章，指出张尧佐贪欲过盛，不能逞其私欲，熏灼天下。四天不见回音，包公又连续上章，提醒仁宗：大恩不可频频给人，给多了就降低了君王的威信；群臣的舆论不能固执地违背，抵触过分了就会失去人心，造成动乱。这样一再地劝谏，终于说动了仁宗，张尧佐不再升迁。不久后，张尧佐病死。三年后，张贵妃又病死，外戚擅权的危险局面才算暂时缓解。六次弹劾张尧佐，是包公一生许多重大经历中的一件。从这里，我们可以看出他那刚正不阿、大奸必摧、敢当风险的气魄、决心和毅力。

包公一生为国辛劳，终于积劳成疾，嘉祐七年（公元1062年）五月十三日，包公突发重疾。临终之前，他写下了遗嘱："后世子孙仕宦，有犯赃滥者，不得放归本家；亡殁之后，不得葬于大茔之中，不从吾志，非吾子孙……"这段文字的意思是，后世子孙有做官者，如有为官而贪赃枉法的，就不是我包拯的后人，不准入包家的大门，死后也不得葬于包家的墓园之中。五月二十五日，包公与世长辞。

宋仁宗在包公重病期间十分关心他，亲自前往探望，并派人送去良药。当听到包公去世的消息时,仁宗十分悲痛,下令辍朝一天,亲率百官登门吊唁,还赐其谥号为"孝肃"。

7. 位卑未敢忘忧国的欧阳修

欧阳修,字永叔,号醉翁,又号六一居士,吉州永丰(今属江西)人,公元1007年生于绵州(今四川绵阳),公元1072年卒于颍州(今安徽阜阳),终年六十六岁。欧阳修是"唐宋八大家"之一,北宋时期当之无愧的文坛领袖。宋代文学风格的形成,欧阳修是最重要的奠基者之一。

说起欧阳修,我们多半会想到他脍炙人口的千古名句:"醉翁之意不在酒,在乎山水之间也。"无疑,《醉翁亭记》是欧阳修的散文代表作。其实,他不仅仅是文学家,还是北宋非常著名的政治家和改革家。他不但在朝廷做过很多官职,也在地方上做过官,而且他做过参知政事、副宰相,参与并且主持了很多的朝廷政治改革事件,所以是一位非常有能力的大政治家。同时,他还是一位很著名的史学家,他主持编纂的《新唐书》和《新五代史》在中国史学上都占有很重要的地位。

唐宋八大家中,宋代有六位,包括欧阳修、王安石、苏洵、苏轼、苏辙以及曾巩,而欧阳修是其领袖人物。苏轼、苏辙、曾巩都是欧阳修的学生。王安石虽然不是欧阳修的学生，但是曾巩把王安石引荐给了欧阳修，欧阳修专门向朝廷推荐了王安石。正是因为有欧阳修的推荐和奖掖，王安石才能在后来取得那样的成就。先后得到欧阳修指导或荐拔的，还有张载、程颢、吕大钧等大儒和包拯、韩琦、文彦博、司马光等英才，可见欧阳修对奖掖后进的重视。

欧阳修从政的经历十分坎坷，他二十四岁考中进士，曾经在走向政坛的初期平步青云，还亲自参与了宋仁宗时期著名的"庆历新政"，担任过馆阁校勘、谏官这样的中央职务，也当过河北都转运按察使这样的地方要员。不到四十岁，他已经是宋帝国非常有名的大员了。可是，忽然之间他被人告发了，罪名竟然是他跟自己的外甥女有乱伦关系。

欧阳修有一个妹妹，嫁了一个丈夫叫张龟正。没过多久，张龟正就病死了。张龟正原来还有个前妻，生了一个女儿，也就是张氏，当时才七岁。由于当时欧阳修的妹妹夫死家破，她就住到了欧阳修家里，顺便也把七岁的小女孩张氏带来一起居住。所以，这个七岁的小女孩，从名义上应该算欧阳修的外甥女。这个女孩长大之后，欧阳修还做主把她嫁给了自己的一个远房的侄子叫欧阳晟的。但是，这个张氏长大之后不检点，和自己丈夫欧阳晟家里一个年轻的仆人通奸，被欧阳晟发觉了。欧阳晟就把张氏和那个仆人送到开封府去审讯，告他们两个人通奸。按理说，这事和欧阳修一点关系也没有。但是，当时的开封府知府杨日严，在益州做地方官的时候曾被欧阳修弹劾过，就想借此事公报私仇。杨日严让张氏诬称欧阳修很早就和自己有通奸之事。由此，杨日严就以欧阳修与张氏通奸、企图霸占张氏财产为名，向朝廷提出诉讼。而以这种不明不白的通奸罪来打击欧阳修，正是当时欧阳修的政治对手最希望看到的情形。当时执政的宰相贾昌朝和陈执中两个人，都属于政治上的保守派，在"庆历新政"期间受过欧阳修的弹劾，他们一听说这个案子都非常高兴，就要以此案来报复欧阳修。而且，当时他们委托审理此案的主审官也很坏，他找到了欧阳修原来写的一首词作为罪证。这首词词牌是《望江南》："江南柳，叶小未成阴。人为丝轻那忍折，莺嫌枝嫩不胜吟。留着待春深。十四五，闲抱琵琶寻。阶上簸钱阶下走，恁时相见早留心，何况到如今。"这首词的背景，很可能是欧阳修先前当地方官的时候，给一个年轻歌姬写的。但是，这时候，这首词就被说成是张氏七岁到欧阳修家里时欧阳修写给张氏的。

自己手下的著名官员被人告发乱伦，宋仁宗勃然大怒。于是，他就指定宰相必须严查此事。那两个宰相就安排太常博士苏安世来办理此案，还专门委派了一名叫王昭明的宦官来监督审案。当初欧阳修在河北做官的时候，朝廷曾经要派王昭明与他随行，欧阳修当时表示说，自己不愿意跟一个宦官同行，这有损自己的声誉。可见，如今宰相派王昭明来监督审这案子，实际上是想利用二人之间的这个矛盾，最终把欧阳修搞倒搞臭。

不料想，别看王昭明是个宦官，从前和欧阳修也有点过节儿，但他本性还是非常正直的。他对主审官苏安世说，皇上派我来监督判案，你要秉公断案，不能随便给欧阳修罗织罪名。苏安世也不敢轻易地按照宰相的意图定欧阳修跟张氏之间有通奸之情。但他也要交差，最后就说欧阳修曾经用张氏的钱购买了田产，有侵吞别人财产的意思。最终，就以这个罪名起诉欧阳修。

宋仁宗迫于宰相等人的压力，不得不做出决定，下诏罢

清代顾符稹《醉翁亭图》

黜欧阳修,将他贬为滁州知州。欧阳修被贬到滁州之后,才有了中国文学史上的千古名篇《醉翁亭记》。

那么,纵观欧阳修这一案,他到底把谁给得罪了,才使得对方对他下这么重的毒手呢?在欧阳修做官的时候,北宋王朝建立已经有七十多年的时间。随着岁月迁延,北宋王朝形成了"三冗两积"的重大弊端。"三冗",就是冗费、冗兵、冗官,也就是说当时国家财政的支出太大了,官员太多了,养的兵太多了;由此带来了"两积":积贫和积弱。

欧阳修走上政坛的时候,正是宋仁宗刚刚亲政。宋仁宗亲政后的一个非常重大的举措,就是任命范仲淹为右司谏,为朝廷改革出谋划策。当时欧阳修二十七岁,还是洛阳一个很小的推官,他马上给范仲淹写信,希望范仲淹把改革引向深入。范仲淹和欧阳修关系本来就不错,为此,他把欧阳修叫到汴京来,做馆阁校勘。这个官职非常重要。在宋代最大的两个官是宰相和枢密使,宰相负责政务,枢密使负责军务。宰相和枢密使都是从两制里边选。所谓两制,一个是翰林学士,一个是中书舍人。这两个官,都是负责为皇上起草诏书的。而两制的人选从哪里来呢?从"馆阁"里边选。所以,欧阳修相当于进了宋帝国中央官员的高级预备队之中。

范仲淹主持"庆历新政"时的宰相是吕夷简。吕夷简做宰相已经十几年了,门生故吏遍天下,改革派要改革的对象,其实都是他自己的手下以及先前的那些行政措施。为此,吕夷简想方设法给范仲淹穿小鞋。而作为范仲淹的朋友,欧阳修主动为范仲淹出头,慷慨陈词。毕竟仁宗皇帝当时和吕夷简的关系更近一些,就下诏把欧阳修贬往夷陵,就是现在的湖北宜昌做县令。

遭受了如此挫折,欧阳修一点都不颓丧和绝望。正是因为他能够以阳光的心态对待挫折,远离京城千里之外的欧阳修顺利地熬过了四年的贬谪生活。公元1040年,三十四岁的欧阳修终于复职馆阁校勘,继续回到汴京担任谏官的职位。回到京城的欧阳修,更加锐气十足,继续上疏,抨击宰相苟且偷安,明哲保身。在欧阳修的带动下,京城的谏官们也一拥而上,最终使得当时已经六十五岁的吕夷简辞去了宰相的职务。范仲淹、欧阳修为首的改革派取得了"庆历新政"阶段性的胜利。

吕夷简倒台之后,仅仅一年的时间,支持改革的一批官员就得到迅速提拔。范仲淹被任命为参知政事,欧阳修被任命为右正言、知制诰。一个叫石介的文人写了一首《庆历圣德颂》。在这首长诗之中,石介不仅表示庆历新政是伟大的改革,还把参与改革的范仲淹等人说得都像圣人一样,而那些阻挡改革的保守派就被石介痛斥为妖魔鬼怪。欧阳修当时很高兴,认为像石介这样坚定拥护改革的大文豪理应得到重用,就准备联名上疏推荐石介到中央担任谏官。但是，这一提议却遭到了范仲淹的坚决反对。

改革派主将范仲淹看到这首诗之后，心情沉痛，当时就对自己的朋友说："为此怪鬼辈坏之也。"（出自宋朝笔记《枫窗小牍》）不仅范仲淹对此忧心忡忡，庆历新政的另一位主将韩琦也表示说："天下事不可如此，必坏。"

范仲淹、欧阳修等人推行的庆历新政，改革的对象就是旧体制和老官僚，就是要对先前旧体制底下培养起来的那些因循守旧的保守派动手。改革的力度越大，触及先前那些既得利益者的程度就越深。在这样的局势下，石介高歌猛进，痛打落水狗，那些势力会一直忍气吞声吗？绝对不可能！

果不其然，保守派官员们就指使一名叫蓝元震的宦官，给仁宗皇帝上了一道奏章，向仁宗皇帝控诉说，范仲淹、欧阳修这些改革派的人，其实都是朋党，党同伐异，是一个政治利益小集团。作为朋党，他们逐渐占据了朝廷的要津，互相支持援引，最终会使朝政紊乱，把皇上架空……仁宗皇帝虽然厚道，但他就是害怕朝中的大臣会结为朋党把国家的资源侵吞。

面对皇帝对改革派的怀疑，欧阳修写了赫赫有名的《朋党论》。在这篇奏疏中，他开宗明义："臣闻朋党之说，自古有之。惟幸人君辨其君子小人而已。"接下来，他解释说，君

第三章 君臣共治

子结为朋党依据的是道义，奉行的是忠信，爱惜的是名誉和气节，要报效的是国家。我们这些君子之党有始有终，我们一辈子都是朋党，我们一辈子都效忠国家，效忠皇上；而小人结成朋党，主要是看重钱财和利禄，一旦利益不存在了，这些小人朋党会立刻烟消云散，还会互相争名夺利……宋仁宗拿着这封奏疏，边看边点头。在这一回合的斗争中，以欧阳修、范仲淹为代表的改革派，算是顺利过关了。

但是败下阵来的保守派没有善罢甘休。当时人在亳州当知州的夏竦，深恨改革派这些人让他没当成枢密使，特别是得知石介指名道姓骂自己后，更是对其恨入骨髓，处心积虑地要报复这帮人。夏竦当时手底下有一个心腹女奴，长得特别美貌，于是他就把这女奴派到石介府里做奴婢。她很快就取得了石介的信任，开始近距离接触石介带回到府中的政府文件和信件。这个女奴有书法家的潜质，她很快就写得一笔好字，像石介本人的书法笔迹，近乎乱真。石介曾经给当时的枢密使富弼（改革派）写过一封信，在这封信里边，石介说自己希望富弼担当起尹周的职责，为国尽忠。本意是希望富弼能够像当年的伊尹和周公旦一样辅佐宋仁宗。在夏竦授意下，女奴模仿石介的笔迹重新写了这封信的底稿，把"尹周"改成了"伊霍"。这一改，其意思就有天壤之别了。伊尹是商朝大臣，曾经辅佐商王太甲。太甲年轻继位，一度荒淫无道，伊尹就做主把太甲给流放了。霍指的是谁呢？指的就是汉武帝时代的霍光。霍光当时受汉武帝的嘱托辅佐汉武帝的儿子汉昭帝。汉昭帝死了以后没有孩子，他就直接把汉武帝的孙子刘贺扶为皇帝。而刘贺根本不是当皇帝的材料，他就当机立断废了这个先前的昌邑王，另扶刘病已当皇帝，这就是日后的汉宣帝。所以，熟知历史典故的人就知道，伊尹和霍光两个名字一组合，就是一个典型的辅佐大臣要废皇帝的典故。这对于任何一个皇帝来说，都是不能接受的。这封信这么一改，意思立马变成了改革派要废掉仁宗的意思。此事又经保守派渲染传出，一时间朝野震惊。可幸的是，仁宗皇帝不是暴君，更不是昏君，对于这个事情他不是很信，也没有喊打喊杀。最终，富弼离开中央到了地方，等于变相被贬谪了。石介也难辞其咎，很快也被罢去了国子监的职务，被外放贬官了。这时候，范仲淹、欧阳修等改革派主将都不自安，纷纷自请外放。特别是欧阳修，又被人泼污说自己和外甥女乱伦，更在朝廷待不住了。

　　临走之前，欧阳修向宋仁宗辞行。宋仁宗确实很厚道，对欧阳修说，作为忠臣，你到了地方之后，该向朝廷提意见还是要提，很快还会召你回来做事的。欧阳修虽然暂时远离了朝廷的政治旋涡，但凭借他对革新运动的忠诚，一直愤而上疏，替范仲淹等人打抱不平。同时，他还上疏仁宗皇帝，说皇帝耳朵根子太软了，改革立场不坚定，害得忠臣们纷纷被外贬到地方。

经历了仁宗皇帝时代之后，欧阳修还经历了短暂的宋英宗时代。由于先前改革期间得罪了许多人，欧阳修在宋神宗继位之后，又遇到了麻烦。欧阳修的夫人有一个堂弟叫薛宗孺，他以前曾经向朝廷推荐过一个官员，结果这个官员贪赃枉法，被罢官了。宋朝有个规矩，谁推荐的谁负责，有连带责任。薛宗孺想让姐夫欧阳修替自己说话。但是，欧阳修上疏朝廷说，一切按规矩办，薛宗孺就被贬官了。愤恨之余，薛宗孺就到处去跟人说欧阳修和自己的大儿媳妇之间有不干不净的关系。这事传到了一个叫刘瑾的官员耳朵里，他把这个事添油加醋一番告诉了御史中丞彭思永。彭思永又把这件事情告诉了自己的下属蒋之奇。蒋之奇也是嘉祐二年（公元1057年）的进士，跟欧阳修算是师生关系。但蒋之奇却落井下石。他给宋神宗上了一道奏章，弹劾欧阳修乱伦无道，要求将欧阳修处以极刑，并且还要暴尸示众。

欧阳修自从担任参知政事以来，整顿吏治，触动了很多官僚势力的根本利益。加上一年前，欧阳修力主为宋英宗的生父追赠皇考名分，使得许多维护礼制正统的官员对他非常不满，对他恨之入骨。欧阳修一个月内给皇帝写了九道奏章，辩解喊冤。

面对如此局面，欧阳修又是三朝重臣，年轻的宋神宗也没有特别的好办法，最终宣布了一个处分的决定，将彭思永和蒋之奇外贬，张榜朝堂，公开批评二人在对欧阳修的弹劾问题上犯了大的错误。

而欧阳修则连续上奏章，痛陈自己是"以忠取祸"，坚决表示自己再也不在中央干了。宋神宗挽留不住，只得下诏派欧阳修到亳州做知州。从此，欧阳修基本上远离了宋朝的政治中心。可见，在他年近花甲之年，这件诬告案对他的心理造成了极大的打击和伤害。

那么，欧阳修真实的道德面貌究竟是怎样的呢？那些艳词，比如"月上柳梢头，人约黄昏后"，"泪眼问花花不语，乱红飞过秋千去"，等等，是否也是他真实的生活写照呢？其实，欧阳修所生活的北宋时代，是一个物质与精神生活都很丰富的时代。当时的士大夫们拥有丰厚的俸禄，确实可以蓄养家伎，确实可以歌舞升平，但是与外甥女乱伦、与长媳有染的传闻，确实都是诬告。

8. 郁郁而终的大将狄青

宋仁宗时期，在西北地区的李元昊忽然开始称帝建国了。从前的附庸如今要自己立国，宋仁宗肯定不干，就派兵前去征讨西夏。自从三十多年前仁宗皇帝的父亲宋真宗和辽国签订澶渊之盟之后，宋朝军队再没有打过什么大仗，结果，此次派兵征讨西夏，宋军连连败绩。作为天朝上国，连西夏这么一个从前乖乖进贡称臣的蕞尔小国都打不过，真是颜面无存。连战连败之时，大宋军中突然崛起了一个军神——狄青。

狄青没有任何世家背景，他就是普通士兵出身，二十多岁的时候参加了禁军。此人武功高强，从小就喜欢舞枪弄棒。狄青上战场的时候会随身携带一副狰狞的铜面具，在和敌人交战时，他就把铜面具戴上，披头散发，高声呐喊，挥舞刀剑，奋勇冲进敌阵。西夏军队特别害怕这些怪力乱神的东西，再加上狄青那股不要命的气势、狰狞的面具以及高强的武艺，往往让西夏军落荒而逃。宋夏战争中，狄青所在的部队和西夏兵交战二十五次，在狄青率领下，竟然打死西夏军一万多人。宋仁宗愁眉不展之际，忽然冒出个狄青来，打一仗赢一仗，把宋仁宗高兴坏了。而且，无论是前线的战士，还是边关的老百姓，都纷纷传说狄青是真武大帝下凡，是来帮助大宋帝国的。

兴奋之余，宋仁宗想亲自见一见这个狄青。虽然狄青原来做禁军的时候就在汴京，但当时他不过是一个大头兵，做了十年禁军兵士，宋仁宗也不知道他是谁。宋仁宗让狄青进京，岂料，狄青刚要奉旨入京，西夏军队又来进攻。作为大将,狄青根本就走不开。宋仁宗想要见一下狄青的愿望更加强烈。没办法,他就派出一个丹青好手,到宋夏边境的西北地区,给狄青画了一幅画像,带回来给仁宗皇帝看。这位狄将军相貌堂堂,一表人才,仁宗皇帝看了画像非常高兴,天天把它挂在宫内,和大臣们赞不绝口,说狄青是大宋的战神。

宋夏战争结束后,狄青的地位也越来越高,成了宋军中的高级将领。

后来,宋朝的两广地区出事了。广西有一个叫侬智高的地方首领发动叛乱,把当地的宋军打得大败。仁宗皇帝派出了几个文臣领兵去讨伐,结果都输得一塌糊涂。侬智高本来只有几千人马,结果越打越壮大,建立了"大南国",占领了两广地区许多州郡。宋仁宗忧虑之际,又是狄青挺身而出,他自告奋勇,请求率领军队到两广地区去平叛。狄青到了广西,恩威计策并施,三下五除二,很快就把叛乱给彻底平定了。

宋仁宗得知狄青大军胜利的消息,非常开心。于是他就决定给狄青升官,让他做枢密使。但是,在宋朝重文轻武的大背景下,让一个将军和士兵出身的人当枢密使,那些文臣们就觉得非常不稳妥。在宋朝,一直都是文臣来做枢密使,偶尔有个武人出身的人来当枢密使,即便是太祖、太宗时代功臣出身的世家子弟,也都做不长久。如今,仁宗皇帝想提拔狄青做枢密使,文臣集团就拼命地上疏给宋仁宗提意见。宋仁宗向来都能悉心听取大臣们的意见,不坚持己见。但是,狄青是宋仁宗非常青睐的人,他把宰相叫来,声色俱厉,表示自己这次要乾纲独断。宰臣们一看,皇帝真生气了,就妥协了。狄青做了枢密使。

在宋朝,文人集团占据官僚的核心位置,当武将是非常憋屈的。宋朝的文人看不起武将,在任何场合都刻意压抑武官大将。狄青有个叫焦用的老战友,他是一员猛将,曾经和狄青一起浴血奋战,和西夏军队打过多场硬仗。后来,狄青升官当了定州总管,他的顶头上司是大名鼎鼎的北宋名臣韩琦。韩琦是进士出身,文功武治,非常厉害。但在和西夏打仗的过程中,特别是初始阶段,韩琦也打了不少败仗。虽然作为军事领导韩琦不怎么在行,但治起军人和军将,韩琦一点都不手软。有一天,狄青的这个老战友焦用带了一批士兵到前线换防,经过狄青的防区,两位战友重逢,分外喜悦,狄青就把老战友焦用留下来喝酒叙旧。结果,焦用手下有个兵士,事前因为受过处罚,心怀怨恨,就把焦用与狄青喝酒的事情向狄青的顶头上司韩琦告发了,说焦用克扣士兵粮草。别看韩琦是个文臣,但行事严整,特别是在军中,他从严整治军纪。韩琦马上下令从狄青那里直接把焦用抓了起来。狄青定下心神之后,硬着头皮到了韩琦的军门,希望韩琦给自己面子，放过焦用。但作为文人统帅，韩琦只让狄青在军门前站着，根本就不搭理他，依旧在帐内审问焦用。狄青在军门外面大喊"焦用好男儿，有军功于大宋"。岂料，韩琦冷笑高声回道："东华门外以状元唱出者，乃好男儿，此辈军将，岂得为好男儿！"意思是说能够在京城考上状元被唱名的，才是真正好男儿，焦用这样的军士，怎么算得上好男儿！为了杀灭军将的威风，韩琦对待焦用，竟然"立青而面诛之"，就是当着狄青的面，让狄青直直愣愣地站在现场，然后下令把焦用斩首。作为宋朝高级将领的狄青，招待了老朋友、老战友一顿酒饭，而后就眼睁睁地看着焦用当着自己的面被斩杀。韩琦等人都离开好久，他还站在那里发呆。这事儿按照我们今天听惯了评书的观众那种思维，就觉得韩琦好坏啊，为了展现自己的权威，竟然对战功卓著的将军下此毒手。其实，因为宋朝之前的五代乱世，军将太骄横了，所以到了宋朝才矫枉过正，文臣对手下的武将从来不会手软。

宋仁宗嘉祐元年（公元1056年）夏天，宋朝的首都东京汴梁下大雨，暴雨连绵，都城发了水灾。中国古代人非常迷信，宋朝人也如此，只要有天灾，朝廷大臣们就会想天灾是否与朝政有关联。经过仔细推论，大臣们最终认定此次水灾和当时朝廷的执政有关联，是上天示警。

于是，当时的宰执大臣欧阳修就向仁宗皇帝上了两道奏章。第一道叫《论水灾状》，第二道叫《再论水灾状》。在这两篇奏疏之中，欧阳修说，眼下这个大水灾，是和我们的执政方针有关联的，是上天来警告我们君臣的。第一，欧阳修提醒仁宗皇帝，您在位这么多年了一直没有子嗣，为了大宋的国体，您应该赶紧立皇储，最好在子侄辈的赵姓宗室中找出一个人来当太子。第二，上天降暴雨示警，显然也因为朝中缺贤能之人。于是欧阳修把他新近看好的王安石、吕公著等人推荐给仁宗皇帝。吕公著是先前和欧阳修有过节儿的老宰相吕夷简的儿子。第三，建议仁宗皇帝马上罢免枢密使狄青的职务。

范仲淹曾经好长时间在西北经营对西夏的战事，而且一直对狄青非常赏识，还曾经送给狄青《春秋左氏传》。当时他告诉狄青说，自古以来为将者若不知古今通变之事，不懂得历史，就是逞匹夫之勇，你必须学文化读史书。狄青为此发愤读书，遍览秦汉以来古今名将的兵法战略，最终成为一名智勇双全的宋朝大将。

不仅仁宗皇帝一直看好狄青，连欧阳修也算是狄青的伯乐。然而，如今闹了一场大水灾，欧阳修怎么忽然把狄青和水灾联系起来了呢？其实，在狄青被仁宗皇帝强行任命为枢密使三年之后，欧阳修就曾经向宋仁宗上了一道奏章，题目是《论狄青札子》。欧阳修在这份奏疏中迎头就说："臣闻人臣之能尽忠者，不敢避难言之事；人主之善驭下者，常欲闻难言之言。"陛下您作为圣君，就要听听我这个忠臣的话……

臣窃见枢密使狄青，出自行伍，号为武勇，自用兵陕右，已著名声，及捕贼广西，又薄立劳效。自其初掌机密，进列大臣，当时言事者已为不便。今三四年间，虽未见其显过，然而不幸有得军情之名。推其所因，盖由军士本是小人，面有黥文，乐其同类，见其进用，自言我辈之内出得此人，既以为荣，遂相悦慕。加之青之事艺实过于人，比其辈流又粗有见识，是以军士心共服其材能。国家从前难得将帅，经略招讨常用文臣，或不知军情，或不闲训练。自青为将领，既能自以勇力服人，又知训练之方，颇以恩信抚士。以臣愚见，如青所为，尚未得古之名将一二。但今之士卒不惯见如此等事，便谓须是我同类中人，乃能知我军情而以恩信抚我。青之恩信亦岂能遍及于人，但小人易为扇诱，所谓一犬吠形，百犬吠声，遂皆翕然，喜共称说。且武臣掌机密而得军情，不唯于国家不便，亦于其身未必不为害。然则青之流言，军士所喜，亦其不得已而势使之然也。

臣谓青不得已而为人所喜，亦将不得已为人所祸者矣。为青计者，宜自退避事权，以止浮议，而青本武人，不知进退。近日以来,讻言益甚,或言其身应图谶,或言其宅有火光,道路传说以为常谈矣,而惟陛下犹未闻也。且唐之朱泚,本非反者,仓促之际,为军士所迫尔。大抵小人不能成事而能为患者多矣,泚虽自取族灭,然为德宗之患,亦岂小哉?夫小人陷于大恶,未必皆其本心所为,直由渐积以至蹉跌,而时君不能制患于未萌尔。故臣敢昧死而言人之所难言者,惟愿陛下早闻而省察之耳……

欧阳修这份奏章说,狄青出身行伍,在西北和广西都打了几次大仗,声名卓著,位至枢密使,有不少人认为他不合适担任这个职务。干了三四年之后,当然也没什么大错,但不幸的是他越来越有知晓军事的大名。究其缘由,就在于狄青出身确实很低微,他突然发达,就会使得那些跟他一样出身的军士们非常仰慕他;他又善于以恩信招抚军队上下,所以他军中那些同辈们就会有样学样,互相夸耀说我们这样的人都可以拿狄青作榜样,日后建功立业。所以,狄青这样的武将掌握国家最高机密,不仅对国家不利,对他自身也没什么好处。但坊间对于狄青那些赞誉,确实是军中将士自发的,是时势使然,不是狄青操弄的。

欧阳修还很形象地举了个例子:一犬吠形,百犬吠声,就是说一条狗叫的时候,它是发现有情况了才叫,可是如果有一百条狗都在叫,那是因为听到了这条狗在叫。什么意思呢?就是说从北宋建国到现在,还没有一个士兵出身的军人能够做到枢密使的位置,别的军中士兵看他混得这么好,肯定就会仿效,而这种仿效,逐渐就会成为军中的一种气候,而后天下的军人都会追求狄青这样的政治地位。

欧阳修表示说,这种情况发展下去,对国家没好处,对狄青本人也没好处。因为狄青自己不得已被军士们推举,想必他本人原本不想引起别人的注意。但是,狄青毕竟是武将出身,不知进退,自己也不知道主动辞去这么敏感的职位,依旧在那里做着这个官职。而且,传言越来越多,有的说他名应图谶,有的说他家宅中红光发散,这些有关他的传言满大街都是,可怕的是陛下您却从来没有得到过这样的消息和传闻。

欧阳修又以唐代一个节度使朱泚说事儿。说这个节度使在唐德宗时期发生叛乱,起先开始的时候完全不是他本人所愿,是被乱兵所裹挟才被迫上的贼船。这就是小人为恶虽然往往不成气候,但最终会对国家造成伤害。朱泚当时也是自取族灭,但差点要了唐德宗的性命,为患不浅,这也是因为唐德宗没能防患于未然……

欧阳修这话有道理吗?确实也有道理。唐末五代时期,无论是藩镇头目还是大将,被手下士兵以拥立为名造反起兵的事情数不胜数,就连赵匡胤也号称是被迫黄袍加身,所以,宋朝自建立以来,对武将的警惕和猜防就从来没有停止过。

那么,宋仁宗信任狄青吗?仁宗皇帝对于狄青是百分百地信任。《宋史·狄青传》记载,每次狄青要出发之前,宋仁宗都当众表示说:"青有威名,贼当畏其来。左右使令,非青亲信者不可;虽饮食卧起,皆宜防窃发。"不仅这样说,他还不断派出使臣去提醒狄青。每当听说狄青率领军队打了大胜仗,他就会催促宰相班子:"速速议赏,如果犒赏迟了就没什么意思了。"

仁宗皇帝不仅仅信任狄青,而且和狄青的私人关系还特别好。狄青是从小兵干到枢密使的。当时宋朝的职业军人,脸上都有刺青,这倒不是《水浒传》中所谓犯罪的配军才有的刺青,而是类似军队士兵编号的那种刺字,就是刺刻在脸上的兵士记号,目的在于防止士兵临阵脱逃。狄青脸上一直有这个刺青,当了枢密使之后,仁宗皇帝就当面对狄青说,现在你都做到这么大的官职了,朕赐给你一些药水吧,你天天涂抹一下,慢慢就会把刺青消掉。狄青却摇头表示不同意:陛下您能够以功勋破格提拔我,所以我才有今天。我要永远留着它,这样我总能想起皇上对我的恩典,也能够激励其他将士以此为榜样,为国尽忠!

显然，狄青和仁宗皇帝本人的关系铁得很。而且，他是对大宋帝国绝对忠诚的那种人。

所以，宋朝文臣对于狄青的疑惑，和嫉妒无关，更和皇帝的猜忌无关，而是和宋朝的祖宗家法有关。我们都知道，当年宋太祖不厚道，作为周世宗柴荣手下一员大将，作为后周的殿前都指挥使，在周世宗死后，欺负人家寡妇与孤儿，陈桥兵变，黄袍加身，自己做皇帝了。所以，无论是赵匡胤还是赵光义，最防范的就是武臣和大将。而且，赵匡胤坐稳帝座之后，他连殿前都指挥使的官职都取消了，接下来"杯酒释兵权"，逐渐在大宋帝国形成了重文轻武的制度和规矩。

那么，欧阳修这份密折中提及的狄青家宅中冒出火光的事情，又是怎么一回事呢？

原来，狄青做了高官之后很有些迷信，想起自己早年在战场上杀人太多，就常常请道士到自己家里起坛禳祭，大烧纸钱，想要为自己的杀戮赎罪，顺便超度那些死去的孤魂野鬼。不巧的是，几次禳祭都是在半夜进行的，纸钱大概弄多了，烧得火光冲天，于是人们纷纷传说狄青府上有异光出现，这预示着他有朝一日要当皇帝。宋人笔记《东轩笔录》第十卷的记载是这样的："京师火禁甚严，将夜分，即灭烛。故士庶家凡有醮祭者，必先关白厢使，以其焚楮币在中夕之后也。至和、嘉祐之间，狄武襄为枢密使，一夕夜醮，而勾当人偶失告报厢使,中夕骤有火光,探子驰白厢主,又报开封知府,比厢主判府到宅,则火灭久矣。翌日,都下盛传狄枢密家夜有光怪烛天者……"北宋时期的开封住宅稠密,经常有火灾发生。所以,开封府一直颁布禁令,严禁半夜灯火,官民人等如果要在夜里烧纸钱,必须提前向有关部门提出报备申请。而狄青半夜烧纸钱,他的家人和属下又忘记提前申请,等于违反了开封府的禁令。开封府巡夜士兵瞧见火光,不敢怠慢,马上紧急禀报上司,结果派人到狄青府上一探究竟,烧的火已经熄灭。当时众人不知狄青在烧纸钱,忽然看见他的府中火光光耀天地,转天就谣言四起……先前五代乱世后梁的第一个皇帝朱温在当皇帝之前,他的府中也发生过这么一件事,就是一天夜里朱温家里火光冲天,结果大家去救火,啥事儿没有,不久这个朱温就变成朱皇帝了,而后天下开始大乱……

趁着开封城闹大水,欧阳修在给宋仁宗的《论水灾状》里面,借用儒家"天人感应"的学说,论述说:"水者,阴也,兵亦阴也,武臣亦阴也。"——无论是水灾还是大将狄青,在上天看来他们都属于阴性的。所以,这次大灾就是上天在向我们大宋示警,是一个不好的征兆。

当时的宰相叫文彦博,也是一个大文豪,他和欧阳修一样,不停劝宋仁宗把狄青从枢密使这个位置弄下去外放。仁宗皇帝很为难，就和文彦博说，狄青绝对是我大宋的忠臣啊！岂料，文彦博说：当年太祖皇帝，难道不是周世宗的忠臣吗？这句话，一下子把宋仁宗驳得哑口无言。诏令传到狄青那里，他也知道这只是宰相们的意思，就找文彦博理论，说凭什么把我外放为官啊，我也没犯什么错啊。

文彦博只对狄青说了六个字："无他，朝廷疑尔！"

这下没的说了，狄青只能接受诏令，戴着一顶"同中书门下平章事"的荣衔，离京出任陈州知州去了。到了陈州之后，朝廷依然不放心他，每月两次都有宦官去"探望"他，实际上就是观察他的变化。转年，狄青就在抑郁当中病死，时年才五十岁。

狄青是怎么死的呢？《宋史》中的记述很简单："疽发髭，卒。"这么一个威风八面的大将，就这样窝窝囊囊地死了。细细深究，狄青之死其实不只是他一个人的悲剧，也是日后两宋王朝覆灭的根由。

9. 过渡龙套宋英宗

宋仁宗仁慈宽厚，但似乎上天对如此仁慈宽厚的皇帝一点都不公平——作为两宋在位时间最长的皇帝，他的后宫嫔妃也不少，但生前一直面临无子继位的尴尬局面。

其实，宋仁宗的艰难处境不是个例，他的父亲宋真宗，开始的时候也面临相同的境遇。宋真宗咸平六年（公元1003年），真宗皇帝的第二个儿子、时年十岁的赵祐夭亡。得知这个消息之后，宋真宗基本上已精神崩溃。这已经是他夭折的第五个儿子了，也是当时他仅存的一个儿子。宋真宗当时虽然只有三十几岁，但自己五个儿子一个接一个地夭折，确实让他心如刀割。不仅他难受，真宗皇帝的大臣们也难受，如果皇帝绝后，大宋帝国的继承人就成了大问题。于是，群臣纷纷上疏，以稳固国本为由，奏请真宗皇帝赶紧过继宗室之子以备后患。要知道，古代人和当代人不一样，古人三四十岁就有了暮年之感，或许哪天得个什么病就撒手西去了。宋真宗还算是明白人，在群臣们的刺激和推动下，他就决定把自己四弟赵元份的第三个儿子赵允让接入宫内来抚养，给自己做儿子，以备非常。当时，赵允让才八岁。不料想，赵允让入宫七年之后，真宗皇帝的后妃竟然生出来一个儿子，当时叫赵受益，也就是后来的宋仁宗赵祯。

既然如今有了自己的亲儿子，那先前带到宫里的赵允让自然就没有了用处，于是，做了七年皇太子备胎的赵允让立刻被打发出宫。作为补偿，真宗皇帝下诏，授予侄子赵允让卫州刺史之职。本来是准皇帝，是皇太子，如今变成了刺史，确实挺窝心的。但是，这个赵允让还挺看得开，性格也好，觉得从皇宫里面出来还挺自由，又是宗室贵族，于是开始及时行乐，娶了不少美人回家，竟然还一口气生了二十二个儿子，这还不算他的妃妾所生的女儿人数，一跃成为赵姓宗室皇室子女人数最多的成员。福兮祸兮，这也为后来他的儿子再次被选为皇储备胎打下了坚实的基础。

赵允让这位宗室贵族快活无比，而先前挤掉他备胎位置登上大位的堂弟宋仁宗赵祯运气就不好了。宋仁宗和他父亲宋真宗前半辈子的命运差不多，缺乏男丁，子嗣艰难，宫内的嫔妃们虽然给他生了三子十三女，但最终只有四个女儿存活，其余子女都是早夭。

没有办法，在大臣们的强烈建议下，宋仁宗于景祐二年（公元1035年），也就是他二十五岁的时候，从当年那个差点代替自己即位的堂哥家中又选出了一个男孩，也就是赵允让的第十三子、时年才三岁的赵宗实入宫抚养。可以想见，当赵允让眼看着自己的儿子上车入宫时，他肯定感慨万千，遥想当年，他自己八岁的时候，也是被父亲扶着登上了宫内的马车。历史总是惊人地相似，也有惊人的不相似。四年之后，七岁的赵宗实果然重复了父亲赵允让的命运。仁宗皇帝的儿子豫王赵昕出生。当时，宋仁宗感慨无限，感谢上天开眼，于是，他就像昔日他老爹真宗皇帝所做的那样，马上把自己的侄子赵宗实送回他亲爹赵允让身边。不料想，老天把眼又闭上了，过了四年，仁宗皇帝的小儿子豫王赵昕也早夭。悲痛之余，群臣强烈建议再度宣诏赵宗实入宫，仁宗皇帝这次坚决予以拒绝，他认为自己身体好，年纪不大，应该可以再接再厉生出儿子来。可惜，又过了十五年的光阴，仁宗皇帝还是没有生出儿子。

随着宋仁宗年龄的增加，他自己没有后嗣的现状使得他越来越尴尬，而朝臣们对先前皇子赵宗实的呼声也越来越高。这个消息，不仅让宋仁宗很难受，也让赵宗实很难受，他甚至感到煎熬和焦虑。任谁都能想到，他自己这个过去的皇储的身份，在许多时刻肯定要遭猜忌。作为一个备胎，赵宗实太难了，他要时时刻刻地保持低调和警惕，生怕自己哪点做错会遭受伯父仁宗皇帝的猜忌。赵宗实这二十来年，从三岁离开生身父母到皇宫内院，他一直处于极度压抑的状态，可以说每一天都是战战兢兢地活着。

嘉祐三年（公元1058年），当时四十九岁的宋仁宗已经是白发苍苍。这时候，群臣们再也按捺不住，要宋仁宗尽快迎立宗室男性做皇太子。岂料，后宫忽然传来喜讯，御医说仁宗皇帝有一名嫔妃怀孕了。听到这个消息，宋仁宗喜极而泣，大臣们也重重叹了一口气，大家伙儿重燃帝国储君的希望。可是，十个月后，那位怀孕的嫔妃，生下的竟然是一位公主。至此，仁宗皇帝完全绝望了。嘉祐七年（公元1062

年），仁宗皇帝终于下诏，再次迎侄子赵宗实入宫，改名赵曙，立为储君。半年之后，仁宗皇帝驾崩，他的曹皇后发布遗诏，诏令赵曙继承皇位，这就是宋英宗。

历经了父子两代人，在皇太子这个位置上陪跑了五十九年，被追谥为濮安懿王的赵允让这一脉，父子二人的结局完全不一样。赵允让的儿子终于结束皇储备胎生涯，一下子转正当了真皇帝。因此，当宋仁宗驾崩之后，突然之间继位成真的赵宗实竟会在灵柩前发病狂呼，以至于好长时间之内都不能理政，只能由曹太后垂帘听政。直到一年后，宋英宗的病情才逐渐好转起来，才真正坐殿亲政。

曹太后是宋王朝第二个实行垂帘听政的皇太后，前朝的刘太后曾经把持朝政长达十二年，如今的朝野上下，尤其是那些文臣士大夫，都不希望出现第二个刘太后。于是，欧阳修和韩琦等人软硬兼施，又是劝解又是吓唬，最终迫使曹太后放弃了废帝的想法。同时，他们两人又在宋英宗处于清醒状态的时候，劝这位皇帝说，古来帝王最大的美德就是孝顺，陛下您越拿曹太后当亲妈，您越孝顺她，对您越有好处。

宋英宗从即位到去世大约四年的时间内，都在为追封自己亲生父亲的事情忙碌着。按照当时宗室亲疏来算，赵曙与仁宗皇帝的关系并不是最亲密的，他最终能够被立为皇帝，确实要感谢几个人。最主要的是要感谢宋仁宗的最终定议，因为皇位由谁来继承肯定还是掌握在宋仁宗手上。而宋仁宗做决定也要参考其他人士的意见：一是宰相等朝廷大臣，就是当时的宰臣韩琦；另外一个是出自后宫的皇后。当初赵曙入宫后，他的名义抚养人是曹皇后。所以，宰相韩琦和皇后曹氏，是赵曙能够成为皇帝的最大推手。

赵曙即位后，因为一直以来的精神高压忽然释放，竟然犯了精神病，一时间不能亲自理政。为此，曹太后在宰臣的劝说下暂时在偏殿垂帘听政。不久，由于有宦官在曹太后面前拨弄她和皇帝之间的是非，宋英宗和曹太后关系就闹僵了。最终，在韩琦、欧阳修、司马光等大臣的反复劝解下，这对母子的紧张关系才得到了缓和。即便如此，当时的曹太后仍旧以皇帝多病为由，自己掌握着象征皇权的玉玺，没有真正归政给宋英宗。

宋英宗就和宰相韩琦密谋，商量如何才能夺回属于自己的皇权。想到当时的玉玺一直掌握在曹太后手中，英宗皇帝和韩琦就先施一计。当时，韩琦找到曹太后，说天下久旱不雨，皇帝陛下心中担忧，想亲自到郊外太乙宫祈雨。祈雨仪式中要向神灵上表，必须使用玉玺加盖。曹太后想到自己因为身体原因不能前去祈雨，就把玉玺交给了韩琦。不料，祈雨仪式结束后，宋英宗君臣竟然扣下玉玺，没有还给曹太后。

北宋《大驾卤簿图卷》局部,描绘宋朝皇帝前往南郊祭祀天地的仪仗队伍

曹太后非常恼火,命人传召宰相韩琦,质问这到底是怎么一回事。韩琦进宫之后,不慌不忙,大谈宋英宗即位以来是如何地圣德完备。他还说,皇帝这次亲自祈雨,整个京城百姓都有幸能够瞻仰龙颜,人人鼓舞。韩琦接着说,治理天下的事务太繁重,我们这些做臣子的都来烦扰太后,实在于心不忍。曹太后依旧十分生气,说:"当初不是韩相公您多次要求我参与国政吗?现在竟然又说这样的话来骗我!"确实,当初正是韩琦担心有别有用心的赵姓宗室子弟觊觎皇位,才力邀曹太后垂帘听政,目的就是抬出曹太后压住阵脚。如今,英宗皇帝的帝位已经坐稳,所以就不再需要曹太后了,毕竟在封建时代,女人干政,说出去不好听。韩琦也不顾曹太后当时的不满情绪,马上对外宣布"太后已经同意撤帘"。说着话,他就命令宫内的宦官上前撤掉帘幕。曹太后无可奈何,

只能起身回宫。

为了进一步提高自己对宋朝朝政的操控权，在与韩琦等人商议之后，宋英宗就指使心腹大臣提议，在朝廷中公开讨论如何给他自己的生父濮王赵允让加尊号。此议一出，天下骚动。

10."濮议事件"无疾终

为了更加巩固自己皇权的合法性，加强自己的统治力量，宋英宗准备给自己的生身父亲、先前从来没当过皇帝的濮王赵允让加尊号。北宋王朝的许多大臣为此打得焦头烂额。

宋英宗之所以如此热衷这件事情，不仅是要为他自己过继为储君正名，还想通过册封自己生身父亲为皇来架空曹太后的合法母后地位。从即位到去世，前后三年多的时间，宋英宗一直在为追封父亲的事情忙碌着，史称这一事件为"濮议事件"。

这时候，那些亲附宋英宗的大臣都纷纷表示说，濮王作为天子的生父，当然有资格册封为"皇"。同时，另一些谨守礼法的守旧大臣却极力反对。他们认为，宋英宗既然以宋仁宗养子身份继承大统，自然是要奉仁宗皇帝为尊亲，对待自己的生父只能称呼为"伯父"。根据古礼，反对册封濮王的一方更符合古代的继承礼法。

以韩琦、欧阳修为首的宰执们认为，濮王赵允让既然是英宗的生身父亲，从血缘、亲情上来讲，英宗皇帝理应称其为皇考。但以司马光、王珪为首的两制官员则认为，在宋朝，濮王是王爷，仁宗皇帝才是先皇，从大宗概念上来看，如今宋英宗继承的是宋仁宗的位置，顶的是宋仁宗儿子的名号，濮王只能被当作英宗皇帝的大伯，因此英宗理应称濮王为皇伯考。这时候，英宗皇帝心里面非常别扭。现在自己是皇帝，大家也都知道自己的生父是濮王，但是却让自己别扭地叫仁宗皇帝父亲，而管亲爹称大伯，这让他很难接受。

宋英宗和韩琦也知道，这个时候，只要当朝的曹太后公开认可加封濮王为"皇"，朝中就没人敢提出异议了。但是，曹太后是"濮议事件"最大的反对者。这位曹太后也是一个苦命人，作为宋朝开国元勋曹彬的亲孙女，她从仁宗皇帝时期开始受冷落，一直到如今的英宗皇帝时代，就没有享过一天的福。如今英宗皇帝君臣提出了"濮议事件"，在曹太后眼里，这位自己先前推拥的年轻皇帝更是一个不孝的白眼狼，如果英宗认了生父濮王赵允让做父亲，那当朝太后该怎么摆，该怎么论关系？因此，曹太后命令官员起草诏书，严厉斥责韩琦等宰执，坚决反对英宗称濮王为皇考。

既然宰辅和两制官员争论不休，宋英宗就决定把这事儿拿到朝堂上，让大家一起公开讨论。但宰辅们得知皇帝如此处理，心里全都凉了。因为对于外面朝堂上的官员们，韩琦等人太了解了，个个都不是省油的灯。

结果，恰如韩琦等人所料，得知皇帝要认爹，百官们顿时像炸开了锅，不少人骨鲠力争。特别是其间的一个非常特殊的团体，就是那些官小权大的台谏官员，一个个挺身而出，和韩琦等宰辅们开撕，同时和英宗皇帝针锋相对。

侍御史知杂事吕诲，侍御史范纯仁、吕大防等人纷纷联名上奏，指责韩琦、欧阳修等人为了取悦皇上而"首开邪议"。同时，他们在奏疏中对韩琦、欧阳修进行人身攻击，把这些人归类为狐媚惑主的"小人"。

面对这些质疑和谩骂，韩琦、欧阳修等执政大臣辩解，认为皇帝应该称他自己的亲爸为皇考。特别是欧阳修，在这些大臣里头学问最大。他说，所生、所后皆称父母，而古今典礼，皆无改称皇伯之先例。皇上就应该称他自己亲爸为皇考。

反对派也不是吃素的，首先站出来坚决反对的，是著名的史学家司马光。他也引经据典说："为人后者为之子，不得顾私亲。"他还说："天地大义，生人大伦。苟乱大伦，人理灭矣。国无二君，家无二尊。"既然皇帝陛下您现在已经过继给仁宗皇帝，直接继承了国家大统，您就不能再顾私亲了，就不能老想着自己的血缘关系了，国家大事在这个关头和血

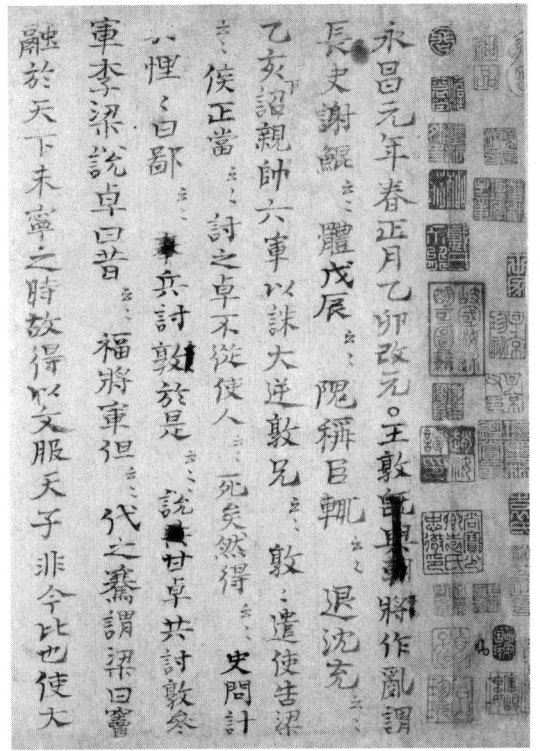
司马光《资治通鉴》手稿残卷（局部） 中国国家图书馆藏

缘没关系。国无二君，家无二尊，一个国家怎么能有两个国君呢？家里边又怎么能有两个父亲呢？所以，既然陛下您先前已经做了仁宗皇帝的太子，现在做了皇帝，就应该尊仁宗皇帝为皇考。

结果，韩琦、欧阳修等宰执派和司马光等谏官派把他们的结论一公布，出乎意料，朝廷大臣中支持司马光一派的人非常多，主张皇帝管他亲爹濮王为"皇伯"。同时，司马光等人又把韩琦大骂了一顿，说他"自恃勋劳，日益专恣，广布朋党，隳紊法度……致两宫之猜嫌，贾天下之怨怒，谤归于上"（《续资治通鉴长编》）。就是指斥韩琦等人自恃有拥立皇帝登基的大功劳，目无法纪，专权擅政，违法乱纪，混乱伦常，广树朋党，造成皇帝、太后两个人失和，还使得天下百姓都归怨于皇上。

看到时局如此难以收拾，宋英宗只得服软，每天都去向曹太后请安，充当孝子，向曹太后示好。虽然曹太后对这个嗣子皇帝心中不满，认为他是一个白眼狼，但曹太后也不想公开和皇帝以及他手下的宰执大臣们撕破脸皮。有一天，宋英宗邀请曹太后到天章阁观赏桃花。高兴之余，母子二人共同用膳。互相冷战了这么久，难得母子二人有这么个喝酒的机会。于是，在酒席上，宋英宗不断向母后敬酒，好话祝福话说了一大堆。为此，曹太后多少有些感动，就勉强多喝了几杯。几杯好酒下肚，曹太后很快就迷迷糊糊了。正当太后宫内的侍从要把曹太后扶回寝宫安歇时，宋英宗赶忙递过一纸诏书，说有个诏书希望母后也能够签字批准。这份诏书，就是韩琦和宋英宗等人事先准备好的、以曹太后名义同意追封濮王为"皇"的诏令。当时，已经醉意十足的曹太后不疑有他，接过笔来随手就签署了。曹太后醉了，宋英宗却清醒着呢，他急忙命人把曹太后亲笔签署的诏令发给中书省，向百官宣示诏书内容。许多大臣惊得哑口无言。

按理说，太后已经表态了，韩琦、宋英宗等人都以为事情已经成功，朝中官员也不能怎么样了。岂料，第二天曹太后酒醒，得知自己昨晚被灌醉，所签署的就是承认追赠濮王为当今皇帝"皇考"的诏书时，怒不可遏。她马上找来宰臣人等，表示这道诏令是在自己酒醉之后受人欺瞒签下的，自己根本不认可。

司马光等台谏官员以及许多京城的老百姓听说当今皇帝竟然用这等下三烂手段欺骗曹太后，也都表示非常愤怒。司马光等人公开表示说，肯定是皇帝等人把太后给灌醉了，然后让人抓着她的手在诏书上面画了押，要么就是韩琦等宰执大臣把太后身边的几个宦官买通了，偷偷地欺骗曹太后才弄得了那个花押。无论如何，都是使用了下三烂手段。他们决定集体辞职，公开对皇帝和宰执表示强烈的抗议。

众怒难犯，就连宋英宗和宰执官员的那些追随者也觉得脸上无光。反对追封濮王为皇考的奏章雪片一般飞到宋英宗的案前。英宗皇帝不得不收回成命。在宋英宗追封生父为"皇"的诏令颁布二十二天之后，他又颁布诏书，宣布废除自己的前道诏令。由此，一场持续了十八个月的"濮议之争"最终得以暂时平息。

一直等到宋英宗重病在床，眼看不治，曹太后为了缓和彼此关系，才表态同意追封濮王为"皇"。但等到英宗皇帝病逝之后，濮议之事，最终不了了之。

宋英宗在位不足四年就病逝，其子宋神宗即位，并尊曹太后为太皇太后，还把太皇太后住的宫殿命名为庆寿宫。宋神宗对太皇太后很孝顺，每次出去登山游玩他都会亲手搀扶着祖母。

曹氏虽然命运多舛，但她在宋代确实是一位贤德的皇后。

仁宗皇帝时代，发生过坤宁宫之变。庆历八年（公元1048年）正月元宵节，宫内几个卫士作乱，这些人乘着夜间穿房越舍，朝着仁宗皇帝的寝室冲过去。曹氏临危不惧，马上让人关闭殿门，还派人急忙呼唤都知王守忠带兵入宫平乱。除此之外，无论是在英宗朝还是神宗朝，曹氏一直恪守妇道，从来没有放纵自己娘家的曹姓外戚干政专权。

起初，王安石当政的时候，变革了旧的典章制度，曹氏曾对神宗皇帝说祖宗留下来的法律制度不应该轻易改动。熙宁年间，祭祀太庙的前几天，神宗皇帝来曹氏的住所。曹氏说："以前每当我听说老百姓有什么苦处，一定要告诉仁宗皇帝，仁宗皇帝就推行减租政策，现在也还是应该这样。"神宗皇帝说："现在没有什么事。"曹皇后说："我听说老百姓对于青苗法、助役法叫苦不迭，这两种法令应当停止实行。"神宗皇帝听了很吃惊，几乎已经准备停止施行这些法令，但还是被王安石影响了，这件事无果而终。

后来，神宗皇帝好大喜功，想出兵燕蓟收复故土，已经是太皇太后的曹氏还劝他说："此事关系重大，收复燕蓟，不过是你作为皇帝南面受到朝贺而已，万一失败，生灵涂炭，悔之无及！如是燕蓟之地能轻易取之，那么先前的太祖、太宗两位皇帝早就收复了，哪里会等到今日。"

11. 神宗起用王安石大行"新法"

英宗皇帝在位不足四年即病死，其长子颍王赵顼继位，是为宋神宗。此时，宋朝的国力已大不如前，方方面面都呈江河日下之态。

由于宋朝对"士人"太好，"恩赏"太厚，整个官僚机构臃肿得不行。宋朝帝王比较"厚道"，从来不想怎么"消肿"，总是慷慨地赠予大臣金银珠宝。到宋真宗咸平年间，天下"冗吏"多达十九万五千余人。而且，那些带有"使相节度"荣衔的大官，光薪俸支出就大得惊人。以三班院为例（供奉官、左殿直、右殿直），宋初只有官吏僚员三百人，宋真宗时已有四千多人，宋仁宗时人数已经过万。

宋仁宗统治时代，开科取士，进士加诸科就近一万人。

宋人科举考试图

这一万人看似数字不大,但都是官员之选,而宋朝一般官员的薪俸都可让诸朝士人眼红。不仅如此,还有那些皇族、外戚、功臣等的后代。在"恩荫法"的庇佑下,一大群人生下来就有"级别",有"级别"就要有俸禄。这些人有钱有闲有精神,更有时间"制造"人,子孙呈几何级数上升。宋仁宗自己生不出儿子,皇亲国戚们的生殖力却一个胜过一个。

皇帝即使驾崩,也要"遗赐大臣各值百余万","厚道"

得太过分。宋代文臣武将，生活极其优裕，只要不犯"谋逆"等重罪，干出多大的坏事，最重的处罚也只是贬谪至偏僻地方做小官，"过海"和"过岭"几乎就是最重的责罚。"过海"指被罚至海南，"过岭"指被罚过梅岭到岭南。制度如此宽容，知识分子们又爱风花雪月，而风花雪月又特别费钱。

北宋历史上以正直著称的名臣，也都是"豪侈"的主儿。寇准在家，天天在庭院燃巨烛，夜晚耀如白昼，座上客常满，樽中酒不空。吕蒙正是酷嗜"鸡舌汤"的大美食家，每餐必喝此汤，当然不是冰冻鸡舌，吕家厨房一天要杀成百只鸡，才能供吕宰相一汤之用。大文士宋祁夜夜拥歌妓饮美酒，无日不醉。翰林学士蒲宗孟"性犹侈"，其家每天吃饭最少要十只猪十只羊，消耗三百支巨烛用以照明。就连洗脸洗脚洗屁股这样的小事，蒲夫子都有"小洗面、大洗面、小濯足、大濯足、小大澡浴之别，每用婢子数人，一浴至汤五斛。（其）他奉养率称是"，连苏东坡都写信劝他要"慈俭"。

上面举的还都是世人眼中的"好人"，有德有功的大臣。可以想见，贪官污吏的好日子，肯定会更加耸人听闻。

除支撑一个巨大的官僚机构外，北宋还要供养一支无比庞大的军队。宋太祖赵匡胤时，作为宋朝军队精锐的禁军，只有二十万人。宋太宗时，禁军已有三十五万人。宋真宗时，禁军达四十三万人。到了宋仁宗时期，禁军数目竟达八十三万人。所以,虽然《水浒传》的内容百分之九十为虚构,但豹子头林冲为"八十万禁军教头",绝非虚说。除此以外,加上厢兵等其他正规军和"后备役",仁宗皇帝时期宋朝有近一百三十万的兵要靠国家养活,政府岁入的五分之四都要做军费支出。

西夏战事一起,宋朝禁军虽多,但昔日的英雄们早已老死、病死,仁宗一朝的禁军大都是花架式,特别是京城禁兵,鲜衣骏马,只知领取俸禄,连出操等简单操练都罕有。更过分的是,这些人每月领俸粮,自己都扛不动,要雇挑夫帮他们扛。这样的士兵,派到西北与虎狼一般的党项人对阵,后果不言自明。

所以,到了宋英宗时代,宋太祖、宋太宗时期数目"骇人耳目"的封桩库、左藏库等昔日金帛山积的国库,完全空空如也,连耗子都不见一只。以宋英宗治平二年(公元1065年)为例,这一年宋朝岁入虽达一亿一千六百一十三万之巨,官费、军费等支出却达一亿二千零三十四万,已经是入不敷出了。

宋朝对盐、茶、矿产皆实行"官卖"的垄断制度,商税极高(有的在百分之五十以上),收入不可谓不厚。但开源而不节流,任凭哪个人当家做主也禁不住这么糟蹋,最终国力一步一步走向衰败。

自宋真宗开始，宋朝上层其实早已注意到日用渐亏的事实，不少大臣上书言事，提出各种各样的主张和方案。真宗朝王禹言"五事"；仁宗朝宋祁提出"三冗三费"问题；范仲淹"庆历新政"；文彦博要求"省兵"；甚至刚刚中进士不久才二十出头的王安石也上过"万言书"；司马光也上"三札"……他们大都是讲开源节流，减冗兵，裁冗吏，抑兼并，细理财，但起起落落，最终也没有收到任何明显的实效。

宋神宗继位没几天，向主管财政的三司使韩绛问起"国用"，才知道国库中什么都没有，"百年之积，惟存空簿"。血气方刚的神宗皇帝想富国强民打胜仗，一听没钱，立马泄气。所以，当时谁能给政府弄来白花花的银子，谁就会得到重用。而王安石由此登上了中国历史的大舞台。

王安石，临川人（今江西抚州），他年轻的时候，好读书，善属文，是个学问大家，这一点今人古人皆无异议。当时，"唐宋八大家"之一的曾巩阅读他的文章后很佩服，拿给大文学家欧阳修看，欧阳修到处赞誉他，擢王安石进士上第，授淮南判官。可见，曾巩、欧阳修两位大家，对王安石皆有荐拔之恩。

依宋朝官制，王安石干满判官一届，就可以上呈文表到京城求职。但王安石一反常态，不削尖脑袋往中央钻，反而

第三章　君臣共治

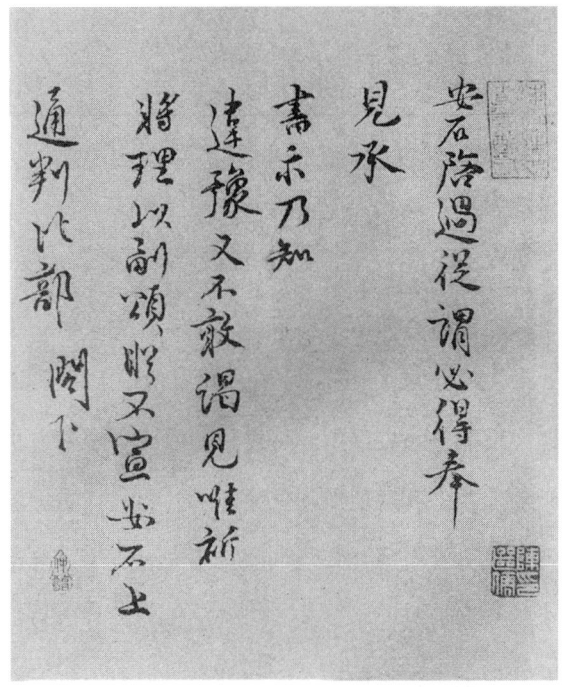

王安石真迹《致通判比部尺牍》　台北故宫博物院藏

去鄞县当知县。他兴修水利，为地方干了不少好事，广为人所赞。朝中大臣文彦博很欣赏王安石这种安于基层的作风，要把他破格调入中央，岂料被王安石拒绝了。欧阳修大异，深觉此种人才不可多得，就推荐他当谏官，王安石又以祖母年高为由推辞。

王安石安心基层，专心本职，又一心孝养，让欧阳修感动不已。欧阳修在朝中不停赞扬他，并要给他安排俸银丰厚的"群牧判官",王安石照样推却,只求外补。于是,朝廷委任他为常州知州。知州任上,王安石得与大儒周敦颐相知,声誉日隆。

宋仁宗嘉祐五年(公元 1060 年),王安石终于入京,为三司度支判官(主管财政的高级官员)。

王安石入朝的消息传来,闻者莫不喜悦,都以为是大能人来力挽狂澜。王安石上任伊始,便呈上《万言书》,其大意即"因天下之力以生天下之财,取天下之财以供天下之费"。时兮命兮,其时恰值宋仁宗末年,暮气已重,览而置之,没怎么拿王安石的建议当回事。历史、机遇、君臣际会,有时也只是因为某件不足为人道的小事而改变。根据宋朝当时文人笔记记载,宋仁宗是因一件小事而对王安石产生成见。一天,宋仁宗与诸大臣在御花园边赏花边钓鱼边宴饮,宦者们把鱼食用金碟装盛,各置于矮几之上,王安石竟把一大碟鱼食吃个精光。宋仁宗看在眼里,当时也没说什么。转天见辅臣,他讲出自己对王安石的看法:"王安石,乃一奸诈人也,假使他误食钓饵一粒,也就算了。此人竟能把鱼食吃尽,太不近人情,做作得过分。"正是基于对他为人的鄙视,宋仁宗憎人而恶其文,对他的主张自然不看重。此事见于《邵氏闻见录》,非正史所记,但作者邵伯温是宋朝大儒邵雍之子,记载非常可信。

王安石见自己的建议不被采纳，悻悻之余又与当政大臣多不和，恰巧赶上其母病亡，便以母丧为名去职。

宋仁宗去世之后，英宗皇帝在位时，王安石一直不受召，在家乡守丧。先前有了一次京城之行，王安石深知吊起来卖的重要性，时机不到，再不肯轻易露头。

其实，宋仁宗认为王安石吃光鱼食是作秀，也未必。王安石不爱洗澡，不喜穿新衣，吃饭即使是一大桌子菜，他也只吃离自己手边最近的那一碟。著书用心之时，更时常心无旁骛。有一次写东西，王安石边吃边写，手中东西吃完他也不觉，仍旧一口一口干啃，把自己指头嚼得流血也不自知。

人与人关系很微妙。宋仁宗初见王安石感觉就不好，对于仁宗皇帝，王安石也心怀愤恨。他在自己的私人日记中对这位先帝大加鄙薄，总把宋仁宗比为汉武帝。其建议不被仁宗采纳也就不难理解了。

宋神宗继位之后，王安石的机会忽然降临了。早先神宗皇帝还是王子的时候，有个叫韩维的大臣在他手下任记室，只要当时的宋神宗夸他见解好，他必称："这不是我本人的见解，是我朋友王安石的主张。"年长日久，当时身为王子的宋神宗耳朵起了茧，对"王安石"这个名字熟得不能再熟，特别想见这个能人。所以，继位之后，求才若渴的宋神宗马上下诏召王安石入京为官，但王安石仍逗留在家。

对此，宋神宗也有些迷惑，就问大臣曾公亮："王安石闻名先朝，屡召不至，有人讲他这样做是大不敬。现在朕下诏召他，又推辞不至，是真有病呢，还是有所求呢？"

曾公亮马上回言："王安石确是辅相之才，必不欺罔！"其实，当时韩琦做宰相，曾公亮与韩琦不和，他想调入王安石这个"新锐"，借机挤对韩琦。于是，宋神宗下诏任王安石为翰林学士。知道好机会终于寻到，机不可失，时不再来，王安石不是真隐士，自然应召。

韩琦乃三朝良臣，知道有人一直背后议论自己专权，力辞宰相出朝，以司徒兼侍中出判相州。其实，宋神宗对力拥自己登位的韩琦非常尊重和感激，临别泣问："卿去，谁可属国者，王安石何如？"

韩琦有知人之明，回答说："王安石当翰林学士则有余，处辅弼（宰相重臣）之地则不可。"宋神宗默然。

这时候，王安石虽答应神宗皇帝入朝，也不是一朝猴急，"嗷"的一声恨不能坐火箭入京，而是慢慢悠悠，七个月之后才赴职。此次他心中有底，因为他儿子王雱居于汴京，总爱往神宗皇帝当王子时的亲近大臣韩维家里去串门。韩维向王雱转达宋神宗求贤若渴之意，王雱又转告于父亲。王安石这才"有备而来"。

神宗熙宁元年（公元 1068 年）夏，宋神宗终于见到了

第三章 君臣共治

他慕名已久的王安石。君臣一见面，宋神宗就向王安石请教"为治所先"，即施行的大原则。王安石回禀："择术为先。"宋神宗点头，又问："唐太宗怎么样？"王安石又答："圣上您当以尧舜那样的古代圣君为榜样，干吗要当唐太宗。"

几句话下来，宋神宗非常满意。然后，君臣二人又就"小人""君子"研讨了半天，气味相投，相谈甚惬。当年岁末，诸臣廷议，王安石发表自己的见解："国用不足的原因，是朝廷未得善于理财的人！"

这时候，与王安石私交不错的大臣司马光驳斥道："天下安有此理！天地所生财货百物，不在民，则在官，如凭空增设法规夺利于民，其害甚于加赋重敛。"

于是，两人在廷上争执不已，"变法派"与"保守派"之争，初见端倪。

转年开春（公元1069年），宋神宗以王安石为参知政事（副宰相）。为了使自己的主张畅行无阻，老谋深算的王安石建议宋神宗新设一个"制置三司条例司"，这一新机构设置后，施行新法的大权皆掌于己手。

王安石推荐一直力赞己议的泉州人吕惠卿为助手。同时，章惇、曾布等人也大受重用。事后证明，这三个人没一个是善茬。

任用王安石之前，宋神宗向侍读学士孙固征求意见。孙固说:"王安石很有文才,当翰林学士一定称职。但是,如果当宰相,应选度量宽宏之人。王安石狷狭不容人,非为佳选。陛下若择相,司马光、韩维皆可充其任。"

对孙固的建议,宋神宗不以为然。不久,神宗皇帝召见王安石,还做老好人,说:"别人都不理解爱卿你的为人,总讲你只知经术学问,不晓世务。"

王安石也不客气,勃然发怒道:"胸中有经术才可以经纶世务!为臣我恨时俗浅薄,变风俗,立法度,正是当今之急!"

确实,在王安石推行"新法"的前夜,宋朝廷堂之上确实是暮气沉沉的景象,执政大臣分别是宰相曾公亮、富弼以及副相唐介和赵抃等人,即被当时人戏谓的"生、老、病、死、苦"诸人,其中"生"是指王安石。

宋神宗是新锐之君,他继位之后,自然看着这帮"老成持重"的官员不顺眼,而与王安石一拍即合。熙宁二年(公元1069年)八月,宋廷下诏在淮南、两浙、江南东、江南西、荆湖北、荆湖南六路,实行均输法。

均输法,主要为解当时税收制度的弊病,想抑制富商大贾的收入。其主要内容为:增设发运使官,负责东南六路的赋入情况。大凡籴买、税敛、上供物品,可根据实际情况,"徙贵就贱,用近易远"。发运使还可以根据汴京库存的实际情况,"从便变易蓄买",存储物品以备需要。如此,即可达到"稍收轻重敛散之权"的作用,最终目的是使国家财政丰盈,民用不匮。

对王安石等人施行的均输法,大臣刘琦、苏辙等人马上表示明确反对,认为此法太苛,渔夺商人毫末之利。其实,早在汉代,桑弘羊已做过此事,当然有敛财的功能,但毕竟法术不正,给老百姓以朝廷"惟利是嗜"的坏印象。不久,苏辙等为此辞官而去。

当年十月,王安石推出青苗法。实际上唐代宗时代已经有此名制,"税青苗钱以给百官俸"。宋代的陕西转运使李参,因为"部多戍兵,苦食少,参审订其阙,令民自隐度麦粟之赢,先贷以钱,俟谷熟还之官,号青苗钱。经数年,廪有羡粮"。但仁宗皇帝时已经弃置不用,唯恐此法用久生弊。

王安石的青苗法,是在夏秋未熟之时,借钱给农民,以酌中粮价折合,收获庄稼后加息十分之二还粮或者还钱,每年夏秋两次,随两税交纳官家。实际上,越穷的民户,借额越少,而有田有地的人家借额反多,为此,又辅以"抑配"等方法,下死规定,强迫借贷交息。

此法一出,司马光大力反对,他指出其中的弊病:国内那些刁蛮富民借钱给穷人收利息,已能蚕食穷困之人,何况以国家的名义依仗法令之名强要人借钱,此举太过分。

大文豪苏轼也上书，指责制置三司条例司本身的创建就是叠床架屋，最终会造成吏民惶恐惊疑，所以青苗法完全是"亏官害民"之举。

苏大学士反对新法不遗余力，常常作诗讥讽，也得罪不少人。乌台诗案中，苏轼被人告发，遭御史弹劾，险些掉脑袋。

而当时对青苗法反应最强烈的当数外出做官的老宰相韩琦。他一一罗列青苗法之弊，有理有据。别人的话可以不听，但韩琦是三朝重臣，宋神宗非常犹豫："朕始谓青苗法可以利民，怎料到会糟到这个地步！"

王安石嗅出当时政治气氛有不利于自己的味道，非常愤恨，在朝廷上怒言："臣论此事已十数万言，陛下尚不能无疑，天下还有何事可为！"转天，王安石就称病不出，以"撂挑子"来施以颜色。

一心想富国强兵的宋神宗权衡再三，把王安石叫到宫内，推心置腹："青苗法，朕确实为众论所惑，犹豫不决。寒食假中，静思此事，一无所害。"

有了宋神宗的明确表态，王安石信心大增，更加卖力推行"新法"。熙宁三年（公元1070年）底，王安石任同中书门下平章事，正式拜相，这也标志着他"变法"高潮的来临。

此后，王安石接连推出免役法、市易法、方田均税法以及保甲法，并对天下兵制进行了大手笔的改革。

熙宁三年（公元1070年）王安石任相初始，便在全国颁行"保甲法"，规定乡村民户以十户为"一保"，五十户为一"大保"，十大保为一"都保"，由其中"有财有才"之人充当保长、大保长和都保正，负有巡夜、练武、捕盗的职责。同保内有人犯罪，知而不告者以连坐罪论处。保甲法的实施，使宋朝一下子多出近七百万的"民兵"，此法对于民间治安确实起到一定成效。但是，后来大儒王船山对此大有异议。他说，如果当时真有盗贼来了，农民手里的兵器并不好，武艺也不好，这些人真的能去打仗吗？如果不去，老百姓又要坐牢，还会被官吏勒索。而且保甲法这事儿，做得不好，耽误农事；真做好了，百姓武功太厉害，很有可能变成国家的盗贼。

熙宁四年（公元1071年）底，宋朝颁行免役法。原来衙前等各种差役，民户可不用亲自服役，改由向政府交钱，由政府再用钱雇人服役。原来本不负担差役的官户、女户、寺观、未成丁户等，也要按规定交纳半数费用，称为"助役钱"。此举，确实让国库的银子增数不少。

转年，推出市易法。宋廷在汴京设立市易务，以一百万贯做本钱，开始对商业贸易实行"宏观调控"：根据市场行情，市易务评估价格，向商人买卖货物；市易务向商人行贷，以其产业作抵押,年息二分。

同年,方田均税法也出台:规定每年秋天由县官丈量土地,详细记录土地的肥瘠质色、分成数等,按等级交纳税金。此举倒是查出大量隐瞒未登籍的土地,增收不少税钱。

熙宁六年(公元1073年),宋廷颁行保马法,目的是"省国费而养马于民"。宋朝以及先前诸朝,皆是由国家专门的牧监养马,王安石等人认为这种公家养马太浪费田地,于是想出保马法。保马法先在京东等五路施行,义勇保甲愿意养马的人,每户可给一匹饲养,家产多者可以给两匹。如果出现马匹死亡或生病,保主及保社要赔偿。明朝洪武年以后,也曾实行过此法。看似养马于民,其实最后皆流于虚诞。养马需要规模,需要专业的技术,其实当时只有国家才有能力承担。

此外,王安石等人还对宋廷兵制进行了大刀阔斧的改革。首先,减兵并营,把全国的五百四十五营合为三百五十五营,裁减各地服杂役的厢兵,使全国总兵力从英宗皇帝时的一百二十多万减至八十万。如此,省却了大量军费开支。其次,置将练兵。下令京东武卫等六十二指挥辖下禁军,分隶诸路,派主兵官进行分部训练,并允许各地将官自专军政,当地州县不准干预。这一点最"进步",因为宋太祖开国以来严禁兵将专权太过。

王安石和宋神宗变法以来，确实取得了一些成效。但是，变法中的种种措施，最终使得对国内百姓的赋敛愈来愈重，致使天下骚然。

大臣当中一开始对王安石攻击最强烈的，当数御史中丞吕诲。他上疏抗言："大奸似忠，大佞似信，安石外示朴野，中藏巧诈，陛下悦其才辨而委任之。安石初无远略，惟务改作立异，罔上欺下，文言饰非，误天下苍生，必斯人也。"（《宋史》卷三二一）

范仲淹之子范纯仁也表示："小人之言（王安石之计），听之若可采，行之必有累，盖知小忘大，贪近昧远。"（《宋史》卷三一四）

大臣当中，其实司马光对王安石的评价较为公允："人言（王）安石奸邪，则毁之太过，（他）但不晓事，又执拗耳。"（《续资治通鉴》卷六七）

司马光与王安石关系不错，他便反复再三写信相劝，但王安石依然我行我素，还写了封《答司马谏议书》。

由此可见，王安石当时的问题，并不在于他和他的手下不能执行政策，而在于执行政策太努力，过犹不及。王安石本人性格方面又有问题，大臣当中谁支持变法他就提拔谁，很不幸的是，依附王安石的这些人，后来大多数都被列入了《宋史》的《奸臣传》。这些人当中，有的是真正支持新法的，但更多的属于趋炎附势之徒，他们只是想升官而已。而且，这些官员乍富乍贵，根本不能真正体察民情，更不能认识到北宋当时固有的社会结构要慢慢加以改变；司马光真正反对的未必是变革本身，而是变法太激进。从前不少学者用所谓的阶级分析法解释说，变法触动了北宋大地主阶级的利益，所以当时他们对王安石群起而攻之。真实情况并非如此，因为王安石本人如果按照成分来说他也是地主阶级，而支持变法的神宗皇帝就是天下最大的地主头子。就是因为王安石和司马光两个人政见不同，脾气又特别犟，所以这两个出发点都是为国为民的人，天天见面就互撑，而且各成派系，形成了党争。

宋神宗起用王安石大行"新法"，代价不可谓不大。朝廷中的御史刘述、刘琦、程颢、刘挚，谏官范纯仁、李常、孙愈等诸多朝臣，相继因其不纳忠言而去职。最后，欧阳修、富弼、文彦博，包括向神宗皇帝推荐王安石的曾公亮，都被王安石排挤出朝堂。"于是，吕公著、韩维、（王）安石借以立声誉者也；欧阳修、文彦博，荐己者也；富弼、韩琦，用为侍从者也；司马光、范镇，交友之善者也——悉排斥不遗力。"（《宋史》卷三二七）

王安石偏执的性格，由此也可见一斑。

既然朝中有宋神宗撑腰，王安石行为举止也就无所顾忌，非常狂妄。一次，上元夜，王安石从神宗皇驾，乘马直入宣德门，被卫士厉声呵止。人臣再牛，毕竟是人臣，当朝宰相竟然乘马入皇宫，太有违礼制。

岂料，王安石大怒，上表要神宗皇帝"逮治"卫士。御史蔡确等人认为卫士之举是尽职尽责，不应获罪，但宋神宗最终还是杖责了卫士。即便如此，王安石依旧气势汹汹，认为责罚太轻。

新法既行，天下喧扰。特别不利于王安石的是，当时北宋国内天灾人祸不断，尤其是天下数年大旱，恰值新法施行的那几年。当然，王安石属于当时少有的"唯物论者"，认定"天变不足畏"。但宋神宗与当时的士大夫还真没有王安石思想那么"进步"，暗忖变法是否触犯了"天怒"，上天才以此示警于人。

此时，大臣富弼的女婿冯京官拜参知政事，他竭力反对新法。地方官员也纷纷上疏反对。兴州司法参军郑侠给神宗皇帝上呈《流民图》，以图解方式谏劝神宗皇帝收回新法。同时，王安石私人小圈子内部也开始争斗，他的助手曾布、吕惠卿二人争权夺利，双方打得你死我活。

神宗皇帝的奶奶曹氏和亲妈高氏也流泪劝神宗收手，认定"王安石变法乱天下"。

当时，曹氏劝孙子神宗皇帝说：王安石这个人确实有才学,现在却有这么多人怨恨他;皇帝如果真爱惜他,不如先让他到地方为官,过一段时间再召回。与此同时,神宗皇帝的弟弟祁王赵颢也在一旁顺着曹氏的话,说:"太皇太后所言甚是,陛下不可不三思。"

毕竟心爱王安石,宋神宗为此当场大发雷霆说:"你是说我败坏天下吗?那这个皇帝你来当!"

听兄皇如此说,祁王赵颢吓得哭泣,赶忙下跪自我辩解道:"陛下,我们是一家人,为了王安石何必到这地步呢?"

这场宫内皇帝与自家至亲的谈话最终不欢而散。

不过,对于神宗皇帝来说,内有奶奶、亲妈泣劝,外有大臣反对,上有天象示警,下有蝗旱涝灾,过了一些时日,宋神宗只得颁布罪己诏。

在此情势下,王安石知道自己在朝中待不下去了,就上疏求去。公元1074年夏,神宗皇帝下诏让王安石"出知江宁府",暂时"安心休息"。

天时地利与人和,现在都不利于自己,王安石怏怏离开汴京。过江后,他与随官饮酒消愁,发现有人已事先在要摆酒的赏心亭墙上写诗一首:"青苗免役两妨农,天下嗷嗷怨相公。惟有蝗虫感恩德,又随钧斾过江东。"(《桯史》卷九)

王安石看了诗文大怒,但查了半天,也没找到是何人所为。

这时候，已离朝四年的司马光听闻朝廷有废法之议，兴奋莫名，激动得涕泪横流。他上书指斥"新法"之弊：第一，青苗之法，人民负债，官无所得。第二，免役敛钱，养浮浪子弟。第三，置市易司，与小民争利。第四，熙河开边，得小失大。第五，保甲扰民，不得休息。第六，水利大兴，劳民伤财。

但没过多久，宋神宗再召王安石入朝。只是此次入京，形势对王安石已经大大不利。入京途中，夜泊瓜洲，王安石作了那首脍炙人口的诗："京口瓜洲一水间，钟山只隔数重山。春风又绿江南岸，明月何时照我还。"

与其说是心怀喜悦，毋宁说洋溢着淡淡哀愁。黑色不祥的预感，已萦绕于王安石心头。想当初，"不畏浮云遮望眼，自缘身在最高层"，那种刚刚大权在手的惬意，一扫而尽。

不仅王安石的变法班子内部形同水火，宋神宗对新法也逐渐产生怀疑，再无先前雷厉风行的态度。为此，王安石也哀叹："天下事如同煮粥，烧一把火，又泼一大勺冷水，又怎能把粥煮熟呢？"

王安石心灰意冷之际，仍旧在那里死撑。但是，熙宁八年（公元1075年）十一月，天上彗星出现。古人迷信，认为彗星出现，不是死皇帝就是有大祸事出现，上层下层都骇怕。特别是太皇太后曹氏与太后高氏，更是吓得不得了，天天哭劝神宗皇帝再不能用王安石。

神宗皇帝这时候心里真害怕，认定"天变不敢不惧"，并下诏命群臣可直言朝政缺失。所以，当年横过天际的大扫帚星，是王安石最终失意离朝的关键因素。

王安石后来仍旧反复几次，表演"因病不能视事"，但这种伎俩用多了也就不管用了。神宗熙宁九年（公元1076年）底，王安石自请罢相归田。

神宗皇帝最后也顺坡下驴，下诏让王安石出判江宁府。此次出京，对王安石来讲也是永别，他再没机会回到汴京。

王安石离朝，实际上也就标志着他变法的失败。公元1085年，宋神宗崩，其子赵煦继位，年仅九岁，是为宋哲宗，当时，真正掌权的是哲宗祖母高氏。高氏垂帘听政，马上召回了司马光。

中国政治家自古以来都喜欢矫枉过正，有"司马牛"之称的司马光其实在偏执方面比王安石好不到哪里去。他一执政，便尽废新法，连同免役法、青苗法这两项利大于弊、初见成效的条例也一并废除，史称"元祐更化"（宋哲宗继位之时的年号是"元祐"）。由此，也揭开了宋朝党争的大幕。

公元1086年，王安石病逝。年底，尽废新法的司马光也病逝。

北宋灭亡后，逃到江南的宋高宗最恨王安石，认为他误导宋神宗,尽乱天下,并派人编《神宗实录》二百卷,对王安石"盖棺论定",认定此人是"万世罪人"。特别是王安石"天变不足畏,祖宗不足法,人言不足恤"三语,最为正统封建士大夫所诟病。

当然,从南宋的陆九渊到清朝的龚自珍,也有不少人认为王安石"英特高迈,不屑于流俗",对他予以很高的评价。特别是诸朝王安石的江西老乡们,对王安石都赞不绝口。他们都看中了王安石"摧抑兼并、均济贫乏"这一"思想内核",而对王安石当时对宋朝社会、政治、经济造成的混乱予以忽略。

明朝大哲学家李贽之语对王安石的评价最为公允:"(王)安石欲益反损,欲强反弱,使(宋)神宗大有为之志,反成纷更不振之弊。胡为也哉?是非生财之罪也,(乃)不知所以生财之罪也!"(《富国名臣总论》)

12. 王韶熙河开边功劳大

宋神宗时期,王安石变法虽然最终失败,但王韶的"熙河开边"却取得了不小的成绩,成为整个宋朝时期少有的军事成就。王韶是以一介书生掌军,他率领大军转战五十四天,跋涉一千八百多里,最终收复熙、河、洮、岷、迭、宕等州,成功招抚宋朝边境地区的三十余万帐部族。为此,清朝学者蔡上翔评价王韶说:"韶以书生知兵,诚为不出之才,而谋必胜,攻必克,宋世文臣筹边,功未有过焉者也。"(《王荆公年谱考略》)

治平四年(公元 1067 年),宋神宗赵顼即位后,有感于北宋积弱的困境,下诏召王安石赴京变法,史称熙宁变法或者王安石变法。在熙宁变法期间,北宋国内有一位落榜秀才王韶,四处游荡,最后周游至洛阳,向宋神宗呈交了赫赫有名的治边策略,也就是《平戎策》三篇。

王韶在他的《平戎策》中准确分析熙河地区吐蕃势力的状况,提出"收复河湟,招抚边羌,孤立西夏"的方略。他还明确指出,"欲取西夏,当先复河、湟,则夏人有腹背受敌之忧",同时,他希望神宗皇帝能够允许兴兵,复河湟以断西夏右臂。

王韶的《平戎策》,不仅得到了宋神宗的赞许,也得到了主张变法的王安石的极力推崇。于是,在王安石的建议下,王韶被朝廷任命为"秦凤路经略司机宜文字"。由此,王韶开始以一介书生的身份出掌边疆军事,担负起了收复河湟地区的任务。

别看王韶当时的官职不高,但他确有才干。他在《平戎策》中,准确预见了吐蕃内部的矛盾。宋英宗治平二年(公元1065年），河陇地区的吐蕃领袖、有"佛子"之称的唃厮罗去世，他的儿子董毡继承了首领之位。从严格意义上说，河陇吐蕃的势力版图应分为两大部分：河湟吐蕃（黄河、湟水流域，位于今青海东部）和陇右吐蕃。这两个吐蕃集团，名义上都归唃厮罗政权领导，但其实没有太强的隶属关系。当时盘踞于河州（今甘肃临夏）的吐蕃首领木征（赵思忠），是董毡的堂兄弟，但两个人之间的血脉之情非常淡薄。因此，尽管青唐（今青海西宁）吐蕃政权号称"董毡最强，独有河北之地"，但董毡对陇右吐蕃各部完全是鞭长莫及，只是名义上的共主而已。特别是木征所部河州吐蕃，一直和北宋相邻，双方军队在边境地区摩擦不断。木征以他的妻弟瞎药为谋主，往往和西夏沟通。面对这种局面，身为北宋盟友和西夏仇敌的吐蕃首领董毡也是无可奈何。

王韶到秦凤路上任之后，针对当时吐蕃诸部各自为政的现状，积极准备拓展攻势。一方面，王韶招募弓箭手屯田，在古渭州开设边境榷场，开展对蕃部人民的贸易，吸引当地民众前来与宋朝做生意；另一方面，他还派出人马，极力拉拢秦（今甘肃天水）、渭（今甘肃陇西）地区的吐蕃大部落。熙宁二年（公元1069年），青唐部族大首领俞龙珂首先率部十二万人归附宋朝。

根据《宋史》记载，王韶为感动俞龙珂，亲自率领数骑卫士深入虎穴，冒着生命危险到俞龙珂大帐做说客，推心置腹，甚至夜宿帐中和这位吐蕃首领喝酒交谈，确实够拼的。

值得一提的是，这一部投奔宋朝的吐蕃部落首领家族，当时仰慕仁宗一朝的名臣包拯，要求宋庭赐他们为"包"姓。宋神宗自然应允，所以这一部吐蕃部族当时就被宋人称为"包顺"。而且，他们的后世子孙一直以包为姓，最终成为安多藏族地区当中一支极为显赫的汉姓部落"包氏"家族的先祖。

在招抚陇右吐蕃部落的同时，王韶还积极在周边地区筑城营寨。他还在位于秦州边缘当时战略地位十分重要的古渭寨（在今天的甘肃陇西附近）设立通远军，将宋朝军事力量逐渐伸入到吐蕃腹地。为此，王韶上奏神宗皇帝，报告说宋军已拓地一千二百里，招抚蕃众三十万之多。

王韶深知吐蕃首领大多笃信佛教，一直对佛教高僧极为尊崇，而当时的宋朝立国百年，佛教兴盛，高僧辈出。于是，王韶因势利导，向朝廷请求派出得道高僧到秦渭地区传授佛法，继而可以借机向这些吐蕃部落的首领进行招抚。

宋神宗熙宁五年（公元1072年），面对王韶当时咄咄逼人的攻势，吐蕃首领木征已感到来自宋军的直接威胁，就上疏宋朝皇帝，提出抗议："王韶元与我咒誓，约不取渭源城一带地及青唐盐井，今乃潜以官职诱我人，谋夺我地，我力不

能校,即往投董毡,结连蕃部来巡边。"(《续资治通鉴长编》卷二三〇)

也就是说,木征指责王韶背弃前盟,率领军队夺取了原属于木征的渭源城和盐井。渭源城位于古渭寨以西,在今天的甘肃渭源,是一处战略要地。而木征所说的盐井,在通远军附近,是陇右吐蕃主要的食盐产地,当时每日的产盐量出售后可以买骏马八百匹,可见其产量之高。木征说现在王韶把这两处地方都夺取了,自己力量有限,如果不还给自己,他就要去投靠吐蕃大头领董毡。

木征还是先前的惯性思维,对于自己这样的边境羁縻政权,从前汴京朝廷一向息事宁人,所以他认定宋廷不会对他怎么着。但他不知道的是,宋廷早就将下一步打击目标锁定在他的身上。作为天朝上国,宋军出击要"师出有名",恰好,木征的表疏成为他的最大罪状。什么罪状呢?言语悖慢!既然你出言不逊,敢和朝廷叫板,不打你打谁!

宋神宗熙宁五年(公元 1072 年),熙河之战正式开打。这场战争,也是北宋建国以来少有的边疆拓土之战,所以熙河之战在历史上也称"熙河开边"。

北宋当时的战略意图是希望从渭州向西,尽取熙(今甘肃临洮)、河(今甘肃临夏)、岷(今甘肃岷县)、洮(今甘肃临潭)、迭(今甘肃迭部)、宕(今甘肃宕昌)等州,将陇右吐蕃全部收取。为完成这一战略目标，王韶首先率军进驻渭源堡（今甘肃渭源），击败当地吐蕃首领蒙罗角后，攻占乞神平堡。而后，吐蕃各部落集结，在抹邦山（今甘肃临洮岚观坪）与宋军相持。面对吐蕃军队占据有利地形的情况，宋军军中不少将领心存忌惮，准备商议撤军。王韶严令不许，喝令道："有言退军者，皆斩！"

宋军诸将不敢懈怠，拼死进攻，最终攻取抹邦山，大败吐蕃军队。木征得知败讯后大怒，亲率大军渡过洮水前来相拼。得知木征前来，王韶在派出部将率泾原军出竹牛岭南路虚张声势的同时，自己也率宋军主力从东谷小路偷袭武胜，把守武胜的木征之弟完全没有防备，立刻弃城而逃。木征得知武胜被宋军攻取，赶忙回头来和瞎药合兵想夺回武胜。结果，武胜城下，宋军前后夹击木征，木征军溃败而逃。一时之间，吐蕃部落两万多人向宋军投降。接着，宋军又攻占了巩令城，在城中驻守的木征弟弟结吴延征只得率领亲族和属下二千多人投降。王韶将武胜城更名为熙州，并将熙、河、洮、岷、通远等地划为一路管辖。

占据熙州后，王韶率领宋军一边休整，一边在河州周边招抚吐蕃部落。在宋朝军事压力下，木征的妻弟瞎药和穆楞川大首领温逋所部三百八十七人向宋朝投降。熙宁六年（公元1073年）三月，王韶看宋军休整好了，就开始渡洮河向木征老巢河州发动进攻。这次攻战非常顺利，宋军攻克香子城（今甘肃和政）、珂诺城（后改名定羌城，今甘肃广河），很快兵至河州城下，斩首千余级，生擒木征妻子和儿子，木征本人逃走，只得率领残部和宋军打游击。

前文讲宋军和西夏交手，宋军总是打败仗。其实，当时宋军的士兵素质并不差，宋夏之战中，由于当时宋军统帅大多是文臣，实战经验不多，而那些久在边疆惯于战事的将领在军中又毫无发言权，所以导致多次战败，进而畏敌如虎，不敢再和劲敌野战。此次熙河开边，王韶智勇双全，宋军屡战屡胜，在野战和攻坚战中打得吐蕃军队大败。

木征虽然大败，但依旧率领残部潜伏在河州周边。不久，他忽然袭取了宋军占领的香子城，缴获大量宋军辎重。同时，木征还围点打援，在牛精谷设下埋伏，阵斩宋军大将田琼和其子田永吉。王韶得知消息后不敢怠慢，即刻派出大将苗授带领人马星夜疾驰，最终夺回了香子城，攻杀吐蕃族众五千余人。而后，王韶又派宋军在香子城周边围剿吐蕃军队，斩杀吐蕃族众三千余人，夺回部分被劫走的物资。但就在宋军将注意力都放在香子城周边时，木征却率领吐蕃军队重新夺取了河州城。

王韶没有慌乱，他回到熙州之后，一边继续招降河州周边的吐蕃部落，一边向神宗皇帝要求增加对前线将士的赏赐，宋廷答应"每获首一级赐绢五匹"的赏格，宋军士气大振。不久，王韶派兵再渡洮河，分别占领康乐、结河（今甘肃临洮西北）、刘家川（今甘肃广河东）等城寨，再次占领珂诺城和香子城，对河州形成合围之势。部署妥当之后，王韶声东击西，他率部向南穿露骨山（今甘肃临夏西南）进入洮州境。露骨山山高谷深，道险隘狭，吐蕃军队根本没想到宋军会由此而来。木征的兄弟巴毡角（赵醇忠）仓促迎战，很快就被宋军击败。木征大惧，留下少数人马守河州，自己亲自率领人马去救援他的弟弟。王韶见计策奏效，忽然率领宋军大举攻取河州。接着，宋军乘胜进军至马练川，再克宕州（今甘肃宕昌），由此打通了洮河路。宋军继续大展神威，又攻克岷州（今甘肃岷县），破青龙部族于绰罗川（今青海东部与甘肃交界处），降服洮州羌族首领钦令征、郭厮敦等人。

由王韶主导的熙河之战历时一年有余，基本完成了战前制定的战略目标。王安石在《临川先生文集》中记述说："修复熙、河、洮、岷、叠、宕等州，幅员二千余里，斩获不顺蕃部一万九千余人，招抚大小蕃族三十余万，各降附者。"

熙河开边是北宋历史上少有的开疆盛事。王韶取得的这次军事胜利，在一定程度上打破了多年来弥漫于北宋军界因循苟安的习气，也为改革派赢得了极大的政治声誉。熙宁七年（公元1074年），王韶又建议在熙河实行茶马互市。宋廷采纳建议，在熙河等地设买马场，在四川、陕南等产茶区推行"榷茶法"，把政府统一收购的茶叶运至熙河地区换取马匹。这就是《宋史》中记载的"汉中买茶，熙河易马"。至此，陇右吐蕃都被宋朝降服。

经略熙河的成功，在一定程度上保护了宋朝边疆的各族人民，使其免受西夏军队的侵扰和掠夺，同时，因宋夏战争而阻断的丝绸之路重新变得畅通起来。而市易司的设置及其实践活动，更为神宗皇帝君臣新法创造了新的经验。

王韶得胜回朝之后，神宗皇帝论功，拜王韶为观文殿学士、礼部侍郎，开了非执政者被授予学士职的先例。不久后，神宗再次召他入京，拜其为枢密副使。

13. 触怒神宗的苏轼

苏轼，字子瞻，号东坡居士。公元1037年，他出生于眉州（今四川眉山）。苏轼是一个全能型的文化巨人，也是一个让后世中国人悠然神往的偶像。千年以来，他一直感染、感动着国人。他不仅仅是名震一时的文坛领袖，也是一个锐意改革的政治家。由于生性耿直，他一生的政治生涯几起几落，四十五岁被贬黄州，五十九岁被贬惠州，六十二岁被贬儋州。但恰恰是这样的艰难苦恨，造就了他独特而鲜明的魅力，使

苏轼像(元代赵孟頫绘)

他愈挫愈勇,达观淡泊。

在中国古代历史上,有很多兄弟、父子并称的著名人物,比如三国时代有"三曹"——曹操、曹丕、曹植,西晋时代有"三张"——文学家张载、张协、张亢,明代有著名的"三袁"——袁中道、袁宏道、袁宗道兄弟三人;而在宋代,则有闪耀中国文学史的"三苏"——苏洵、苏轼、苏辙。

若论父子功业和文学成就,"三曹"最牛。但是,三国时代距离我们现在比较远,曹操、曹丕父子被民间叙事涂污得厉害。中国老百姓最熟悉的还是"三苏"父子,特别是苏东坡,大家耳熟能详,谁都能吟出他的几句诗词来。在文化方面,苏轼确实独步天下:在诗歌领域里边,苏轼和他的弟子黄庭坚并称"苏黄",是宋代诗歌最高成就的代表;在词的方面,他和南宋辛弃疾并称"苏辛",是豪放词派的开创者和主要的代表人物;在散文方面,他和他的老师欧阳修并称"欧苏",是宋代散文最高成就的代表;宋代书法,"北宋四大家"苏、黄、米、蔡,他排第一;哲学方面,苏轼是当时北宋关学、洛学、蜀学这三大派当中蜀学的代表人物;此外,苏东坡的绘画——特别是在文人画派中,他的枯木、怪石和墨竹——也让后世人倾慕不已。在"唐宋八大家"当中,只有苏轼一人在文学和艺术领域取得了全面性的成就。苏轼一生当中写了两千七百多首诗、三百多首词、四千八百多篇文章。在他四十多年的创作生涯中,不仅作品数量大,而且精品多,脍炙人口。

苏轼从小就聪明。他刚入学堂,也就是七八岁的时候,苏轼就给老师改诗了。他的蒙学老师叫刘巨,给学生们讲课的时候,做了一首《鹭鸶诗》,其中有两句:"渔人忽惊起,雪片逐风斜。"描写鹭鸶这种水鸟在冬天的时候从水里头飞起来，打鱼的人看到，忽然受了惊吓，猛然站起身来；当时的景象是漫天大雪，雪片随着风走。小苏轼觉得诗中描写雪片斜着飞，没有归属感，于是就改成"渔人忽惊起，雪片落蒹葭"。化用《诗经》"蒹葭苍苍，白露为霜"的句子，意境一下子就不一样了：鹭鸶惊起，动感十足，而茫茫的大雪，一片一片纷纷扬扬地落在那一望无际的芦苇上，雪片风中飞舞，营造出让人无限遐思的世界。

当然，仅仅有天赋还是不够的，作为文人，在宋朝的时候还要有伯乐欣赏才行。当时任成都知府的是大文豪张方平，这个人不仅诗文做得好，而且记忆力超强，《汉书》那么长的历史书，人家看一遍就能全部背诵下来。张方平见到了苏洵，听说苏洵的两个儿子正在读第二遍《汉书》，就有些不屑。张方平显摆他自己的记忆力，说自己看了一遍就背下来了，哪里需要再看第二遍。回到家里，苏洵就把张方平的原话给两个儿子说了。苏轼听说后，一点都不气馁，反而对父亲说，您应该告诉张知府，班固的《汉书》，我还要看第三遍呢。可见，二十多岁的苏东坡，面对文学和学术权威，一点没有畏缩的意思，而是直抒胸臆，刻苦钻研。苏轼很快就得到了张方平的赏识，两人结为忘年之交。张方平向任宰辅的欧阳修推荐了苏轼。不可思议的是，张方平和欧阳修在政见方面属于死对头，少有私人往来，但这次，张方平特意给欧阳修写信，大赞苏轼。欧阳修作为当时的文坛领袖，接到政敌张方平的信，马上接见"三苏"父子。两人还摒弃前嫌，竭尽全力地扶持和奖掖苏轼这样的晚生后辈。所以，在苏轼的人生道路上，张方平和欧阳修都是贵人和真伯乐。

特别是欧阳修对苏轼的奖掖和提携，已经到了无以复加的程度。欧阳修给科举考试的副考官梅尧臣写过一封书信，有这样的语句："读（苏）轼书不觉汗出，快哉快哉，老夫当避路，放他出一头地也。"这就是成语"出人头地"的由来。欧阳修要为苏轼让出一条路来，让他能够出头。后来，欧阳修甚至对自己的儿子说，三十年以后，世人恐怕不会记得我的名字了，取代我的，肯定是苏轼。欧阳修是宋朝文坛大腕，经史子集无一不通，就是这样的高才大腕，竟然主动为苏轼让出一条大路来，让年轻人出人头地。可见，苏轼的青少年时代，确实遇到了贵人，赶上了一个非常好的人文环境。

虽然苏轼获得了欧阳修等朝廷重臣的赏识，但是，等他走上仕途之后，其道路并不平坦，甚至充满了苦痛和变数。苏轼二十二岁就名震京师的时候，当朝皇帝是宋仁宗。而后，他历经地方上的几次任职，其间父母逝世，他也两次回乡服丧守制。等重返京城汴梁的时候，他已经三十三岁了，当朝皇帝已经是仁宗皇帝的孙子、英宗皇帝的儿子宋神宗赵顼了。

面对激情澎湃的宋神宗、王安石君臣，苏轼给宋神宗上了一封万言书，给神宗皇帝君臣泼冷水，坚决反对王安石的一些变法措施，认定当下的变法措施不能凝聚百姓人心。特别是对新近设立的制置三司条例司这个变法机构，苏轼认为这是叠床架屋，因为国家本就有三司机构来管财政，现在却愣从正常的机构里头分出一支来，实属重叠。而且，新法的事情无论大事小事王安石他们都不跟在朝的宰相商量，条例司里几个人和王安石什么都能做主，这根本就不是正道。秦时商鞅变法，实行严刑峻法，虽然秦国的国力强了，秦朝老百姓似乎也富裕了，可是最终的结果却是道德败坏，失去了人心，所以秦王朝最后还是灭亡了，商鞅也被车裂。苏轼还用孔子的一句话警告神宗，说得还挺重："始作俑者，其无后乎！"孔子这话的意思是说，拿木头做的俑或者陶器做的俑去陪葬，这很不道德。凡是这样做的人，自己会断子绝孙。孔子这句话后来就引申为，你只要做了坏事，肯定就会断子绝孙。苏轼拿青苗法来说事儿。他认为，国家给农民贷款，竟然还要收那么高的利息，而且还是强制贷款；在贷款过程中，一些贪官污吏会利用权力，强制推行这种国家高利贷，老百姓肯定会有怨气。将来，历史上讲到青苗法，肯定说是从神宗皇帝开始的，您就是始作俑者了！

宋神宗当时锐意变法，被苏轼这么一说，心中大怒。没多久，苏轼又给皇帝写了《再上皇帝疏》，掏心窝子地让皇帝停止变法，而且语气还挺重，劝说神宗皇帝"幡然悔悟"。可见，苏轼敢于逆龙鳞，敢于和皇帝和宰执叫板，而且立场非常地坚定。当时司马光是反对王安石变法的领袖，得知苏轼的奏疏之后，他也给神宗皇帝写了一封奏疏，说在敢说话方面，自己不如苏轼。于是，司马光就在皇帝面前竭力推荐苏轼，说他绝对是个忠臣。

宋神宗询问王安石的意见。王安石对苏轼很恼火，对宋神宗说，苏轼确实有学问，但他学问路子不正，自己与他没有办法合作。他就如同一匹不服管教的烈马，非得给他打一顿，饿他几天，给他弄得服服帖帖了，才能让他干活。苏轼确实很有才华，但他的才华越大，对于朝廷和社会的危害就越大。王安石劝神宗皇帝不要用苏轼。

王安石搞的改革变法，最后确实做到了一定程度上的富国强兵，但是，宋朝的老百姓却被弄得疲惫不堪。苏轼和王安石的分歧，就在于他反对王安石为了财富从老百姓身上榨取。他认为治国之道从根本上来讲，应该循序渐进，应该用儒家的仁爱的精神，不能用法家的严刑峻法，应该以人为本，以老百姓为本。

由于反对王安石的改革变法，苏轼最终无法在朝廷立足，只好外放。他先后到杭州、密州、徐州、湖州等地任职。特别是在徐州和湖州任上，苏轼完全没有了在朝廷里任职时的火暴脾气，踏踏实实办事，赢得了民心，做出了成绩。

宋英宗赵曙未即位的时候就听说过苏轼的鼎鼎大名，也拜读过他的文章，十分仰慕苏轼。继位之后，宋英宗很想把苏轼召入翰林院，授予他知制诰这个重要的皇帝秘书职务。但当时的宰相韩琦却说："苏轼是能成大器的，今后必然会被皇帝所重用。现在，只要朝廷好好栽培他，全国的文人学士都会为皇帝效劳。那时，人心所向，也就不敢有人对给苏轼加官有异议了。如果陛下现在突然重用苏轼，天下士大夫恐怕会怀疑他的能力，这对苏轼极为不利。"宋英宗当时有些不甘心，又问韩琦："朕让苏轼修起居注怎么样？"韩琦表示说："修起居注这个官职，与知制诰官职性质相同，官品接近，恐怕也不太合适。"毕竟当时韩琦是宰相，宋英宗只好任命苏轼在史馆试用。到了宋神宗之时，苏轼才获重用，岂料，他不畏权贵，出言直谏，被贬黜出京。

"乌台诗案"发生时，正值王安石变法时期。当时朝廷围绕赞成与反对变法，形成新、旧两党，苏轼作为"旧党"的中坚人物，对王安石变法一直持否定态度，还作了不少诗文进行讥讽，"新党"成员对其恨之入骨，必欲除之而后快。

元丰二年（公元1079年）四月，苏轼调任湖州（今浙江湖州吴兴）。到湖州后，苏轼作《湖州谢上表》。本来这种表奏完全是例行公事，只要按照格式略叙自己过去无政绩可言，而后再叙皇恩浩荡之类上交了事即可。苏轼却不拘小节，兴之所至，在谢表中发牢骚，添加了一句"知其愚不适时，难以追陪新进；察其老不生事，或能牧养小民"。意思是说，陛下知道我愚昧不堪，不合时宜，难以和现在当权的变法派共事，又考察我年老不爱生事，在地方管理普通百姓还是勉强及格的。这些话委婉地表达了他内心之中对新法的不满。

按理说，这种奏表送到朝廷，也不会有太多人看，留档存底就算了。偏偏苏轼当时名满天下，王安石先前提拔的人对苏轼虎视眈眈。特别是苏轼谢表中所称的"新进"们，他们纷纷指责苏轼以"谢表"为名，其本意是诽谤朝廷，发泄对新法的不满，请求皇帝对他加以严办。

先是监察御史里行（官名）一个叫何正臣的跳出来，上表给神宗皇帝揭发苏轼。而后，《梦溪笔谈》的作者沈括也跑来发声，言之凿凿地说苏轼许多诗词都是泄愤之作，意在讥讽朝政。早在熙宁六年（公元1073年），沈括受命巡察两浙的农田水利工作，当时苏轼任杭州通判。老朋友见面畅谈饮酒，回汴京的时候沈括带回了苏轼许多手抄诗稿，号称是喜欢苏轼的书法。其实，沈括回京之后，就把苏轼的作品一一研读，然后在每一首诗词和文章后面都贴上附笺，把他自己认为苏轼有诽谤朝廷嫌疑的诗句做了详细的注解。如今，听说苏轼的《湖州谢上表》被人弹劾，沈括就把这些做过注解的诗词送给监察御史里行舒亶。舒亶更是对苏轼恨之入骨，他竟然花了将近四个月的时间，潜心钻研苏轼文稿，最终筛选出苏轼诗文中诽谤朝廷嫌疑最大的几首，公之于众。比如，说《山村五绝》中"赢得儿童语音好，一年强半在城中"是在讽刺青苗法；"读书万卷不读律，致君尧舜知无术"是在讥讽新法改革科举制度；"东海若知明主意，应教斥卤变桑田"是公开和朝廷大力推广的农田水利法唱反调；"岂是闻韶解忘味，迩来三月食无盐"是在讽刺皇帝新近施行的盐禁政策……他还指斥苏轼的诗文"其它触物即事，应口所言，无一不以讥谤为主。小则镂板，大则刻石，传播中外，自以为能……"（《监察御史里行舒亶札子》）说苏轼讽刺皇帝，指斥当下新法政策，应该加以诛杀。

此外，国子博士李宜之，还有王安石所信用的御史中丞李定等人也纷纷上奏，在神宗面前历数苏轼罪状，说他身无学术，滥竽充数，圣上对他宽容，他却怙恶不悛，以诗文诽谤朝廷大政，实属叛逆不道之举。这些人所找出的最能置苏轼于死地的是这两句诗："根到九泉无曲处，世间惟有蛰龙知。"这么仇视当今圣上，非要到九泉之下去寻找他心目中的真龙，这简直就是诅咒啊！

苏轼的这些诗文，经过上面几个人如此断章取义地"解释",宋神宗确实感到恼怒。如果说苏轼的诗文没有讥讽之意,那也是瞎说。宋朝对士大夫宽容,苏轼也确实爱发牢骚,因此,他才这么容易被人抓住把柄。相比宋朝的这些人,清朝的康雍乾三朝,尤其是乾隆一朝的文字狱,才是真正的捕风捉影和鸡蛋里面挑骨头。

朝中发生的这些事情,苏轼并不知道,后来他的好友驸马王诜把这事儿偷偷告诉了苏辙,苏辙立刻通知了苏轼。得知消息后,苏轼心里也害怕,立即告假。等到朝廷特使皇甫遵到湖州后,苏轼起初都不敢出来见使者,害怕当时接到赐死的圣旨之类的。后来,他勉强出来与使者相见,表示说:"我深知自己多方开罪朝廷,必属死罪无疑。我死不足惜,但希望能够允许我回到家中与家人一别。"前来拘押苏轼的皇甫遵倒没特别吓唬苏轼,只是淡然表示,事情还没有那么严重。皇甫遵宣读朝廷的公文,宣布免去苏轼的太守官位,传唤进京受审。(参见《孔氏谈苑》)

苏轼在进京的路上听说自己罪名重大,忐忑之余,好几次想跳水自杀,但又担心自己死了会牵连到弟弟苏辙,所以才没下定决心自杀。他的妻子王闰之是苏轼第一任妻子王弗的堂妹,苏轼被押走之后,王闰之为了避祸,就在家里把苏轼的诗文手稿全部烧毁,由此,中国文学史上就少了许多苏轼的作品留存。后来事件平息之后,苏轼在黄州给老朋友文彦博的信中谈到当时情景说道："州郡望风，遣吏发卒，围船搜取，老幼几怖死。既去，妇女恚骂曰：'是好著书，书成何所得，而怖我如此？'悉取烧之。比事定，重复寻理，十亡其七八矣。"(《黄州上文潞公书》)

到了京城后，苏轼被正式逮捕下狱，交由御史台审讯。苏轼的这个案子，史称"乌台诗案"。"乌台"即御史台。根据《汉书·朱博传》记载："是时，御史府……府中列柏树，常有野乌数千栖宿其上，晨去暮来，号曰'朝夕乌'。"因此，后世就把御史府叫作"乌府"，把御史台叫作"乌台"。

这个案子，牵连者甚众，与苏轼关系密切的许多亲友，包括驸马王诜、苏轼的弟弟苏辙以及当时的大臣司马光、范镇、张方平、黄庭坚等人，甚至包括已经去世的欧阳修、文同等，共二十九个人，都受到牵连。活着的一一被叫去审问，死去的还要家属交出与苏东坡有关的书信，细细按验。

苏轼下狱之后，他的长子苏迈一直给他送饭。由于父子不能见面，所以苏轼入狱前就和儿子苏迈暗中约好，平时只送蔬菜和肉食，如果朝廷有死刑判决，就改送鱼，以便自己早做心理准备。有一天苏迈有事，不能亲自去给父亲送饭，就托他的一个朋友代劳。苏迈忘记告诉朋友自己先前和父亲苏轼的约定。巧合的是，这个朋友热心肠，特意给苏轼送去了一条烹调美味的大鱼。苏轼一见这条鱼，心中大惊，认定自己难逃一死。这顿饭，显然咽不下去了。他眼含热泪，提笔写了两首绝命诗给弟弟苏辙。其中一首，哀婉感伤，至今广为传唱："圣主如天万物春，小臣愚暗自亡身。百年未满先偿债，十口无归更累人。是处青山可埋骨，他年夜雨独伤神。与君世世为兄弟，更结来生未了因。"

苏轼写好诗，就把纸张交给看守的狱卒梁成，嘱咐他收好，转交给苏辙。梁成敬重苏轼的为人，一口答应。可能有人感到奇怪，苏轼的儿子苏迈天天来送饭，他为什么不交给自己的儿子呢？当时的情势是，苏轼认为自己必死无疑，临死之前，必须把大事告诉弟弟，自己死后一家大小十口人的生活负担，肯定要弟弟苏辙来管。而且，苏轼也确定狱卒梁成拿到诗稿不敢留在自己手里的，必定会往上交。毕竟苏轼不是一般犯人，他的绝命诗非常可能转到朝廷上层人物甚至神宗皇帝那里去。果然。苏轼这一步还真走对了。他的两首绝命诗，最后放到了神宗皇帝的案子上。

作为苏轼诗文的倾慕者，神宗皇帝看后，也有些感伤。宋神宗不是明朝崇祯帝那样的猜疑皇帝，他一直挺欣赏苏轼的才华，也不想对苏轼治以重罪。宋神宗不表态，那些御史台的官员们却着急上火，都想尽快把苏轼弄死，不停上奏。当时的宰相王珪也不知道神宗皇帝到底是什么主意，在那些御史的撺掇下，他面见神宗，试探说："苏轼于陛下有不臣之意。"

神宗皇帝就问:"苏轼确实有罪,但是如果说他诽谤指斥朕躬,爱卿何以知之?"王珪事先也和那些御史谏官们通过气,也仔细研究过苏轼一案的卷宗,就回说,苏东坡有一首诗,描写桧树的,其中有两句"根到九泉无曲处,世间惟有蛰龙知",大有问题。

神宗皇帝就问:"这两句有什么问题?"

王珪一边观察神宗皇帝脸色,一边说:"陛下,龙飞本在天上,苏轼却要在地下去求什么蛰龙,而且还要在九泉之下去求,这种诗文涉嫌诅咒皇上,大逆不道!"

王珪是三朝老臣,也是一个大文学家,当时说出这种话,对苏轼的杀伤力极大。

神宗皇帝低头想了想,就回答说:"诗人之词,怎么能这样解释呢?苏轼这首诗吟咏桧树,关朕什么事呢?"

这时候,大臣章惇说:"自古以来诗文中的龙,未必专指天子,人臣也可以称龙。"神宗皇帝此时也接口说:"是啊,孔明被称作'卧龙',东汉有'荀氏八龙',难道他们都是皇帝吗?"

章惇和宋神宗一唱一和,大出宰相王珪意料,当时哑口无言。由此,苏轼本人在狱中毫不知情之间,又渡过生死一关。

这个章惇,与苏轼亦友亦仇。说到友,因为他和苏轼从年轻时代起关系就非常亲密;说到仇,因为章惇积极参与王安石和宋神宗皇帝的变法,历任编修三司条例官、知制诰、三司使等官职,官至参知政事,也就是副宰相。苏轼指斥变法,因为政见原因,他就和苏轼成了冤家。

拜见皇帝之后,章惇下朝,怒气冲冲地质问王珪:"相公你是要灭苏轼满门吗?"

王珪脸一红,赶忙狡辩说:"我这是听舒亶说的。"

章惇脾气挺犟,对这个上司也没客气,往地上啐了一口:"呸!难道舒亶的唾液你也吃吗?"(参见《闻见近录》)

由此可见,宋朝当时以诗文对士大夫定罪,确实还没有形成风气。

苏轼入狱之后,社会震动很大,各界人士对他纷纷表示同情。上至国家的宰相,下到黎民百姓,都在为苏轼发声。与王珪同为宰执的吴充有一次就对神宗说:"陛下以古代仁君尧舜为榜样,一直看不起魏武帝曹操,但曹操猜忌如此,还能容得下一个祢衡,如今陛下难道不能容一个苏轼吗?"(《吕氏杂录》)这话其实说得挺重的,但肯定对当时的宋神宗触动不小。尚书右丞王安礼是王安石的弟弟,在觐见神宗皇帝的时候进言道:"自古大度之君,不以言论罪人。苏轼自恃才高,一旦示法,恐后世以为不能容人。愿陛下宽大为怀。"神宗皇帝马上说："朕不想深罪他，召他对狱，考核是非，不久将放出。"随即又对王安礼说："爱卿在外面不要泄露刚才的话。苏轼积怨太多，恐言官们因苏轼的事害朕。"（参见《续资治通鉴长编》卷三百一）由此可见，苏轼一案牵扯的事情太复杂，连神宗皇帝自己也有所怕。

得知苏轼入狱，他先前做官所在地杭州的父老百姓，也曾公开在坊市做解厄道场，求告神明保佑他。苏轼后来知道后，非常感动。

苏轼的朋友和百姓如此，他的弟弟苏辙更是终日为兄长奔走求告。他给宋神宗的上表《为兄轼下狱上书》最为感人。一开头，苏辙就以沉痛语气表示说："困急而呼天，疾痛而呼父母者，人之至情也。臣虽草芥之微而有危迫之恳，惟天地父母哀而怜之！"而后，他诉说自己与苏轼的手足之情："臣早失怙恃，惟兄轼一人相依为命。今者窃闻其得罪，逮捕赴狱，举家惊号，忧在不测。……不胜手足之情，故为冒死一言。"他哀诉兄长罪有可恕："（苏）轼居家在官无大过恶，惟是赋性愚直，好谈古今得失。"苏辙还乞求皇帝，如果能原谅苏轼这一回，保证他以后再也不敢犯错了。苏辙表示愿用自己的官职为哥哥抵罪。

使神宗皇帝回心转意的，还是宋仁宗的皇后，也就是神宗皇帝的祖母、太皇太后曹氏。当时曹氏病重，宋神宗为了祈祷上天让祖母病好，正打算搞一次天下大赦。于是，他就把自己这个意思告诉了曹氏。当时老太太问："据闻苏轼已下台狱？"神宗回答："是，自八月迄今，已有两月。"老太太马上叹息说："忆及汝祖父仁宗皇帝初得苏轼、苏辙之日，回宫喜容满面，曰：吾今为子孙得太平宰相两人，惜吾不及用也。"神宗听罢非常惶恐，马上道："娘娘勿忧，尚未定谳。"太皇太后长叹一声，轻声言道："官家为我祈福的大赦可免，但放了苏轼足矣。"人之将死，其言也善。神宗皇帝为之感动不已。几日后，太皇太后曹氏终于一病不起，崩逝宫中。苏轼在狱中听说后也是心中大恸，作挽词两章以示哀悼。

　　苏轼反对的是王安石变法，怎么苏轼被抓入狱这么久没看到王安石有什么表示呢？其实，这时候王安石已经不在京城了。他罢相后，退隐山林，回到江宁（今江苏南京）隐居了。王安石没能及时知道苏东坡坐事入狱的事情。等到"乌台诗案"传到江宁时，苏东坡的罪名已定，即使不判他大逆不道诅咒皇帝这个罪，其余那些讽刺朝廷等罪，也够判十年八年的。为此，王安石忙连夜上疏，派人飞奏神宗皇帝。疏奏中最关键的一句话就是："安有圣世而杀才士乎？"宋神宗一直对王安石十分敬重，有师友之情，见到这封疏奏，他很快就对苏轼一案作出了最终裁决，下旨对苏轼从轻发落，只贬其为黄州（今湖北黄冈）团练副使。神宗皇帝圣谕中还说:"朕之所治,虽非圣世,但朕决不以文字之罪杀人,更不会以文字为狱而累罪于天下文人,招致千古不绝之唾骂!"从这份神宗皇帝的诏书中就可以看出,他受王安石的影响很深。

大作家林语堂在他写的《苏东坡传》中,把王安石称作"王安石那群小人",好像苏轼是被王安石和他的同伙们害得身陷囹圄。"乌台诗案"的主要制造者李定、舒亶、何正臣等人,确实都是和王安石私人关系密切的人,都是先前王安石提拔的人,是他的助手和学生。而苏轼和王安石虽然政见不同,关系一度甚至到达水火不容的地步,但是相互之间有许多共同点,都是人间奇才。神宗皇帝和王安石的熙宁新法每推进一步,苏东坡都要写诗文讥讽,确实弄得王安石一直非常恼怒,而且他气量狭窄,不能容人,往往个人意气用事,所以先前他利用手中的权力对苏轼进行打击报复的事显然存在。但王安石确实没有直接参与"乌台诗案",而且关键时刻还搭救了苏轼。

元丰七年(公元1084年)七月,处于流放状态的苏轼专程拜访当时闲居江宁的王安石。王安石闻听苏东坡要来,欣喜非常,他穿着粗布衣服,骑着毛驴,一直走到江边去迎接苏轼。都是下野无官之身,苏轼冠巾也不戴,昂然走出船舱,望见这位亦敌亦友的前宰相,作揖道:"轼今日敢以野服见大丞相。"王安石以南朝人物的口吻笑言："礼岂为我辈设哉！"（《曲洧旧闻》）言罢，两人相视哈哈大笑。苏东坡在江宁盘桓了一个多月，他和王安石半山花园里赏花饮酒，赋诗唱和，携手同游蒋山（即钟山）。他们谈了许多，话题涉及古今的历史教训和当今的社会风气。尽管过去两个人政见不同，但如今时过境迁，尽捐前嫌。分手之际，王安石送给东坡一张专治头痛的偏方，而且盛情对苏轼表示，日后若有空闲，就在我江宁的半山园附近建几间草房，搬过来住吧。离开王安石之后，苏东坡曾写过四首《次荆公韵》，其中有这样的字句："骑驴渺渺入荒陂，想见先生未病时。劝我试求三亩宅，从公已觉十年迟。"这几句诗的意思是说，他很希望自己能够像王安石所劝，在江宁定居下来与他为邻，但往事如梦，如今想一想已然迟了。而王安石在苏轼走后，怅然若失，每每和人谈起他和苏轼的相会以及诗歌唱和，都感慨地说："不知要过几百年，才会再有苏东坡这样的人物降临人世！"（参见《西清诗话》）。

　　苏轼虽然被释放，但御史台还是给他定了个"讥讽政事"的罪名。他被贬往黄州，虽有一个"团练副使"的官号，但不准擅离该地区，也无权签署公文，其实相当于流放。除了苏轼被处理之外，其余如苏辙、司马光等二十九人，也都受到不同程度的牵连，或降级或罚铜（罚款）。对这样的结果，李定等那些想陷苏轼于死地的人，自然是大失所望。

由于"乌台诗案"牵扯到苏轼和当时的许多名臣，成为北宋一百六十多年中影响最大的一次文字狱。当然，与清朝所谓"康乾盛世"发动的那些文字狱相比，"乌台诗案"其实算不了什么。宋朝帝王对士大夫知识分子一直是比较宽容的，而且，在整个中国历史上，北宋文臣也一直保持强势，形成了较为成熟的皇权监督机制。

苏轼的老乡朋九万编的《东坡乌台诗案》，是一个文件汇编，其中详细记述了有关这个案件的几乎全部案宗明细和内容。书中包括几个御史和谏官写的札子，对苏轼和每个关联人之间的诗歌全文和从中摘出的"涉嫌"内容，以及最终对苏轼的判词全文。

苏辙曾奏请朝廷赦免兄长，表示自己愿意纳还一切官位为兄长赎罪，他由此遭受降职处分，调到高安任筠州酒监。王巩是真宗皇帝时代宰相王旦的孙子，他因为曾经到徐州游玩，和苏轼诗酒应酬，被御史台附带处置，被贬到宾州（今广西宾阳）去监督盐酒税。在受牵连的"乌台诗案"案犯中，王巩是被贬得最远的一位，最后差点病死在贬所。为此，苏轼一直很愧疚。元丰四年（公元1081年），苏轼有《次韵和王巩六首》，其一这样写："欲结千年实，先摧二月花。故教穷到骨，要使寿无涯。久已逃天网，何须服日华。宾州在何处？为子上栖霞。"至于张方平与其他大臣，都是罚红铜三十斤，责罚不算重，而他们也因此案获得了清名和时誉。

"乌台诗案"中受牵连获罚最重的，要算驸马都尉王诜了。王诜是宋太祖时期开国功臣王全斌之后，也是后来宋徽宗的好朋友。宋徽宗手下那位臭名昭著的踢得一脚好球的高俅高太尉，曾经还是王诜的跟班仆从。熙宁二年（公元1069年）七月，王诜娶了宋英宗的次女，也就是宋神宗赵顼同父同母的妹妹宝安公主。这个公主后来又加封为蜀国长公主。由此，王诜成了当朝皇帝宋神宗的妹夫，等于是大宋第一驸马。娶了公主后，王诜拜左卫将军、驸马都尉。按宋代官制，王诜驸马是从四品。在"乌台诗案"中，王诜最早把消息透露给苏轼的弟弟苏辙，而且和苏轼、苏辙兄弟一直交往亲密。在御史台调查时，他也不主动交出苏轼的诗文。据《宋会要辑稿·帝系八》记载："元丰二年（公元1079年）十二月二十六日，诏绛州团练使、驸马都尉王诜追两官，勒停。以诜交结苏轼及携妾出城与轼宴饮也。"而根据《续资治通鉴长编》卷三〇一记载："驸马都尉王诜，收受轼讥讽朝政文字及遗轼钱物，并与王巩往还，漏泄禁中语。"也就是说王诜在苏东坡"乌台诗案"中，曾经因为携妓妾和苏东坡往来冶游并泄露朝廷机密而被连降两级。

如果我们看洋洋万言的"乌台诗案"《苏轼供状》，就会

发现王诜和苏轼的关系简直太好了——

> 本人累经送酒食、茶果等与轼。当年内,王诜又送弓一张、箭十只、包指十个与轼。
>
> 秘丞柳询家贫干轼,轼为无钱,得犀一株送与王诜,称是柳秘丞犀,欲卖三十贯。王诜云:"不须得犀。"遂送钱三十贯与柳询。
>
> 当年轼将画三十六轴,各有唐贤题名,托王诜令人装褙,其物料手工并是王诜出备。
>
> 当年轼通判欲赴任,王诜送到茶药、纸笔、墨砚、鲨鱼皮、紫茸毡、翠藤簟等,轼留下。十一月到任。熙宁五年内,王诜送到官酒十瓶、果子两箩与轼。
>
> 熙宁六年春,轼为嫁甥女,问王诜借钱二百贯;其年秋,又借到钱一百贯。自后未曾归还。又熙宁八年内,王诜曾送到官酒八瓶,并果子药等与轼。
>
> 四月,赴任徐州。王诜曾送到羊羔儿酒四瓶、乳糖狮子四枚、龙脑面花、象板裙带、系头子锦段之类与轼。

王诜显然是贵公子出身,送了苏轼这么多好东西不说,就连苏轼向他借的几百贯的钱,也从来都是有借无还。根据案卷记载,当时有个叫柳询的官员,家里很穷,他去拜访苏

第三章 君臣共治

轼想打秋风，苏轼也不富裕，就不知道从哪里找了一个犀角拿出来，到了王诜府中喝酒的时候，就号称是那个缺钱的柳询要卖给王诜的，要钱三十贯。王驸马深知人情世故，马上让仆从拿三十贯出来给苏轼，还说犀角也不用要了，落了一个人情，绝对是义气十足。

"乌台诗案"的卷宗中还记述说，当时相国寺一个叫"思大师"的僧人为了得到朝廷的紫衣，拿了不少名贵佛教题材画作给苏轼，让他转给王诜，最终求得两袭紫衣。在这个过程中，苏轼自己留下了几幅这个僧人求苏轼转交给王诜的画作。这些记述，都是真实案例记载，绝非寻章摘句挑毛病编出来的案情，而且最终由苏轼签字画押放入档案。对于当时有官员身份的苏轼，精神拷问肯定有，但严刑拷打绝对不会。从中我们可以看到作为一个活生生的人的苏轼的另一面。

为什么驸马王诜能够为僧人求得紫衣？这跟宋朝的僧道紫衣制度有关。紫衣和师号，是唐宋时期政府对僧道给予的荣誉称号。唐朝从唐懿宗开始，就已经给僧道赐予紫衣和师号以示荣显。经过五代到了宋朝，逐渐形成制度。而且，作为皇家家庭成员，后妃、公主以及贵戚，都有表奏申请僧道紫衣的名额。由于王诜是驸马，他用的正是宝安公主的名额，所以能够为和尚申请紫衣。苏轼案中"思大师"的"大师"

二字，不是现在大师的意思，而是宋朝僧人的类似职称的东西。宋朝和尚封号分为四个等级——先生、法师、处士、大师，这个"思大师"其实是当时和尚封号的第四等，按理是不能穿紫衣的。他通过苏轼向王诜行贿，才有了紫衣穿在身上。

御史台文件中还有这样的记载："熙宁九年，轼写书与王诜，为一婢秋蟾，欲削发出家作尼，并有相识僧行杭州人，各求祠部一道。当说与王诜，自后未取。约熙宁十年二月到京，王诜送到茶果酒食等。三月初一日，王诜送到简帖，来日约出城外四照亭中相见。次日，轼与王诜相见，令姨媪六七人出，斟酒下食。数内有倩奴（王诜侍女），问轼求曲子，轼遂作《洞仙歌》一首、《喜长春》一首与之。次日，王诜送韩幹画马十二匹共六轴，求轼跋尾。"

苏轼为了自己一个要去做尼姑的丫鬟和他认识的一个杭州僧人"各求祠部一道"，即求王诜给他们每个人弄一张度牒。祠部是唐代礼部的别名，从武则天开始，天下僧道都归此部管辖，所以度牒是从祠部即礼部发出。而苏轼为王诜侍女倩奴写的那首《洞仙歌》，表面是咏柳树，其实是赞美这个美貌婢女的婀娜身姿："江南腊尽，早梅花开后，分付新春与垂柳。细腰肢，自有入格风流，仍更是、骨体清英雅秀。永丰坊那畔，尽日无人，惟见金丝弄晴昼？断肠是，飞絮时，绿叶成阴，无个事、一成消瘦。又莫是、东风逐君来，便吹散眉间，一点春皱。"

王诜的妻子宝安公主是宋神宗亲妹，两个人都是高太后所生，是同父同母的兄妹。而作为神宗皇帝亲妹夫的王诜为什么被处罚得最重呢？宋神宗在贬黜王诜的手诏中说："王诜内则朋淫纵欲而失行，外则狎邪罔上而不忠，由是公主愤愧成疾，终至弥笃。"由此推断，苏轼"乌台诗案"受到牵连只是一小部分原因，导致宋神宗亲妹宝安公主病重才是王诜这位驸马被贬的主要原因。宝安公主极为贤惠，嫁入王家之后，对王诜的寡母也就是自己的婆婆卢氏伺候得极为周全。但王诜娶了这样真正的金枝玉叶，却不知道珍惜，先后还纳了几房小妾，冷落宝安公主不说，有时候甚至当着公主的面和这些小妾秀恩爱。宝安公主郁郁寡欢之际，唯一的儿子又在三岁时夭折，令她忧伤成疾。这些事情神宗皇帝都知道，所以才借"乌台诗案"对王诜从重处罚。

王诜被贬的第二年，宝安公主病入膏肓，她的母亲高太后和兄长神宗皇帝前来探望，宋神宗亲自为妹妹诊脉，又亲手调粥给妹妹喝，当面赏赐给宝安公主六千端金帛，还询问妹妹有何要求。而宝安公主弥留之际向哥哥求情说："我没有任何要求，只是希望陛下能够让王诜官复原职。"神宗皇帝不敢怠慢，马上下口谕，把当时贬在绛州当团练使的王诜特授为庆州刺史，允许他入朝参加朝会。结果，第二天，宝安公主就去世了，年仅三十岁。宋神宗听说后，来不及吃饭，就匆匆赶往公主府邸吊祭。刚刚望见公主府的府门，神宗皇帝就泪如雨下。手足情深，可见一斑。这个时候，宝安公主的乳母又向皇帝告发，把王诜平时对宝安公主的种种寡情负义都说出来，特别是听说王诜纵容几个小妾对公主不尊重的行为之后，皇帝顿时暴怒，即刻下令把王诜府中的八个美人都押过来，当庭打板子，而后，全部配发给窑务和车营，为底层士兵做官妓。王诜再次被贬往均州，被剥夺驸马都尉的称号，一直到了宋神宗死后才被放还。宋哲宗时期，恢复了王诜驸马都尉的称号。

王诜才华横溢，他是宋朝非常有名的大画家，大鉴赏家，而且还有一定的政治抱负。但是，宋朝一直严防外戚干政。虽然身份贵为驸马，但朝廷对王诜这样的人其实有着政治方面的严格限制。在宋仁宗时期就有明确规定："驸马都尉等自今不得与清要权势官私第往还。如有公事，即赴中书、枢密院启白。仍令御史台常切觉察，如有违犯，纠举以闻。"(《宋会要辑稿·帝系八》)后来还规定："如闻戚里之家，多与朝士相接，或漏禁中语，其令有司察举之。"(《续资治通鉴长编》卷一一四)可见，驸马的私人生活受到严格监视。既然政治上不能抒发才智，王诜就在家里兴建"宝绘堂"，藏历代书法名画，他没事就约上苏轼等一代名流文臣，终日大摆筵席，一起欣赏。根据史书记载，宋哲宗元符二年（公元1099年）九月六日，"诏王诜将罚铜三十斤。诜匿藏妇人，教令写文字投雇，及虚作逃亡迹状故也"。这个记载，也是史书中对王诜的最后记载。

从声音到文学・介意人文音频